电商逆袭

旺铺合理布局设计

盛意文化　编著

電子工業出版社
Publishing House of Electronics Industry
北京·BEIJING

内容简介

本书是一本使用Photoshop进行电商页面布局设计制作的案例教程，语言浅显易懂，配合大量精美的电商页面设计案例，讲解了有关电商页面布局设计的相关知识和使用Photoshop进行电商页面设计制作的方法和技巧,使读者在掌握电商页面设计各方面知识的同时，能够在电商页面设计制作基础上做到活学活用。

随书光盘提供了本书所有案例的源文件、素材及视频教程，方便读者借鉴和使用。

本书适合经营淘宝店铺的新手或者准备开淘宝店铺的朋友，以及设计爱好者阅读，也可以为一些淘宝美工人员，以及相关设计制作专业的学习者提供参考。

赠送的店铺模板请到http://www.fecit.com.cn/files/download/下载。

图书在版编目（CIP）数据

旺铺合理布局设计 / 盛意文化编著. -- 北京：电子工业出版社, 2016.3
（电商逆袭）
ISBN 978-7-121-27956-0

Ⅰ. ①旺… Ⅱ. ①盛… Ⅲ. ①电子商务－网站－设计 Ⅳ. ①F713.36②TP393.092

中国版本图书馆CIP数据核字(2015)第314957号

责任编辑：田　蕾
文字编辑：赵英华
印　　刷：北京嘉恒彩色印刷有限责任公司
装　　订：北京嘉恒彩色印刷有限责任公司
出版发行：电子工业出版社
　　　　　北京市海淀区万寿路173信箱　邮编：100036
开　　本：720×1000　1/16　　印　张：19.25　　字　数：492.8千字
版　　次：2016年3月第1版
印　　次：2016年3月第1次印刷
定　　价：79.80元（含光盘1张）

凡所购买电子工业出版社图书有缺损问题，请向购买书店调换。若书店售缺，请与本社发行部联系，联系及邮购电话：（010）88254888。
质量投诉请发邮件至zlts@phei.com.cn，盗版侵权举报请发邮件至dbqq@phei.com.cn。
服务热线：（010）88258888。

前　言

随着电子商务的快速发展，电商企业的规模不断扩大，对人才专业化、细分化的需求更为迫切，然而实战型的电商人才匮乏，已成为电商行业快速发展的瓶颈。网店跟实体店一样，也是需要包装的，网店视觉设计现今已发展成为一种趋势，一家特色店铺必须要有独特的店铺装修，才能提高店铺的访问量和知名度。

本书从电商页面布局设计的理念出发，配以专业的图形处理软件Photoshop做讲解，重点向读者介绍了Photoshop在电商页面布局设计方面的理论知识和相关应用。通过大量电商页面设计案例的制作和分析，让读者掌握实实在在的设计思想。

本书章节安排

本书内容浅显易懂、简明扼要，从电商页面布局的设计思想出发，向读者传达一种新的设计理念，专业的理论知识讲解与精美案例制作完美结合，循序渐进地讲解电商页面布局设计中的有关知识，让读者在学习、欣赏的过程中丰富自己的设计创意并提高动手制作能力。

Chapter 01　网店设计必备知识，介绍了关于电商页面设计的基础知识，包括什么是网店设计、网店装修的一般流程、网店设计中的色彩搭配，以及电商设计中必须注意的问题等，使读者对电商页面布局设计有更加深入的认识和理解。

Chapter 02　电商网站布局元素，主要介绍了电商页面布局中各种设计要素的相关知识及其设计表现方法，包括店标、店招、导航与商品陈列构图等，并通过讲解电商界面中各种不同类型的设计要素的制作，使读者快速掌握各种电商界面设计要素的设计和表现方法。

Chapter 03　文字与广告设计，主要讲解了文字与广告在电商页面中的重要地位，包括设计中的注意事项与设计原则等，也详细介绍了电商广告排版布局的技巧，最后通过对不同电商页面中文字与广告案例制作过程的讲解，帮助读者提高对电商页面文字与广告设计的认识。

Chapter 04　电商海报设计，主要讲解了电商海报的设计方法与特点，也普及了有关电商海报类别的常识性信息，通过对不同类型电商海报的设计制作的讲解，使读者掌握电商海报设计的技巧及表现形式。

Chapter 05　电商页面构图设计，主要介绍了多种电商网页的构图方式，也向读者介绍了对电商页面进行构图的必要性和标准性，通过对多种不同页面构图方式的设计讲解，让读者明白页面构图在电商设计中所遵循的设计原则和要求。

Chapter 06　电商页面布局设计，主要介绍了电商页面布局设计的要点和设计趋势，并且依次介绍了对商品列表页面、详情页、活动页的布局设计，通过对多种典型的电商页面设计制作的讲解，使读者掌握电商页面的布局设计方法，并认识到电商页面的多种设计特点和风格。

本书特点

全书内容丰富、条理清晰，通过6章的内容，为读者全面、系统地介绍了各种电商页面布局设计的知识，以及使用Photoshop进行电商页面设计的方法和技巧，采用理论知识和案例相结合的方法，使知识融会贯通。

- 语言通俗易懂，精美案例图文同步，涉及大量电商页面设计的知识讲解，帮助读者深入了解电商页面设计。
- 实例涉及面广，几乎涵盖了电商设计中所在的各个领域，通过大量的设计讲解和案例制作帮助读者掌握各个领域中的专业知识点。
- 注重设计知识点和案例制作技巧的归纳总结，知识点和案例的讲解过程中穿插了大量的软件操作技巧提示等，使读者更好地对知识点进行归纳吸收。
- 每一个案例的制作过程都配有相关视频教程和素材，步骤详细，使读者轻松掌握。

参与本书编写的有高金山、张艳飞、鲁莎莎、吴濛超、田晓玉、佘秀芳、王俊萍、陈利欢、冯彤、刘明秀、解晓丽、孙慧、陈燕、胡丹丹、王明佳。书中难免有错误和疏漏之处，希望广大读者朋友批评、指正。

目 录

01

Chapter

网店设计必备知识

如今，网上购物已经成为一种生活常态，要想在众多的网店中让自己的网店脱颖而出，给消费者留下深刻的印象，网店页面的精心设计至关重要。在本章中将向读者介绍网店设计的相关理论知识，使读者对网店设计有更深入的理解。

1.1　了解网店设计

当消费者浏览一个网店时，留下的第一印象不是缤纷的商品、超低的价格，而是整个网店的设计和风格。因此在不计其数的网络店铺中，要想让自己的店铺出类拔萃，就需要拥有出色的网店设计。

1.1.1　什么是网店设计

网店设计可以理解为类似实体店铺的装修，店铺漂亮才能吸引顾客来购物甚至多次消费。网店设计可以起到一个品牌识别的作用，对于淘宝店铺来说，网店形象设计能够为店铺塑造完美的形象，加深消费者对企业的印象。

网店的设计可以让店铺变得更有附加值，更具有信任感，因为消费者只能通过网店中的文字和图片来了解店铺、了解产品，所以设计出色的网店能够增加买家的信任感，可以提高产品附加值和店铺浏览量，甚至还能对店铺品牌的推广起到关键作用。如图1-1所示为设计出色的网店页面效果。

图1-1

1.1.2　网店设计的重要性

作为视觉动物，人的第一印象对其认知会产生相当大的影响。同样，逛街购物也是如此，设计出色并且独具特色的店铺使人们的购物心情更舒畅，顾客的购买欲望自然会更加强烈。如果店铺的装修毫无特点，货品堆放毫无秩序，消费者的购物欲也会大打折扣。

在网上开店，也要把门面装修得漂亮点，这样才能吸引消费者，如图1-2所示为设计精美的网店页面效果。如果网店没有经过设计，空荡荡的，让人没有一点购物的感觉，那么也很难激起消费者购物的欲望。因此，网店设计就是为了让顾客在购物中感受到一种温暖的气息，从而增加销售额。网店设计对于商品销售的重要性主要表现在如下几个方面。

1. 给人信任感

对于网店的商品，消费者都是通过网店页面来获取商品的相关信息，所以更需要在美观上下工夫，特别是新开的网店，需要对网店进行精心的设计，这样更容易吸引消费者并留住消费者，而且精心设计的店铺总是能够给人一种信任感。

2. 有助于提升店铺形象

网店中的商品固然非常重要，但也绝对不能忽视设计。网店的设计如同实体店的装修一样，能够让消费者从视觉上和心理上感觉到店主对店铺的用心，并且能够最大限度地提升店铺的形象，有利于网店品牌的形成，提高浏览量。

3. 提升购买几率

很多新开的店铺并不注重网店的设计，店铺中的商品分类混乱，商品描述也是简单的图片和文字，而图片和文字并没有经过艺术处理，这样的店铺会给人很糟糕的购物体验。经过精心设计的网店页面能够给消费者留下深刻的印象，大大增加消费者的购买几率。

4. 增加消费者停留时间

好的网店设计会增加消费者在网店中的停留时间。漂亮、合适的网店设计，可以给消费者带来美感，使消费者在浏览网页时不易疲劳，自然会更细心地浏览店铺中的商品。好的商品在诱人的修饰衬托下，更容易被消费者接受，有利于促成商品销售。

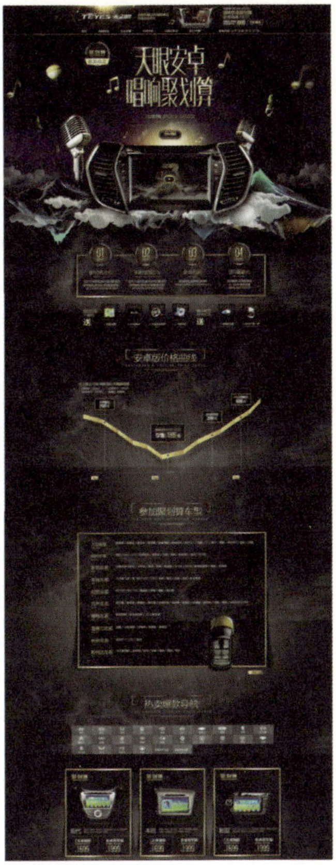

图1-2

1.1.3 网店设计前的准备工作

在对网店进行设计之前，需要做一些相应的准备工作。

1. 准确定位

定位店铺的消费人群、消费市场是网店设计的大前提。只有对网店进行准确定位后才能有的放矢，设计出合适的店铺效果。

2. 选择合适的风格

在对网店进行设计之前，需要确定网店的设计和表现风格，通过网店的设计风格烘托店铺的特色，突出店铺的活动、商品信息。

3. 店铺风格统一

网店设计中风格不搭是大忌，除了需要考虑整体的色调及各版块之间的协调外，还要注意突出主次关系，为了店铺提升销量而对网店进行设计，所以突出商品的表现才是重点。

4. 合理使用图片

在网店设计过程中，要充分考虑到消费者的网速，尽量不要使用过多的图片，过多过大的图片往往会使访问速度变慢，影响消费者的购物体验。

5. 对商品进行合理的分类

对商品进行分类的目的是为了方便消费者快速找到需要的商品，过多的商品分类无法做到让消费者一目了然，而且会影响浏览速度。

1.2 网店装修的一般流程

在网店正式开业之后，和传统店铺一样，为了能正常营业、吸引顾客，需要对店铺进行相应的设计，主要包括取一个好的店名、确定设计风格、注重修饰细节等。

1.2.1 取个好店名很重要

网店取名也是很有学问的。一个有特色的店名不仅能给消费者留下深刻的印象，还能使消费者对店铺产生好感、促成交易并成为你的忠实客户。

网店店名会在一定程度上影响网店的访问量。为什么这么说呢？以淘宝网为例，淘宝网目前有搜索店铺、搜索宝贝的功能，所以说店名以易记为取名原则，以便让消费者在搜索时尽快找到。

1.2.2 确定设计风格

众所周知，开店，门面很重要，开网店，门面同样很重要，只不过这个门面如今变成了网店的页面。经过设计美化后的页面对商品销售同样有一定的辅助作用，不仅能让消费者注意到你的产品，提高点击率，还可以极大地提供购买机会。

网店设计风格要与主营产品相符，针对不同的消费群体采用不同的设计风格。一般来说，插画、时尚可爱、桃心、花边等风格适合女装类店铺，如图1-3所示。而黑白搭配、有金属感的设计风格更适合男性商品店铺，如图1-4所示。

图1-3

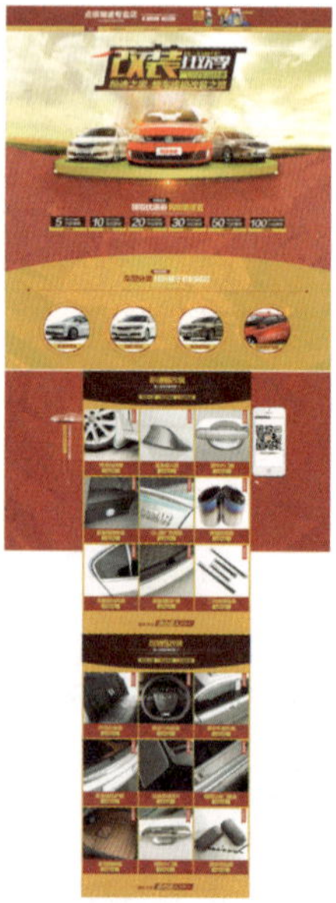

图1-4

网店的整体风格要一致，从店标的设计到页面的风格，再到产品介绍页面，应该采用同一色系，最好有同样的设计元素，让网店有整体感。

1.2.3 注重细节修饰

虽然许多网店平台都会提供免费的模板，但是这远远不能满足店主的需求。试想，千篇一律的网店页面如何能让你的店铺脱颖而出呢？因此，网店设计对于网店来说就显得相当重要了。如图1-5所示为精美的网店首屏设计。

图1-5

1.3 网店设计中的色彩搭配

在现今生活中，色彩无时无刻不在影响着人们的生活。色彩令这个世界五彩缤纷，它能传递信息，影响我们对世间万物的看法。网店给人的第一印象来自视觉冲击，为了美化购物环境，促进商品的成交量，让顾客心情愉悦地购买商品，网店设计中需要特别注意色彩的搭配。

1.3.1 网店设计中的色彩

色彩运用是一门学问，对不同的色彩，人们的视觉感受是不同的，因此色彩对网店设计有十分重要的意义。利用色彩可以起到调节喜好的作用。

另外季节、气候和时间的不同都会让大家对色彩有不同的要求。站在消费者的立场思考，如果网上看到的都是大同小异的店铺，便会感觉到视觉疲劳，这时翻到你的网店如果有自己的特色，就会让消费者眼前一亮，相同的产品买家自然会选择有品位、有档次的网店。所以在对网店进行设计时特别需要注意色彩的运用与搭配。

1. 红色

红色对眼睛的刺激效果最显著，最容易引人注目，最能够使人产生心理共鸣，是受瞩目和吸引人的颜色。红色除了具有较佳的明视效果之外，更被用于传达有活力、积极、热情、温暖等含义的企业形象与精神。

红色表现出充满活力、激情四射，常用于产品促销页面的配色，如图1-6所示。

2. 粉色

粉色能够表现出安慰、放松、清新、安静、开心、甜蜜等情感，除此之外，粉色还能与热情、浪漫、爱情、单纯等情感相联系，在很多网页中，粉色可以让一个本来平淡无奇的主题更加吸引人，达到不可思议的效果。

粉色通常象征着爱情、美丽和女性气质，它也是一种令人兴奋、充满活力而且具有时尚气息的色彩，常用于销售女性和年轻女孩产品的店铺配色，如图1-7所示。

图1-6

图1-7

3. 橙色

橙色是欢快活泼的光辉色彩，是暖色系中最温暖的颜色，它使人联想到金色的秋天、丰硕的果实、跳动的火苗，因此是一种象征富足、欢乐和幸福的颜色。

橙色中加入较多的白色会给人以细嫩、温馨、暖和、柔润、细心、轻巧的感觉，常用于家居和食品类店铺的配色，如图1-8所示。

4. 黄色

黄色和红色一样引人注目，给人温暖和充满活力的感觉。纯净的黄色既象征着智慧之光又象征着财富和权利，它是骄傲的色彩。

黄色本身具有一种明朗愉快的效果，表现为乐观和年轻，可以起到强调突出的作用，所以常用于店铺中的特价标志或者想要突出的图标背景色，如图1-9所示。

图1-8

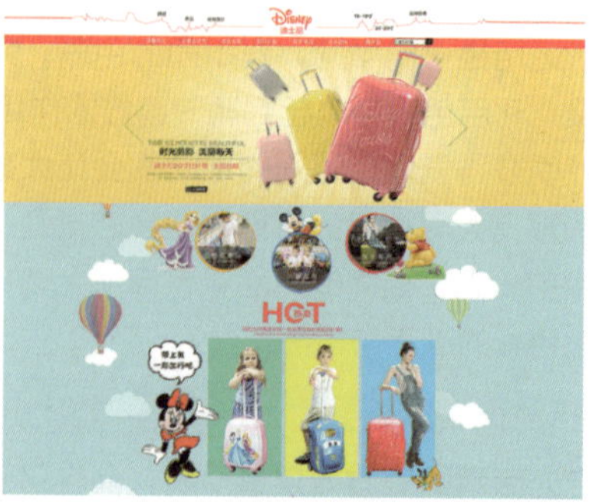

图1-9

5. 棕色

棕色在设计中具有丰富的含义，最明显的就是它与大自然有关。棕色是日常生活中比较常用的色彩，与同色系的暗色调色彩搭配，更加彰显出踏实、稳重的感觉，在暖色系上再配以蓝色，可以营造出传统、古典的韵味，常用于奢侈品等高档商品类店铺的配色，如图1-10所示。

6. 绿色

纯净的绿色明视度不高，刺激性不大，对生理作用和心理作用都极为温和，给人以宁静、安逸、安全、可靠、信任之感，使人精神放松、不易疲劳。绿色适用的范围非常广泛，需要表现自然、健康等理念的店铺都可以使用绿色进行搭配，例如销售化妆品、食品、保健品等的店铺，如图1-11所示。

图1-10

图1-11

7. 蓝色

由于蓝色沉稳的特性，具有理智、准确的意象，在网店设计中，强调科技、效率的商品或企业形象，都可以使用蓝色作为配色，例如销售电脑、汽车、影印机、摄影器材等的店铺，如图1-12所示。

8. 紫色

紫色是非知觉的颜色，神秘，给人印象深刻，有时给人以压迫感，并且因对比的不同，时而富有威胁性，时而又富有鼓舞性。

紫色是缓和和放松情绪的颜色，还代表着高雅、浪漫，是一种女性化的色彩，常用于女性用品店铺的配色，例如化妆品店铺等，如图1-13所示。

图1-12

图1-13

9. 白色

白色具有高级、科技的意象，通常需和其他色彩搭配使用。纯白色给人寒冷、严峻的感觉，所以在使用白色时，都会掺一些其他的色彩，如象牙白、米白、乳白、苹果白等。在生活用品和服饰用色上，白色是永远流行的主要色，可以和任何颜色搭配。

白色有明亮、洁净的特点，常用于销售卫生用品、女性用品、电子产品等店铺的配色，如图1-14所示。

10. 黑色

黑色具有高贵、稳重、科技的意象，科技产品如电视、跑车、摄影机、音响、仪器的色彩，大多采用黑色。黑色还具有庄严的意象，因此也常用在一些特殊场合的空间设计中，生活用品和服饰大多利用黑色塑造高贵的形象。黑色也是一种永远流行的主要颜色，适合与大多数色彩搭配使用。常用于男性或高端品牌店铺的配色，如图1-15所示。

图1-14

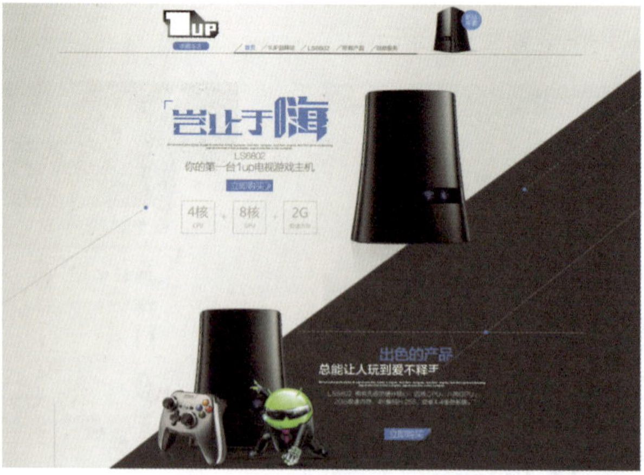

图1-15

1.3.2 色彩搭配的原理

色彩是人的视觉最敏感的东西，不同的色彩搭配会产生不同的效果，它是体现网店风格的关键。网店主页色彩处理得好，可以锦上添花，达到事半功倍的效果。在色彩搭配中最先要考虑的是配色的和谐性。总体而言，色彩搭配的原则应该是“总体协调，局部对比”，即做到统一中有变化，变化中有统一。也就是主页的整体色彩效果应该是和谐的，只有局部的、小范围的地方可以有一些强烈的色彩对比，如图1-16所示。

使用粉色和蓝色购成页面的整体色调，粉色可以给人可爱、女性化的感觉，符合店铺的主营商品风格。蓝色给人一种冷静、天空的感觉，搭配白色的小雪花，符合圣诞节主题。

局部使用绿色的圣诞树图形与红色标签相搭配，形成对比，可以很好地突出显示红色标签中的价格信息。

图1-16

根据页面内容的需要，可以分别采用不同的主色调。因为色彩具有象征性，例如嫩绿色、翠绿色、金黄色、灰褐色就分别象征着春、夏、秋、冬。色彩还具有明显的心理感觉，例如冷、暖的感觉，进、退的效果等。另外，色彩还有民族性，各个民族由于环境、文化、传统等因素的影响，对于色彩的喜好也存在着较大的差异。充分运用色彩的这些特性，可以使设计的网店页面具有深刻的艺术内涵，从而提升网店的文化品位。下面介绍几种常见的配色方法。

1. 暖色调搭配

暖色调搭配即红色、橙色、黄色等色彩的搭配，这种色调的运用，可以使网店页面呈现温馨、和煦、热情的氛围。如图1-17所示为使用暖色调搭配的网店页面。

图1-17

2. 冷色调搭配

冷色调搭配即蓝色、绿色、紫色等色彩的搭配，这种色调的搭配运用，可以使网店页面呈现宁静、清凉、高雅的氛围。如图1-18所示为使用冷色调搭配的网店页面。

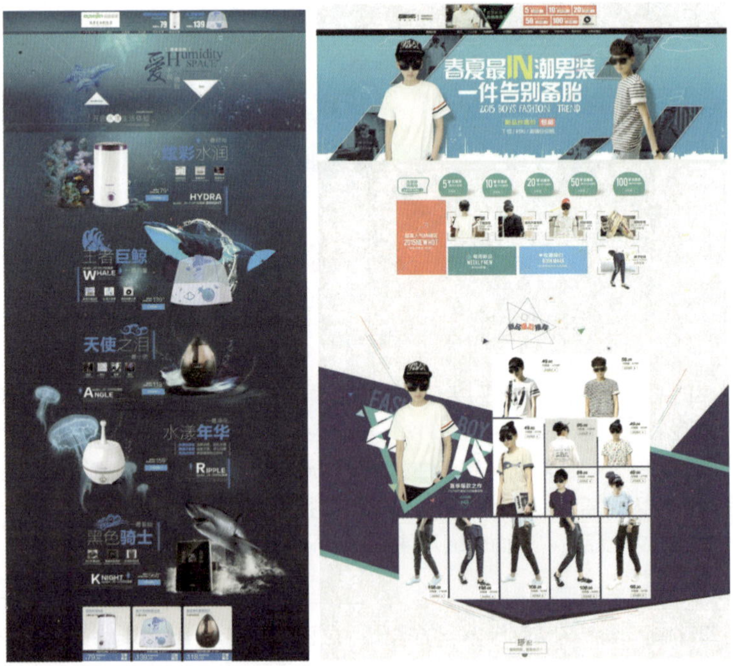

图1-18

3. 对比色调搭配

对比色调搭配即把色相完全相反的色彩搭配在同一个页面中，例如红与绿、黄与紫、橙与蓝等。这种色彩的搭配，可以产生强烈的视觉效果，给人亮丽、鲜艳、喜庆的感觉。当然，对比色调如果搭配得不好，会适得其反，产生俗气、刺眼的不良效果。这就需要把握"大调和，小对比"这一重要原则，即总体的色调应该是统一和谐的，局部可以有一些小的强烈对比。如图1-19所示为使用对比色调搭配的网店页面。

图1-19

最后，还要考虑网店页面背景色的深、浅。背景颜色深，文字的颜色就要浅，以深色的背景衬托浅色的文字或图片等内容；反之，背景色浅，文字的颜色就要深一些，以浅色的背景衬托深色的内容。

1.4 理解电商设计文案

电商网站中产品文案是很多电子商务网站中容易忽视的一个环节，但是其重要性不言而喻，好的电商设计文案，可以使电商网站更加突出。

1.4.1 电商设计文案的内容

电子商务网站以及淘宝网店的产品文案主要是由三个部分组成的，包括产品描述、图案图形和网页设计，如图1-20所示。

图1-20

如今只有文字的产品文案已经无法打动消费者，即使文字描述写得再动人。消费者需要的是更加直观的感受，图文相结合的产品文案则能够引导消费者更好地理解和接受产品，甚至是能用图像说明白的内容就尽量不要使用文字描述，如图1-21所示。

图1-21

1.4.2 电商设计文案策划

一个好的产品文案可以提高转化率，减少消费者咨询的时间成本，优化用户体验，增加品牌美誉度。如何才能将组成文案的三部分内容策划成一个好的文案呢？可以从以下三个方面进行考虑。

1. 产品的卖点

产品的卖点可以通过产品的说明书、产品某方面的特性来提炼，也可以通过对文案的策划来获得。例如男装百分百纯棉、智能手机双卡双待等，这些都是产品的卖点。产品限时促销、搭配赠送也同样可以经过策划作为卖点来吸引消费者。如图1-22所示为突出产品卖点的文案策划。

图1-22

2. 消费者的需求

消费者的需求就是消费者的期望，而这种期望一定是针对消费者日常行为中某种存在的问题的，我们的产品文案应该致力于如何能够确实解决消费者面临的问题，而最终的解决方案又可以说服消费者，不用增加过多的消费者负担，这样的产品对消费者才有足够的吸引力。如图1-23所示为突出消费者需求的文案策划。

文案突出买洗衣机送其他产品，并且还可以获得价保。

图1-23

3. 文案的表达

文案的表达方式首先应该保证逻辑的通顺，其次要简洁生动地表达出产品最核心的部分，以强有力的视觉冲击吸引消费者，吸引其继续往下看并且最终购买产品。应该通过文案的表达告诉消费者拥有产品之后他可以做什么，让消费者感觉拥有该产品之后能满足自己某一方面的需求，比如满足感、幸福感或安全感等，如图1-24所示。

针对父亲节的活动文案，主题突出，并且提供了相应的优惠信息。

图1-24

1.4.3 如何创建优秀的产品文案

一个优秀的产品文案可以通过以下几个方面来描述。

1. 全方位的产品展示

可以通过专业、全面的图片或者视频来对产品进行全方位的展示。图片可以分为产品实物图、产品细节图、产品效果图等，通过专业的、多角度的、多场景的图片来详细突出产品的卖点，刺激消费者的第一感觉。

2. 展示产品的权威性

可以通过对文案内容的策划让消费者感觉自己是这一领域的专家，同时还可以展示一些权威机构对产品的评测结果、评测证书、厂家的规模和荣誉等，这些都能够增加消费者对产品和店铺的信任感。

3. 展示产品的稀缺性

可以在产品文案中加入一些词语来表现产品的稀缺和机会的难得，例如“仅剩1个星期”“最后清仓”“暂无商品”“最后1天”等。

4. 抓住消费者心理

通过产品页面展示客户的好评话语、月度销售情况等，让消费者更加认同和接受产品，同时还可以通过具体奖励机制让好评用户写产品体验文章，通过有故事性的好评来得到客户的信任。除此之外，还可以在产品文案中加入“买了该产品的用户还买了哪些”“最受客户欢迎的产品排行”等内容，提升整个网店的关联销售。

5. 不同产品采用不同的营销策略

此处简单介绍3种常用的营销策略，包括“关联销售”“捆绑销售”和“提升销售”。

关联销售是指可以把同类型或者其他具备吸引力的产品放在原产品文案中加以推销，带动整个店铺的销售。

捆绑销售是指可以把一些可搭配的小配件与主产品捆绑起来一起销售，例如手机可以搭配手机膜、手机外壳等一起销售。

提升销售是指推荐比原产品高一个档次的产品，例如笔记本电脑，可以在销售A款的时候推荐配置更高的B款，同时要适当强调购买B款时客户可以享受的折扣优惠，这样才更有吸引力。

6. 完善的售后服务说明

将7天无条件退换货，产品的售后退换货、维修说明等细节做详细的描述，特别是价格较高的产品，例如3C类、金银首饰类，安全性是用户最关注的。同时如果是高科技类、技术类的产品还可以加一个温馨提示让消费者学会一些操作细节，体现本身的专业性。

1.5 电商设计必须注意的问题

在网购火爆的今天，一个网店除了商品和价格外，店铺的门面也很重要。在现实生活中，很多消费者是被网格精美的设计风格吸引而点击进入的，为了招揽顾客，网店也同样需要进行精心的设计才能吸引眼球。

1. 清晰的思路

店铺的特色是什么？主营什么？目标群体是哪些？首先需要有一个明确的思路，这是最关键的问题。

2. 合适的时机

配合不同的季节、假日、店庆、新品推广等推出合适的网店设计风格，可以在视觉上给消费者带来新鲜感。

3. 风格与形式统一

网店的设计风格要统一，在选择分类栏、店铺公告、音乐、计数器等要素的时候要有整体考虑，千万不要一个网店页面中出现多种不同的风格。例如卖绿茶的网店，设计时可以选择使用绿色作为主色调，网店的风格以清爽简洁为主，能够给人一种清凉、自然的感觉，也比较适合网店的主营商品，相信消费者也会喜欢。

4. 合理的配色

除了风格，色彩的搭配也很重要，合理的色彩搭配不但可以提高消费者的购买力，同时也可以提高商品的水准。

5. 突出主次，切忌花哨

网店设计的美观漂亮，确实能够吸引更多消费者的眼球，但需要清楚一点，网店的设计不能抢了商品的风头，毕竟是为了卖商品而不是秀店铺，设计得太过于杂乱、花哨反而会影响商品的展示效果。

6. 注重用户体验

消费者进入网店后，店铺中的布局是否一目了然，如果消费者找了半天也找不到需要的商品，怎么能留住潜在的消费者呢？所以无论是网店中栏目的安排还是推荐商品的设置，每一处细节都要考虑到用户体验。

1.6 如何创建成功的电商网站

电商网站是最复杂且交互性最强的网站类型，想要创建一个成功的电商网站是一项非常艰巨的任务。即使是一个多年从事设计工作的从业人员，也可能不知如何下手，本节将向读者介绍创建成功的电商网站需要注意的问题，便于读者在电商网站设计过程中能够事半功倍。

1.6.1 面向合适的用户群

在浩瀚的网络海洋中，可以找到任何我们能够想象到的产品和内容，那么是什么使用户能够在网络中光顾你的网站，而不是去身边的实体店或商场购物呢？

这就需要电商网站能够为用户提供良好的用户体验，使用户产生信赖感和依赖感。并且在网站设计之初需要通过细致的调研分析确定网站的目标用户群，在网站设计中有针对性地进行页面的布局和设计。设计师需要认清所设计的电商网站的闪光点，并能够在设计过程中将其突出放大，从而赢得用户的尊重和信任。

如图1-25所示为“有货”网站，该网站专注于年轻人时尚潮牌服饰，我们在其他的网站或者实体店也能够买到其中的一些时尚潮牌服饰，但是目前还没有几家电商网站能够如此集中地销售年轻人时尚潮版服饰，这就使得网站的定位和消费人群有很强的目标性。在该电商网站页面的设计中采用简约的设计风格，大面积的留白，使用无彩色系作为主色调，重点突出各品牌服饰，简约时尚。

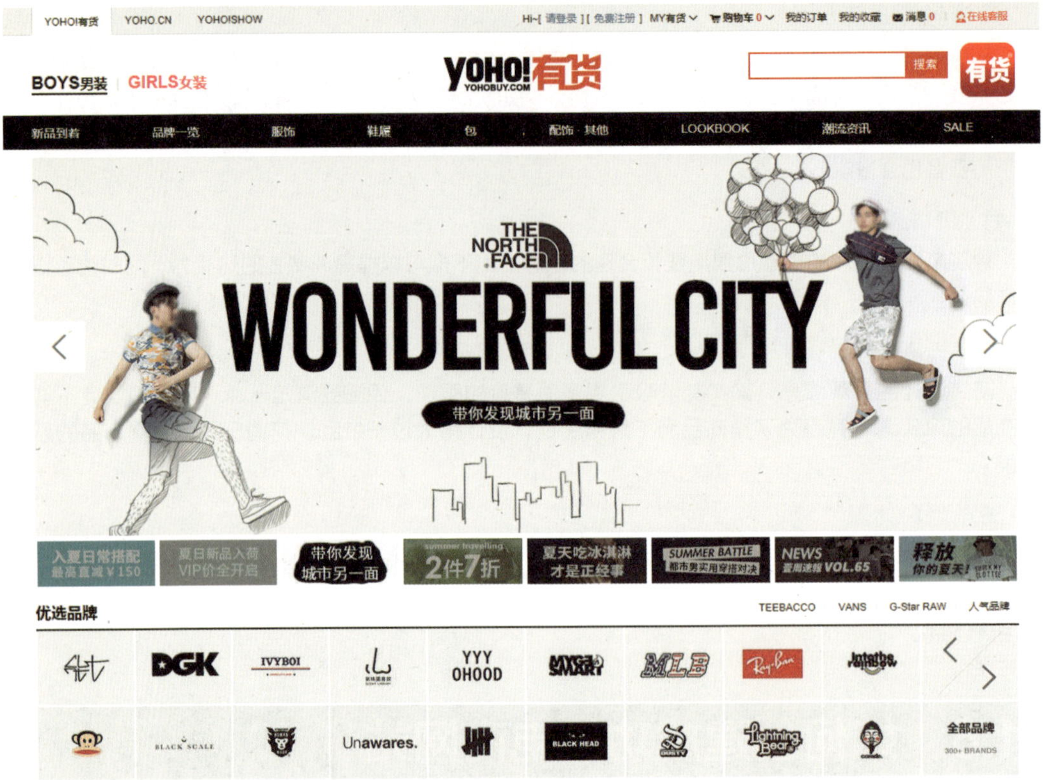

图1-25

如图1-26所示为“苏宁红孩子母婴商城”网站，该网站专注于为年轻妈妈提供全系列母婴用品，在该电商网站页面的设计中着力营造一种舒适、温馨的氛围，使目标用户能够感受到安心和放心。

图1-26

1.6.2 遵守常规的导航元素

对于一些企业或个人网站来说，在设计过程中为了体现企业的特点或个性化特征，经常会做一些打破常规的个性化设计，而对于电商网站来说，必须严格遵守“形式遵循功能”的设计理念，使不同层次的用户都能够很自然和便捷地使用网站。

电商网站设计中应该遵守如下的一些基本设计理念。

- 导航栏需要采用基本形式，水平放置在页面的顶部或者垂直放置在页面的左侧。
- 页面中需要提供清晰、方便的商品搜索栏。
- 在电商网站中页面顶部的面包屑导航是不可缺少的。
- 导航中的各菜单选项名称应该采用通俗易懂的文字描述。
- 页面底部应该提供清晰的联系信息和客服信息。
- 页面中的交互元素需要具有一致性，包括外观和交互效果的一致。

如图1-27所示为“天猫”网站，页面中提供了横向水平导航和左侧分类导航，使用不同的颜色进行区分，使用户能够更便捷地快速找到自己感兴趣的商品。

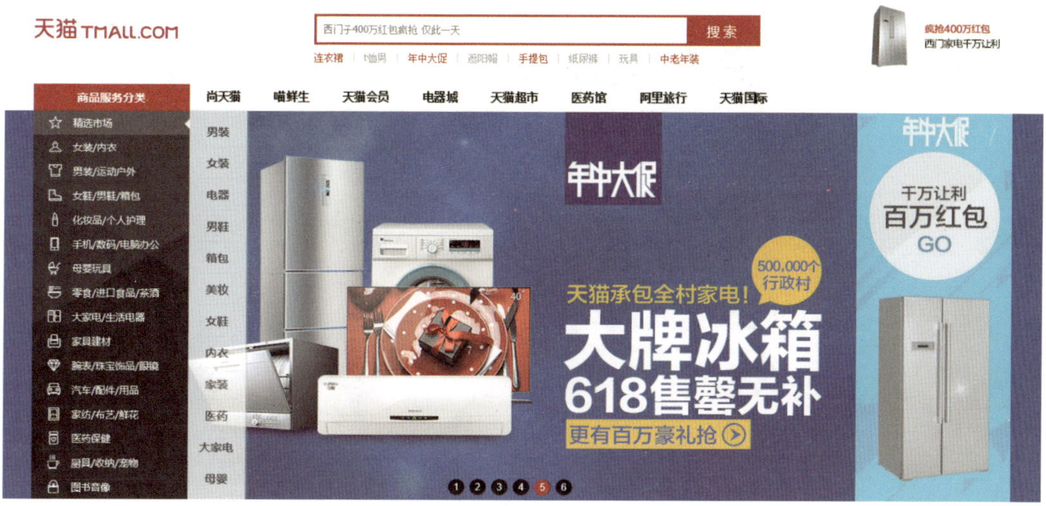

图1-27

1.6.3 产品介绍页面是用户的关注点

设计师往往都非常注重网站首页的设计，而在电商网站中首页的设计固然重要，但是产品介绍页面才是用户关注的重点。设计师需要花更多的心思使产品介绍页面的视觉效果更加赏心悦目，同时也要让用户得到需要的产品信息。在产品介绍页面中常用的方法包括在页面中放置多角度拍摄的产品图片和分类清晰的产品信息等。

如图1-28所示为“京东商城”网站的产品介绍页面，提供了多幅不同角度的产品图片预览，并且将鼠标移至产品图片缩览图上时还能够在右侧显示该产品的细节大图，而产品的价格等重点信息则使用红色来突出显示。

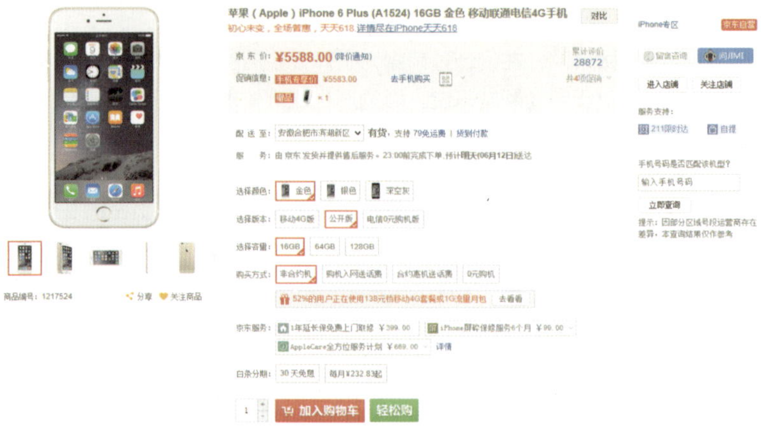

图1–28

如图1–29所示为某美容护肤产品的介绍页面，运用图文结合的方式，充分展示产品的特点。

图1–29

1.7　网店视觉营销

视觉营销就是市场营销层面上销售技术的总和，这些销售技术可以使我们向（潜在的）消费者在最好条件下，包括物质和精神两方面，展示我们用于销售的产品和服务。它存在的目的是最大限度地促进产品与消费者之间的联系，最终实现销售，同时也是提升视觉冲击、影响品牌文化的手段之一。

1.7.1　网店视觉营销的表现

从网店的观点来说，视觉营销要求店家必须保证销售的商品类型与网店设计的风格保持一致。这是因为商品的属性决定了消费群体的年龄、性别、职业、爱好等，针对不同的目标人群，网店必须要确定不同的经营风格，例如销售童装和销售珠宝的网店在经营风格上是截然不同的，销售化妆品和销售数码产品的网店在经营风格上也大相径庭。经营风格体现了网店的商品属性和装修风格、商品发布的方式和时间、商品的定价、促销活动的制定等诸多方面，也就是说，目标消费群体对我们的认同感越强，就越容易成为我们的潜在客户。如图1-30所示为经营不同产品的网店页面设计。

图1-30

和实体店销售模式一样，视觉营销最直接的表现就体现在网店的设计风格上，因为顾客进入网店后，店铺的设计风格会自然地给消费者留下第一印象，使消费者产生一种感觉：这家店铺的商品是否适合我？他们销售的商品是不是我需要的？同样是购买服装，消费者对于商品的价值也有一个心理的预期，本来准备购买几件平时穿着的休闲服饰，如果看到一家店铺的设计过于高档，消费者就会有一种进错门的不适感，或者是产生商品价格过于昂贵的心理暗示，所以，大卖场式的设计应该有大卖场的亲民风格，而专卖店就应该有专卖店的高贵档次。

另外，设计风格还体现在网店的整体色彩、色调以及图片的拍摄风格上。商品的图片、店标、标签的设计等都要考虑到整体的协调性，尽可能使整个店铺的色调、风格统一。

1.7.2 不同类型网店的视觉营销方法

下面将介绍几种风格各异的网店视觉营销方法供读者参考，了解其中视觉营销的内涵。

1. 卡通商品类

如果网店销售的是可爱型的商品，例如卡通抱枕、儿童玩具等，那么网店的目标人群应该主要为学生和25岁以下的年轻人，这些目标人群有较为一致的审美标准，喜欢关注这个年龄段感兴趣的东西，喜欢追赶潮流。作为经营这类商品的店家，应该有针对性地对网店进行设计，设计风格应该活泼、色调鲜艳，商品照片也要时尚，而商品描述的口气应该是可爱、年轻化的语言，具备了这些视觉营销基础的网店才更容易被这个群体接受，并且因为有了认同感而产生购买的欲望。如图1-31所示为卡通风格类网店典型的视觉效果。

图1-31

2. 电子产品类

经营电子产品的店铺在设计上一般都是比较趋于理性的，色调以蓝色为主，体现出网店的科技感和时尚感，因为这类商品的目标消费人群以成年人为主，而他们往往喜欢的是一种理性的、工业感和专业的设计风格。商品照片应该简单明了、色彩不花哨，商品描述和留言回复应该言简意赅，并且对客服人员的专业水平要求较高。如图1-32所示为典型的电子产品类网店的视觉效果。

图1-32

3. 时尚服饰类

对于经营时尚服饰类的网店，其主要的消费群体应该是女性，那么店铺的设计风格就要符合女性的审美习惯，商品照片应该时尚漂亮，商品的描述都应该和销售商品的风格保持一致，客服人员的语言风格也要符合这类群体的交流习惯。这类商品的消费者和数码产品的消费者在购买的方式上有很大的不同，所以需要针对这类群体来确定相应的经营风格。如图1-33所示为典型的时尚服饰类网店的视觉效果。

图1-33

4. 奢侈品类

对于销售贵金属以及钻石首饰等奢侈品的店铺，其商品的结构也就决定了店铺的消费群体，有调查显示，95%以上的此类网店购买者年龄在25至40岁之间，而很少会有年轻学生或者老人来购买，这类商品的使用者也以女性占绝大多数，但是“买单”的消费者却是以男性为主。为此，此类商品的店铺视觉风格应该定位在中性的设计风格，偏重于男士的审美习惯，同时也兼顾一些成熟女性的审美情趣，商品的描述应该亲和、稳重。如图1-34所示为典型的奢侈品类网店的视觉效果。

图1-34

在确定消费群体时，我们必须要特别注意消费群体与最终使用者不一致的情况，例如保健品类商品，它的使用者虽然多为老年人，但是购买者却是以年轻人为主，因为购买保健品大多数是为了孝敬老人。所以，销售这类商品的店铺在确定视觉营销时应该更多地倾向于购买者而不是使用者。

1.8 本章小结

网店设计具有平面广告的特征又兼具网页设计的特点，是一种综合性的艺术设计。在本章中详细介绍了有关网店设计的相关理论知识，通过对这些理论知识的学习，可以使读者对网店设计有更深入的了解和认识，以便设计出更加符合人们审美习惯和适合消费者使用的网店页面。

02

Chapter

电商网站布局元素

电商网页中所包含的布局元素有很多，这些布局设计元素也是通过一系列的风格、尺寸和形状等属性体现出来的，这些元素在电商网页的视觉风格设计中都有各自不同的用途，如果设计师使用恰当且设计新颖，每一种元素都能够以它们独特的展现方式使得网页风格焕然一新。

2.1 店标设计

所谓店标就是网上店铺的标志。对于网上店铺而言，店标决定着用户对该网上店铺的第一印象，是非常重要的元素之一，设计出色的店标可以给浏览者留下深刻的印象。

2.1.1 店标的作用

大到国际连锁品牌，小到零售网店，一般都会有自己的独特标志。标志能够代表一个品牌、一种形象，更能给顾客留下深刻的印象，并稳定扩展自己的客户群。网店店标正是担当这一重要目标的载体，可以代表着店铺的风格、店主的品位、产品的特性，也可起到宣传的作用。如图2-1所示为设计精美的网店店标。

图2-1

店标在店铺首页显示，淘宝店标尺寸为80像素×80像素，图片大小不能超过80KB，格式为GIF和JPG。

2.1.2 店标的特性

店标类似于品牌Logo，作为网店的唯一标识，起到非常重要的作用。一个设计精美的店标不仅可以很好地展现店铺的形象，还可以传达店铺的产品信息和理念，如图2-2所示。网店的店标具有以下一些特性。

图2-2

1. 准确性

店标无论要说明什么、指示什么，无论是寓意还是象征，其含义必须准确。首先要易懂，符合人们的认知心理和能力。其次要准确，避免使人产生误解。能够让浏览者在极短时间内一目了然、准确无误地领会，这正是标志优于语言、快于语言的长处。

2. 识别性

店标最突出的特点是易于识别，显示店铺自身特点和与众不同之处，标示事物间不同的意义、区别与归属是店标的主要功能。

3. 持久性

店标与店铺中的其他产品广告或其他宣传图片不同，一般都具有长期使用价值，不会轻易改动。

4. 功用性

店标具有一定的美观性，但重点还要突出其实用性，具有不可替代的独特功能。

2.1.3　店标的设计要求

店标是传达信息的一个重要手段，店标设计不仅仅是一般的图案设计，最重要的是要体现店铺的精神、商品的特征，甚至店主的经营理念等。一个好的店标设计，除了给人传达明确信息外，还在方寸之间表现出深刻的精神内涵和艺术感染力，给人以精谧、柔和、饱满、和谐的感觉。

1. 创意新颖，表现独特

店标并非一个图案那么简单，它代表一个品牌，也代表一种艺术。所以店标的设计可以说是一种艺术创作，需要设计师从生活中、从店铺规划中捕捉创作的灵感。

店标是用来表达店铺独特性质的，要让用户认清店铺的独特品质、风格和情感。因此，店标在设计上除了要追求艺术性外，还需要体现创意性和个性化。

设计新颖独特店标的根本性原则就是要设计出可视性高的视觉形象，要善于使用夸张、重复、抽象和寓意的手法，使设计出来的店标易于识别、便于记忆。如图2-3所示为一些设计新颖独特的店标。

图2-3

2. 信息明确，表达清晰

店标是一种直接表达的视觉语言，要求产生瞬间效应，因此店标设计要求简练、明确、醒目。图案切忌复杂，也不宜过于含蓄，要做到精致巧妙、清晰醒目，从各个角度、各个方向上看都有较好的识别性。

另外，店标不仅仅是起视觉的作用，还表达了一定的含义、传达了明确的信息，给买家留下美好、独特的印象。如图2-4所示为一些意义表达明确的店标。

图2-4

3. 美观大方，视觉表现强烈

店标设计要符合大众的审美，用户在观察一个店标的同时，也是一种审美的过程。在审美过程中，用户把视觉所感受的图形，使用社会公认的相对客观的标准进行评价、分析和比较，引起美感冲动。这种美的冲动会传入大脑留下记忆。因此，店标设计就要形象并具有简练清晰的视觉效果和视觉冲击力。如图2-5所示为一些视觉效果突出的店标设计。

图2-5

店标的造型要素有点、线、面、体4类，设计者要借助这4类要素，通过掌握不同造型形式的相关规则，使所构成的图案具有独立于各种具体事物结构的美。

2.1.4 店标的类别

店标的设计复杂在于这是一项高度艺术化的创造活动，没有艺术素养和良好设计技术的人无法制作出原创、个性化并具有较高价值的店标。店标按照其状态可以分为动态店标和静态店标。

1. 静态店标

一般来说，静态店标是由文字、图像构成的。其中有些店标使用纯文字的表现形式，有些店标使用图像进行表现，还有一些店标使用图像与文字相结合的方式进行艺术处理表现，如图2-6所示。

图2-6

2. 动态店标

对于网店而言，动态店标是将多个图像和文字效果制作成动画的表现形式，动态店标可以更好地吸引浏览者的注意。可以使用Photoshop等软件来制作动态GIF图像作为店标。

案例分析 | 水果店铺店标设计分析

FRUIT
QIANQIAN
阡阡水果
QIANQIAN FRUIT

整体评价： 使用拟人化的卡通水果形象作为店标，既表达了店铺的主营内容也使得店标更加有趣，能够给浏览者留下深刻的印象。搭配店铺的中英文名称，更加直观、明确地表明店铺的主营内容。

将水果设置为卡通形象，更好地吸引浏览者的注意，给浏览者留下深刻的印象。
FRUIT
QIANQIAN
阡阡水果
QIANQIAN FRUIT
为店铺的中英文名称添加绿色的描边，突出店铺名称的显示。

构图分析： 该店标的设计采用拟人化的构图，在正圆形中间位置放置卡通形象，并使用路径文字来环绕该卡通形象，使店标主图形的表现更加具有整体感。店铺中英文名称可以根据版面的需要放置在店标主图形的下方或者是右侧。

配色方案： 使用绿色作为该店标的主色调，表现出新鲜、自然、无污染的印象，搭配黄色的卡通形象，色彩搭配清新、亮丽，给人一种快乐、自然的感受。

主色：新鲜	辅色：自然	辅色：欢乐	文字颜色：清晰

实战案例 | 设计咖啡店标

源文件：光盘\源文件\第2章\咖啡店标.psd　　视　频：光盘\视频\第2章\咖啡店标.swf

● **案例分析**

案例特点：本案例设计一款咖啡店标，通过对文字属性的相关设置，调整为合适的效果，并通过对文字的简单变形处理，实现名称的象形处理，从而构成店标。

制作思路与要点：本实例的店铺主要经营咖啡相关产品，所以在店标的设计中需要体现出店铺的特点。通过对文字的变形处理，与简单的图形相结合构成店标，简约、直观，并且能够突出表现出店铺的主营内容和特点。

● **色彩分析**

该店标主要使用两种色彩进行搭配，使用咖啡色作为主色调，与店铺的主营内容相吻合，使用绿色的树叶图形进行点缀，表现出新鲜、自然、健康的特征。

咖啡色　　绿色　　白色

● **制作步骤**

步骤 01 执行“文件>新建”命令，弹出“新建”对话框，新建一个空白文档，如图2-7所示。使用“椭圆工具”，在“选项”栏上设置“工具模式”为“形状”，“填充”为RGB（113、98、88），在画布中绘制正圆形，如图2-8所示。

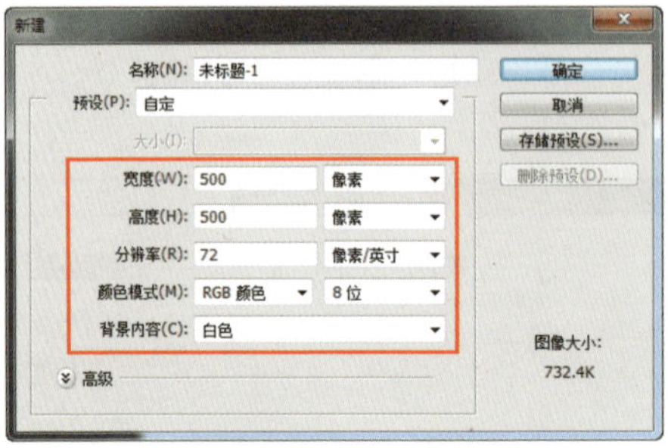

图2-7

图2-8

步骤02 使用“椭圆工具”，在“选项”栏上设置“路径操作”为“减去顶层形状”，在刚绘制的正圆形上减去一个正圆形，得到需要的圆环图形，如图2-9所示。使用“横排文字工具”，在“字符”面板上对相关选项进行设置，并在画布中输入文字，如图2-10所示。

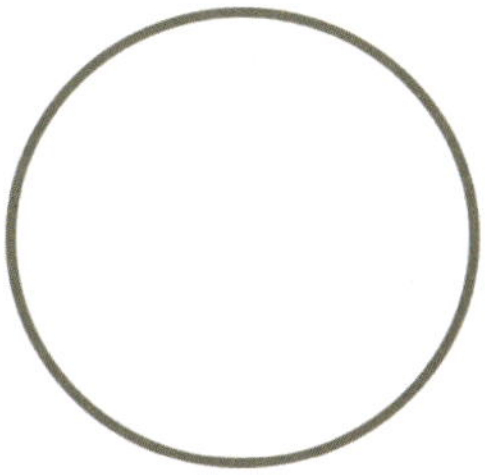

图2-9

图2-10

TIPS

设置“路径操作”为“减去顶层形状”，则可以在已经绘制的路径或形状图形基础上减去当前绘制的路径或形状图形，从而得到相减的路径或形状图形效果。

步骤03 使用相同的制作方法，在画布中输入文字，效果如图2-11所示。选中字母r，在“字符”面板中设置“基线偏移”选项，效果如图2-12所示。

图2-11

图2-12

TIPS

设置“基线偏移”选项，可以使字符根据设置的参数上下移动位置，正值使文字向上移动，负值使文字向下移动。

步骤04 使用相同的制作方法，对相应字母的“基线偏移”选项进行设置，效果如图2-13所示。选中字母tr，在“字符”面板上对其设置“字符间距”选项，效果如图2-14所示。

图2-13

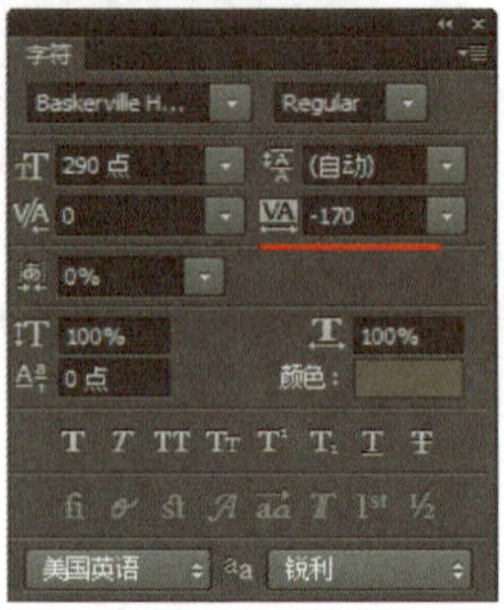

图2-14

步骤05 使用相同的制作方法，对其他字母的字符间距进行调整，效果如图2-15所示。选中该文字图层，执行“类型>转换为形状”命令，将文字图层转换为形状图层，调整文字形状到合适的位置，效果如图2-16所示。

图2-15

图2-16

步骤06 使用“直接选择工具”，选中字母r下方的相应锚点，拖动锚点调整形状，效果如图2-17所示。使用“钢笔工具”，在“选项”栏上设置“工具模式”为“形状”，“填充”为RGB（197、215、0），在画布中绘制形状图形，如图2-18所示。

图2-17

图2-18

TIPS

使用“直接选择工具”在路径中的锚点上单击即可选中锚点，如果按住Shift键的同时单击锚点，可以同时选中多个锚点，被选中的锚点显示为实心点，没有被选中的锚点显示为空心点。选中锚点后拖动鼠标即可调整锚点的位置。

步骤07 使用“钢笔工具”，在“选项”栏上设置“路径操作”为“减去顶层形状”，在刚绘制的图形上减去相应的形状，得到需要的图形，效果如图2-19所示。完成该咖啡店标的设计制作，最终效果如图2-20所示。

图2-19

图2-20

步骤08 将该店标应用于网店页面中，可以根据背需要调整店标的颜色效果，如果应用于浅色背景上可以保持店标的颜色不变，如果应用于深色背景上，可以将店标修改为浅色，从而保证店标能够清晰地显示，如图2-21所示。

图2-21

案例分析 | 药品专营店铺店标设计分析

整体评价： 使用葫芦和仙鹤的图形相结合构成店标的整体图形，搭配毛笔书法文字的店铺名称，给人一种可信赖感和历史悠久的感觉。

在中国传统文化中，葫芦和仙鹤都具有灵性，此处使用这两种图形相结合，表现出延年益寿的店铺主题。

店铺的中英文名称相结合，并且使用毛笔书法字体来表现店铺的中文名称，让人感觉历史悠久。

构图分析： 该店标的设计采用借喻的表现手法，通过葫芦和仙鹤图形相结合来表现健康、长寿的店铺喻意，运用书法毛笔风格的繁体字来表现店铺名称，并且店铺的中文名称设计得较大，苍劲有力。店铺中英文名称可以根据页面设计的需要放置在店标主图形的下方或者是右侧。

配色方案： 使用黄绿色到绿色的渐变颜色作为店标的主色调，表现出健康、美好的色彩印象，搭配白色的仙鹤图形，表现出纯洁、无污染，整体的色彩表现给人一种健康、自然的印象。

主色：健康	辅色：自然	辅色：纯洁	文字颜色：传统

实战案例 | 设计啤酒店标

源文件：光盘\源文件\第2章\啤酒店标.psd　　视　频：光盘\视频\第2章\啤酒店标.swf

● 案例分析

案例特点：本案例设计一款啤酒店标，运用弧状图形与气泡图形搭配店标文字，构成该啤酒店标，时尚、醒目，能够很好地表现店铺特色。

制作思路与要点：店标的设计需要能够体现店铺的特色和主营商品，本案例所设计的是一款啤酒店标，店铺中主营的产品是啤酒，所以在店标的设计上使用气泡等图形元素结合店铺的名称进行设计，运用多层次的图形相互叠加和渐变颜色填充，体现出店标的层次感，并且为店标绘制高光图形，从而渲染店标的表现效果。

● 色彩分析

本案例所设计的啤酒店标使用绿色作为主体色调，表现出健康、天然的印象，搭配黄色的文字效果，与啤酒的颜色相统一，具有很好的辨识度。

绿色　　黄色　　黑色

● 制作步骤

步骤 01 执行“文件>新建”命令，弹出“新建”对话框，新建一个空白文档，如图2-22所示。使用“钢笔工具”，在“选项”栏上设置“工具模式”为“形状”，“填充”为RGB（215、216、217），在画布中绘制形状图形，效果如图2-23所示。

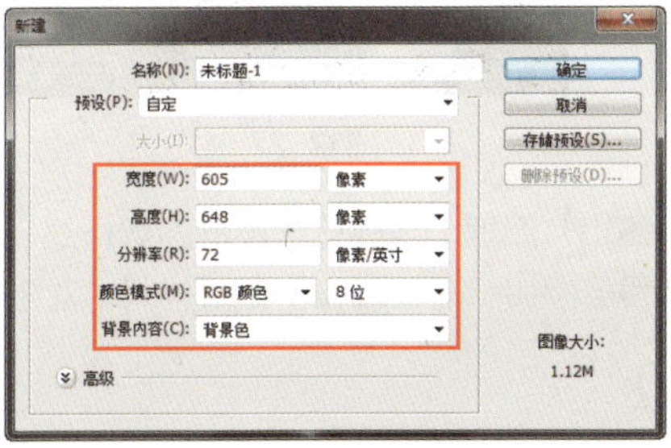

图2-22

图2-23

TIPS

在使用“钢笔工具”绘制路径或形状图形时，如果按住Ctrl键，可以将正在使用的“钢笔工具”临时转换为“直接选择工具”；如果按住Alt键，可以将正在使用的“钢笔工具”临时转换为“转换点工具”。

步骤02 复制“形状1”图层得到“形状1拷贝”图层，将复制得到的图形等比例缩小，并修改其颜色为RGB（160、162、164），效果如图2-24所示。使用相同的制作方法，得到相似的图形效果，如图2-25所示。

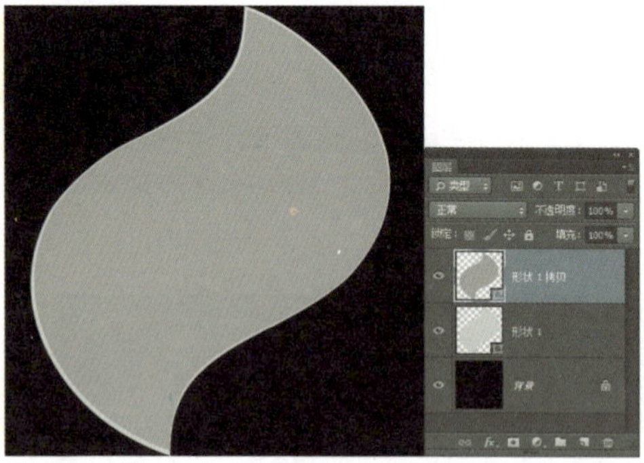

图2-24

图2-25

TIPS

如果需要修改形状图形的颜色，只需要在该形状图形所在的形状图层缩览图上双击，即可弹出“拾色器”对话框，直接修改该形状图形的颜色。

步骤03 为该图层添加“描边”图层样式，对相关选项进行设置，如图2-26所示。单击“确定”按钮，完成“图层样式”对话框的设置，效果如图2-27所示。

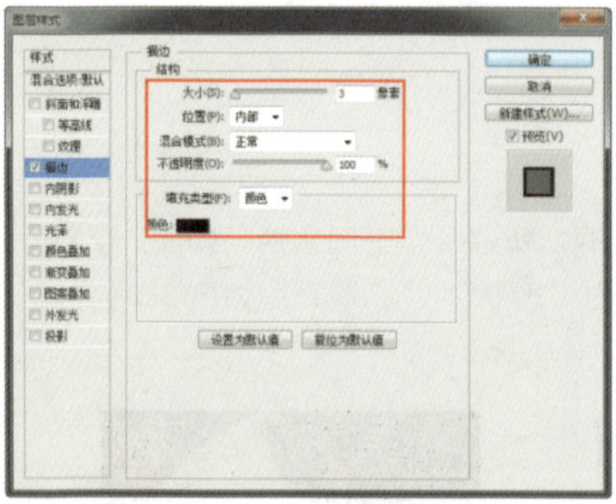

图2-26

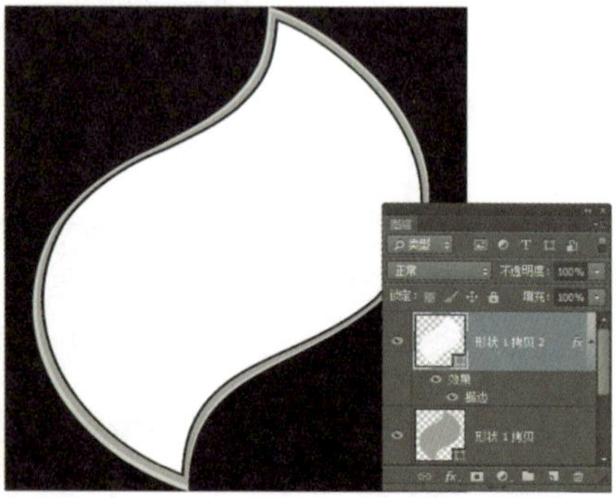

图2-27

步骤04 复制“形状1拷贝2”图层得到“形状1拷贝3”图层，清除该图层的图层样式，并将其调整到合适的大小和位置，效果如图2-28所示。为该图层添加“渐变叠加”图层样式，对相关选项进行设置，如图2-29所示。

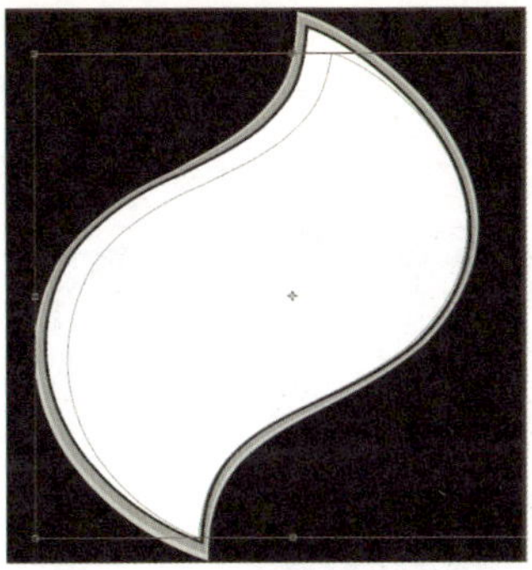

图2-28

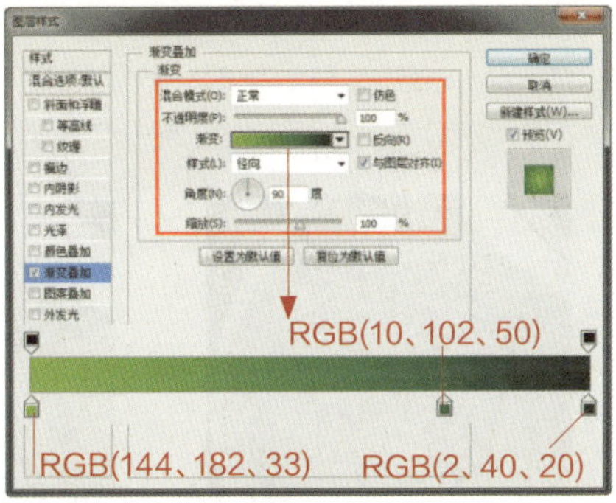

图2-29

步骤05 单击“确定”按钮，完成“图层样式”对话框的设置，效果如图2-30所示。新建名称为“泡泡”的图层组，使用“椭圆工具”，在画布中绘制一个白色的正圆形，如图2-31所示。

图2-30

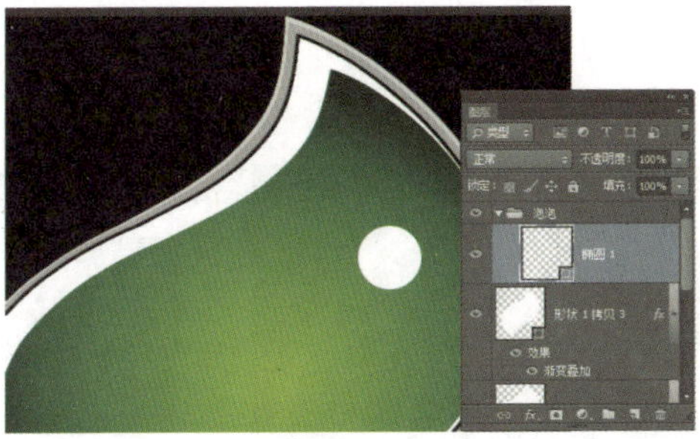

图2-31

TIPS

使用“椭圆工具”在画布中绘制椭圆形时，如果按住Shift键的同时拖动鼠标，则可以绘制正圆形；拖动鼠标绘制椭圆形时，在释放鼠标之前，按住Alt键，则将以单击点为中心向四周绘制椭圆形；在画布中拖动鼠标绘制椭圆形时，在释放鼠标之前，按住Alt+Shift键，将以单击点为中心向四周绘制正圆形。

步骤06 为该图层添加“渐变叠加”图层样式，对相关选项进行设置，如图2-32所示。单击“确定”按钮，完成“图层样式”对话框的设置，效果如图2-33所示。

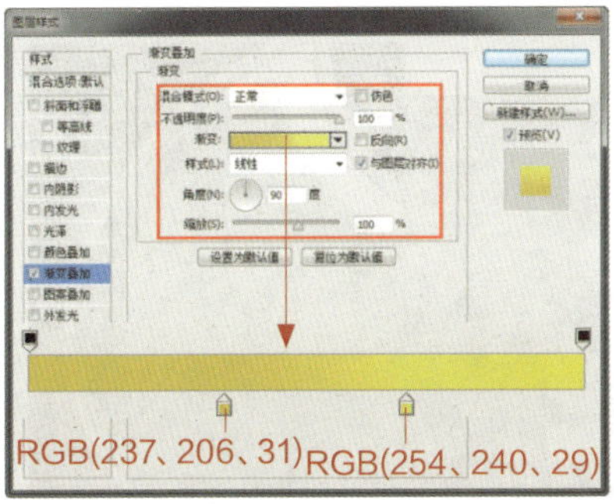

图2-32

图2-33

步骤07 使用“椭圆工具”，在“选项”栏上设置“路径操作”为“减去顶层形状”，在刚绘制的正圆形上减去相应的图形，得到需要的图形，效果如图2-34所示。使用“椭圆工具”，设置“填充”为RGB（254、253、210），在画布中绘制一个椭圆形，效果如图2-35所示。

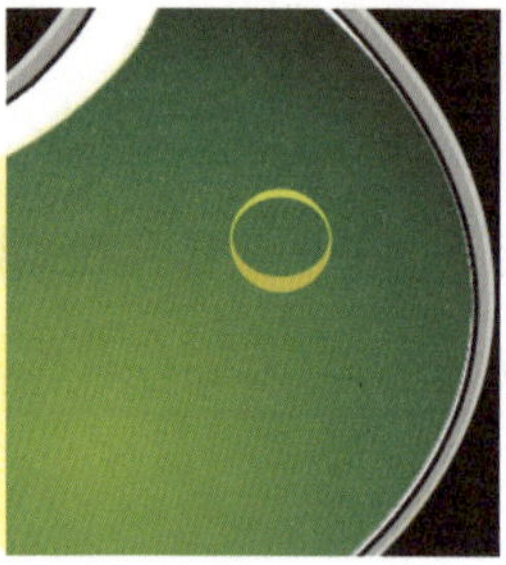

图2-34

图2-35

步骤08 选中“椭圆1”和“椭圆2”图层，多次复制图层，并分别将复制得到的图形调整到合适的大小和位置，效果如图2-36所示。设置“泡泡”图层组的“混合模式”为“叠加”，“不透明度”为50%，效果如图2-37所示。

图2-36

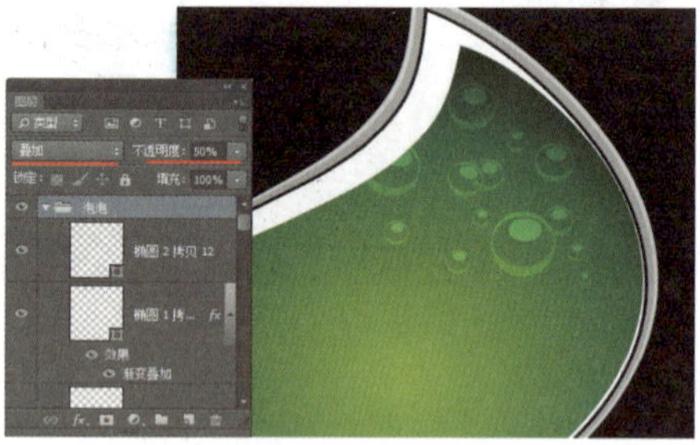

图2-37

TIPS

设置“图层样式”为“叠加”，可以改变图像的色调，但图像的高光和暗调将被保留。

步骤09 复制“泡泡”图层组得到“泡泡 拷贝”图层组，将复制得到的图形调整到合适的大小和位置，效果如图2-38所示。使用“钢笔工具”，在画布中绘制白色的形状图形，并设置该图层的“混合模式”为“叠加”，“不透明度”为25%，效果如图2-39所示。

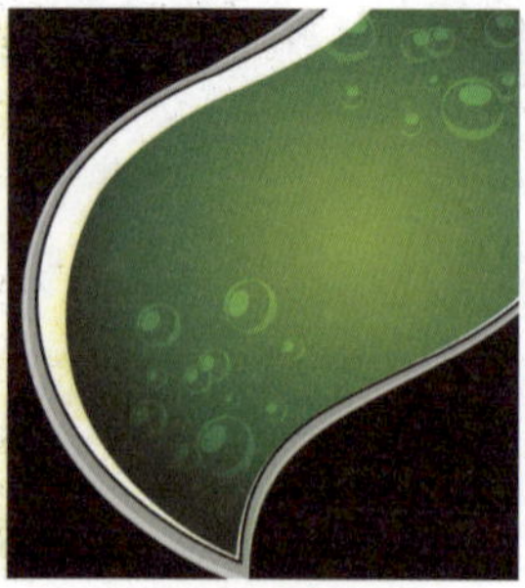

图2-38

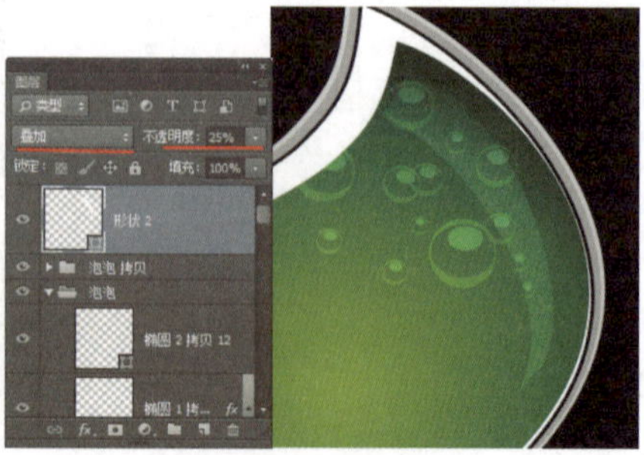

图2-39

步骤 10 新建名称为“文字”的图层组，使用“横排文字工具”，在“字符”面板中设置相关选项，在画布中输入文字，如图2-40所示。为该文字图层添加“描边”图层样式，对相关选项进行设置，如图2-41所示。

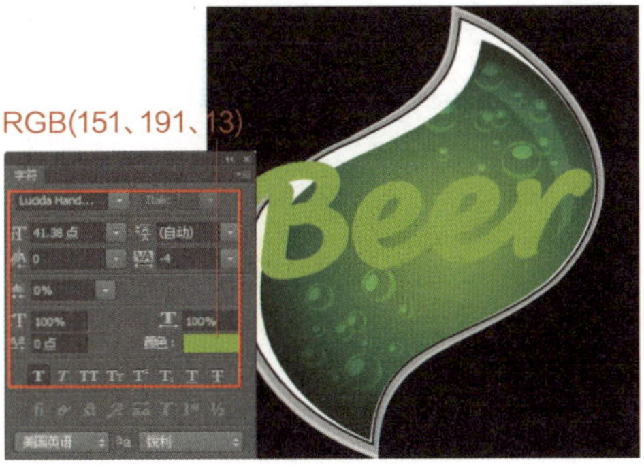

图2-40

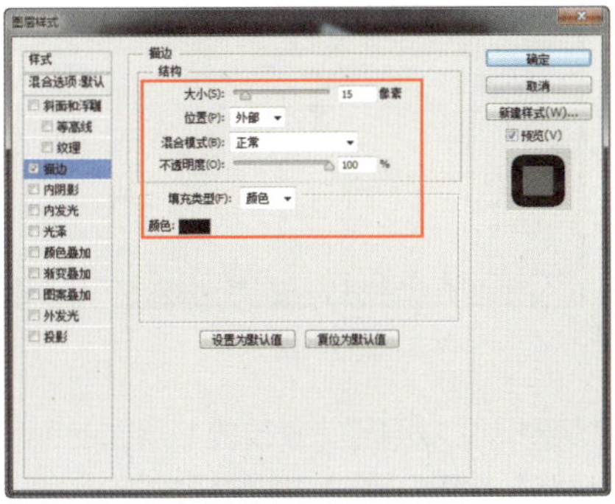

图2-41

步骤 11 单击“确定”按钮，完成“图层样式”对话框的设置，效果如图2-42所示。复制该文字图层，清除复制得到的文字图层的图层样式，修改文字颜色为RGB（1、45、20），并将复制得到的文字向上移动2像素，效果如图2-43所示。

图2-42

图2-43

TIPS

如果需要删除一种图层样式，可以在“图层”面板中选择图层样式名称，将其拖动到“图层”面板中的“删除图层”按钮上。如果需要删除一个图层的所有图层样式，可以在该图层上单击鼠标右键，在弹出的菜单中选择“清除图层样式”选项，即可一次性删除该图层所添加的所有图层样式。

步骤 12 复制该文字图层，为复制得到的图层添加“渐变叠加”图层样式，对相关选项进行设置，如图2-44所示。单击“确定”按钮，完成“图层样式”对话框的设置，效果如图2-45所示。

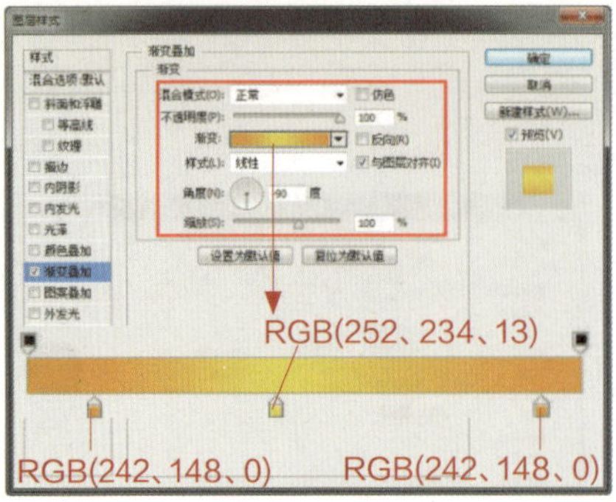

图2-44

图2-45

步骤 13 复制该文字图层，修改复制得到的图层的“渐变叠加”图层样式，参数设置如图2-46所示。单击“确定”按钮，完成“图层样式”对话框的设置，将文字调小，效果如图2-47所示。

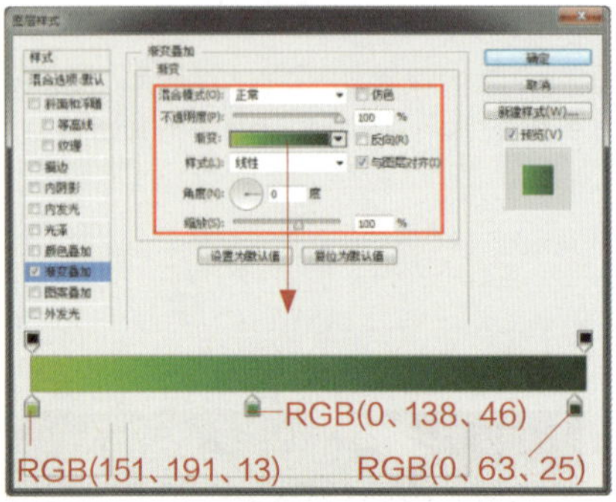

图2-46

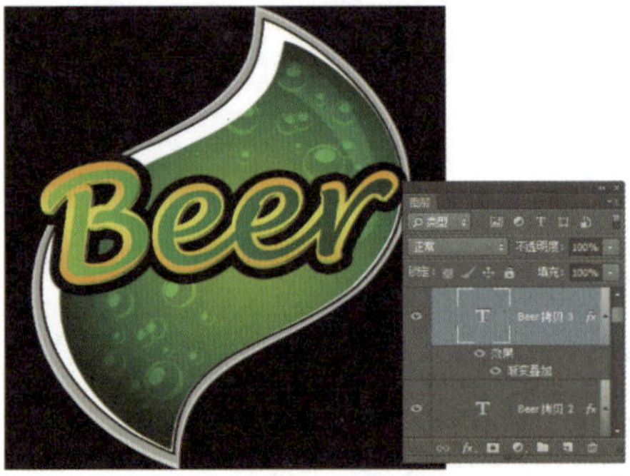

图2-47

步骤 14 复制“Beer拷贝3”图层得到“Beer拷贝4”图层，将“Beer拷贝3”图层隐藏，选择“Beer拷贝4”图层，将该图层栅格化图层样式，设置“混合模式”为“滤色”，效果如图2-48所示。使用“橡皮擦工具”，在图像中进行适当的擦除操作，效果如图2-49所示。

图2-48

图2-49

TIPS

设置“混合模式”为“滤色”，可以使图像产生一种漂白的效果。

步骤 15 新建名称为“文字泡泡”的图层组，使用相同的制作方法，绘制出相似的图形效果，设置该图层组的“不透明度”为90%，效果如图2-50所示。新建名称为“光”的图层组，使用“钢笔工具”，在画布中绘制白色的形状图形，效果如图2-51所示。

图2-50

图2-51

步骤 16 使用相同的制作方法，绘制出其他的高光图形效果，如图2-52所示。新建名称为“光晕”的图层组，新建图层，为画布填充黑色，执行“滤镜>渲染>镜头光晕”命令，弹出“镜头光晕”对话框，参数设置如图2-53所示。

图2-52

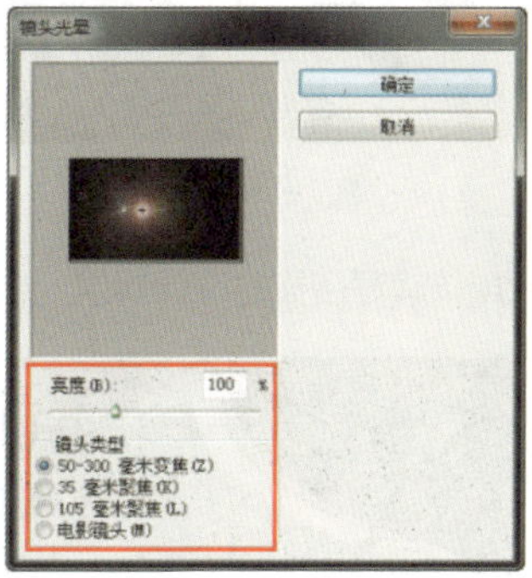

图2-53

TIPS

“镜头光晕”滤镜可以用来表现玻璃、金属等反射的光，或用来增强日光和灯光的效果，可以模拟亮光照射到相机镜头所产生的折射。

步骤 17 单击“确定”按钮，完成“镜头光晕”对话框的设置，设置该图层的“混合模式”为“滤色”，调整图像到合适的大小和位置，效果如图2-54所示。新建图层，使用“椭圆选框工具”，在画布中绘制椭圆选区，执行“选择>修改>羽化”命令，弹出“羽化选区”对话框，参数设置如图2-55所示。

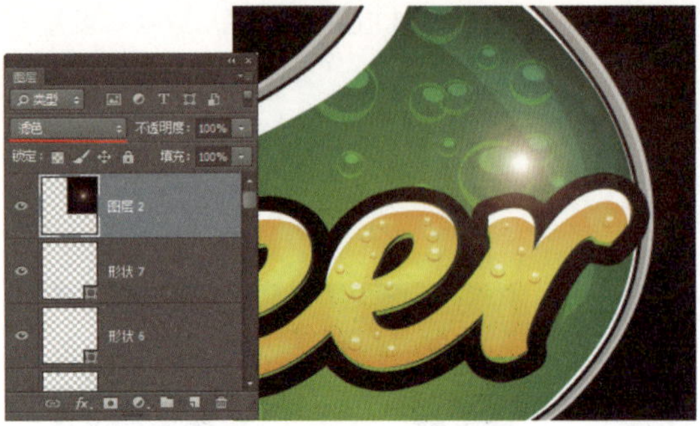

图2-54

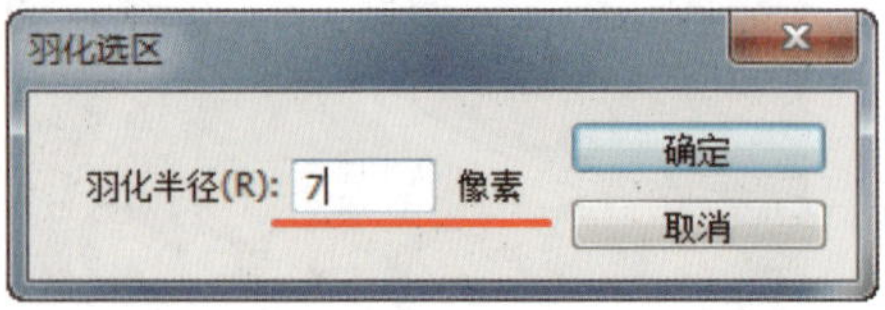

图2-55

步骤 18 单击“确定”按钮，羽化选区，为选区填充白色，取消选区，调整图形到合适的大小和位置并进行旋转，效果如图2-56所示。使用相同的制作方法，完成其他光晕图形效果的制作，如图2-57所示。

图2-56

图2-57

步骤 19 完成该啤酒店标的设计制作，最终效果如图2-58所示。

图2-58

2.2 店招设计

店招顾名思义就是指店铺的招牌，店招是店铺十分重要的宣传工具，也是店铺的一个广告牌，店招的设计需要具有很强的识别性。

店招是店铺留给顾客的第一印象，店铺如何定位、是否有优惠、是否有核心产品，都可以从店招中看出来。

2.2.1 店招的设计要点

店招是一个店铺的形象，一个好的店招能起到传达店铺的经营理念、突出店铺的经营风格、彰显店铺形象的作用，如图2-59所示为设计出色的店招。

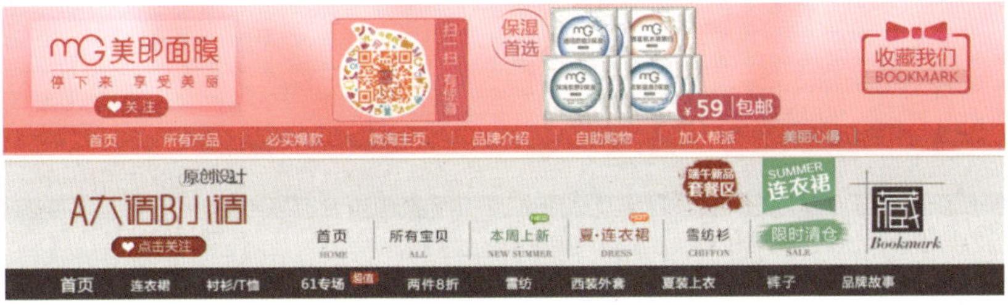

图2-59

在店招的设计过程中需要注意以下几点。

1. 规范尺寸

店招通常都有规定的尺寸大小要求，以淘宝网为例，淘宝网的店招尺寸为950像素×150像素，格式为GIF、JPG和PNG，图片大小不能超过100KB。

2. 表达直接

店招需要能够明确地告诉浏览者店铺卖的是什么，可以采用实物照片的形式，直观形象地表现出店铺的商品与特色。

3. 突出特点

直接阐述店铺的产品特点，第一时间打动并吸引浏览者，可以体现出店铺和所经营产品的优势以及与其他店铺的不同之处，突出特点，形成差异化。

2.2.2 店招的表现类型

从店招的功能表现来说，可以将店招分为品牌宣传店招、活动促销店招和产品推广店招。

1. 品牌宣传店招

这类店招首先需要考虑的内容是店铺名称、店标、广告语，因为这是品牌宣传的最基本的内容；其次是关注按钮、关注人数、收藏按钮、店铺资质，可以从侧面反映出店铺的实力；再次是搜索框、第二导航条等方便用户体验的内容，如图2-60所示。

图2-60

2. 活动促销店招

这类店铺的特点是店铺活动、流量集中增加，有别于店铺正常运营。所以店招首先要考虑的因素是活动、优惠、促销产品等信息；其次是搜索框、第二导航条等方便用户体验的内容；再次才是店铺名、店标、广告语等品牌宣传为主的内容，如图2-61所示。

图2-61

3. 产品推广店招

店铺特点是有主推产品或者想要推广一款或几款产品。在店招设计上，这类店铺要主打推广产品、推广信息、优惠券、活动信息等内容；其次是店铺名称、店标、广告语等品牌宣传为主的内容；再次是搜索框、第二导航条等方便用户体验的内容，如图2-62所示。

图2-62

案例分析 | 母婴商城店招设计分析

整体评价： 店招的背景色和导航的背景色都使用纯色的背景，并且两种颜色是反差较大的色彩，可以有效地区分内容层次。店招的设计简洁而清晰，没有过多花哨的修饰。

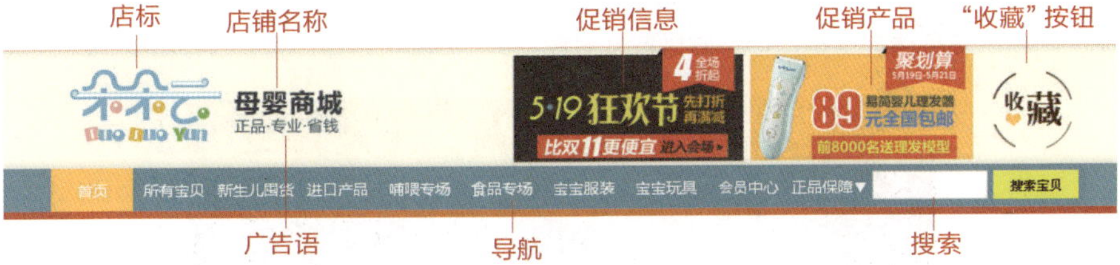

构图分析： 在店招中合理地安排内容，左侧为店标、店铺名称和广告语，右侧为促销信息和收藏按钮，结构和内容清晰、直观。

配色方案： 使用了非常温和的浅黄色作为店招的背景主色调，彰显温馨、柔和，搭配红色和橙色的促销信息，能够有效地突出促销信息的显示效果。

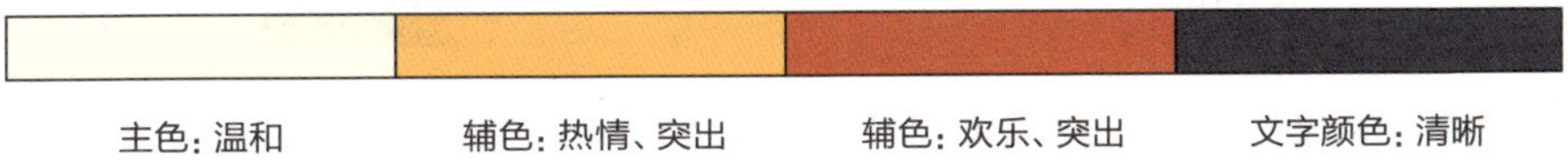

实战案例 | 设计店铺促销店招

源文件：光盘\源文件\第2章\店铺促销店招.psd　　视　频：光盘\视频\第2章\店铺促销店招.swf

- **案例分析**

案例特点：本案例设计一款店铺促销店招，运用常规的布局方式，在店招中安排店标、店铺名称、广告语、优惠券等信息内容，结构清晰、简单，给浏览者非常直观的感受。

制作思路与要点：店招是店铺的招牌，出现在网店页面的头部，店招的设计应该能够体现出该网店的特色。本实例的店铺是一家销售运动鞋的店铺，所以在店招的设计上通过一些倾斜的线条和斑驳的纹理体现出动感和激情的感觉，合理安排各部分内容，使得促销信息明确、直观。

- **色彩分析**

本实例所设计的店铺促销店招以红色作为主体颜色，带给人一种激情和活力四射的感觉，与黑色和白色搭配，使得内容层次清晰，给人一种直观、舒适的视觉效果。

黑色　　红色　　白色

- **制作步骤**

步骤01 执行“文件>打开”命令，打开素材图像“光盘\源文件\第2章\素材\301.jpg”，如图2-63所示。打开素材图像“光盘\源文件\第2章\素材\302.png”，将其拖入设计文档中，效果如图2-64所示。

图2-63

图2-64

步骤02 新建名称为“导航”的图层组，使用“横排文字工具”，在“字符”面板中设置相关选项，在画布中输入文字，如图2-65所示。使用“直线工具”，在“选项”栏上设置“工具模式”为“形状”，“填充”为（156、19、22），“粗细”为1像素，在画布中绘制直线，如图2-66所示。

图2-65

图2-66

TIPS

使用“直线工具”在画布中绘制直线或线段时，如果按住Shift键的同时拖动鼠标，则可以绘制水平、垂直或以45°角为增量的直线。

步骤03 多次复制“形状1”图层，分别将复制得到的直线调整到合适的位置，效果如图2-67所示。新建名称为logo的图层组，打开素材图像“光盘\源文件\第2章\素材\303.png”，将其拖入设计文档中，如图2-68所示。

图2-67

图2-68

步骤04 使用“横排文字工具”，在“字符”面板中设置相关选项，在画布中输入文字，效果如图2-69所示。使用“圆角矩形工具”，设置“半径”为5像素，在画布中绘制黑色的圆角矩形，如图2-70所示。

图2-69

图2-70

步骤05 使用“自定形状工具”，设置“填充”为RGB（255、40、44），在“形状”下拉面板中选择合适的形状，在画布中绘制形状图形，效果如图2-71所示。使用相同的制作方法，在画布中输入文字，效果如图2-72所示。

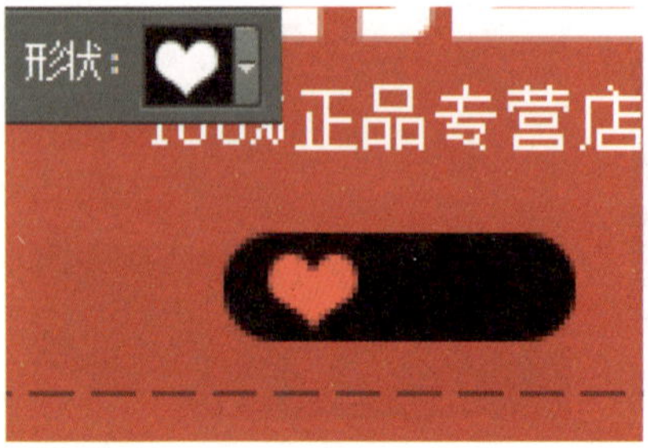

图2-71

图2-72

步骤06 新建名称为“优惠券”的图层组，使用“画笔工具”，打开“画笔”面板，对相关选项进行设置，如图2-73所示。新建“图层3”，设置“前景色”为黑色，按住Shift键，在画布中绘制黑色虚线框，效果如图2-74所示。

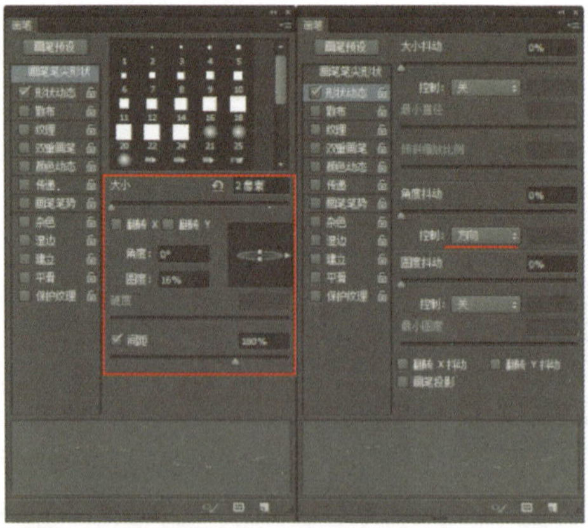

图2-73

图2-74

步骤07 使用相同的制作方法，完成该优惠券效果的制作，如图2-75所示。使用相同的制作方法，制作出其他优惠券的效果，如图2-76所示。

图2-75

图2-76

步骤08 使用“钢笔工具”，在“选项”栏上设置“工具模式”为“形状”，“填充”为RGB（150、19、22），在画布中绘制形状图形，如图2-77所示。为该图层添加“投影”图层样式，对相关选项进行设置，如图2-78所示。

图2-77

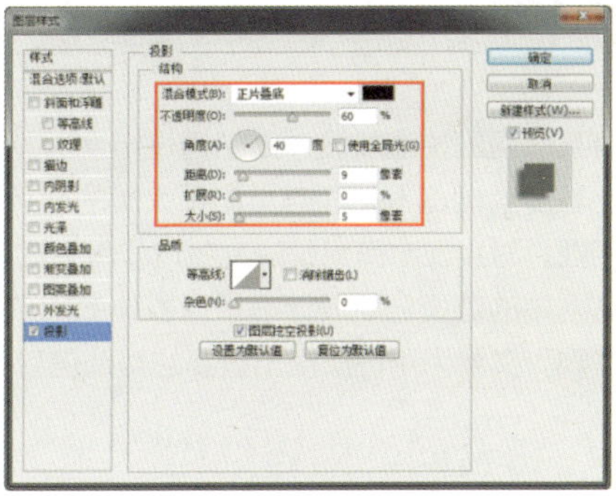

图2-78

步骤09 单击“确定”按钮，完成“图层样式”对话框的设置，效果如图2-79所示。使用相同的制作方法，在画布中输入相应的文字，效果如图2-80所示。

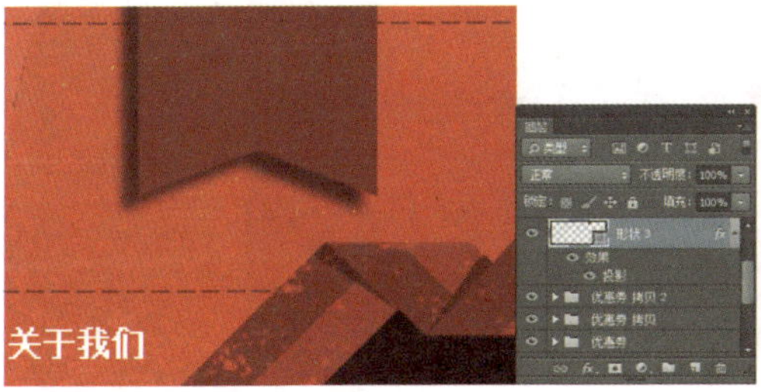

图2-79

图2-80

步骤10 完成该店铺促销店招的设计制作，最终效果如图2-81所示。

图2-81

2.3 电商网站导航设计原则

随着互联网的快速发展，人们通过电商网站进行交易也越来越平常，电商网站页面中的产品信息通常都比较多，浏览者在面对页面中大量的产品信息时会感到迷茫，因此优秀的导航设计能够提高网站的易用性，对实现电商网站的高效运作具有实际意义。

电商网站的首页导航设计必须以最佳的用户体验为原则，既要将网站中的所有信息都在有限的导航栏中体现，又要为用户反馈出重要的帮助信息。

2.3.1 符合网站内容结构

在对电商网站导航进行设计之前，需要对网站整体的内容有一个全面的了解，并且将网站内容进行归类。电商网站通常会设置两个导航，分别是网站头部的总导航和侧边的分类导航。一般来说，总导航会比较笼统地展示网站商品，而分类导航则会比较详细，如图2-82所示。

图2-82

在总导航栏的设计上需要注意以下两点。

01. 总导航栏应该尽量简洁，如果在总导航栏上放置过多的内容，无论是在视觉效果上还是用户体验上，都会给人复杂、烦琐的感觉。

02. 导航中的内容应该与网站内容是紧密相关的，需要能够充分体现出导航与内容的匹配度。

在电商网站的导航中或导航周围常常会设计一些广告，运用得恰当不仅不会遭到用户的反感，相反还能提升用户的满意度，但需要注意的是应该尽量避免放置与本网站无关的内容，并且广告成分过于明显的一些内容、过量的无关内容势必会让用户感觉在购物时受到干扰。

2.3.2 明确网站业务目标

电商网站首页中的导航需要能够体现目前网站中所销售的商品。因此，导航很有必要随着网站主营商品的变更，或是根据商品销量而做出改变，让呈现在用户面前的导航始终与网站本身内容以及时下热门很贴合。

设计师在不同项目的设计过程中，单从过程来说基本上大同小异，但至关重要的是，每一次网站设计会根据客户不同的业务需求而产生不同的设计目标。确定了设计目标，就需要时刻提醒自己，所做的设计无论是简单还是花哨，都必须把这一目标完整地体现出来。

“唯品会”网站的导航设计在目标的体现上还是比较明显的，如图2-83所示。将自家主营的商品栏目种类，包括近期的活动用最清楚的方式展现出来，有效地减少了用户思考的时间，让用户在最短的时间内为自己的点击做出决定。

图2-83

2.3.3 遵从用户使用习惯

在对电商网站导航进行设计时，设计师应该把使用对象看成是新用户，需要能够在第一时间满足用户的需求，尽量削弱导航的学习性，例如鼠标悬停的分类打开方式就可以很大程度上降低用户的学习成本，如图2-84所示为“亚马逊”网站的导航菜单。

图2-84

通常，浏览者在网页中停留的时间是比较短的，因此，网站导航必须一目了然，让浏览者产生依赖感。如果网站需要进行改版时，尽量不要对导航做过大的改动，因为导航是整个网站中比较重要的组成部分，也是浏览者相对比较依赖的一个模块，一旦对导航进行了较大的改变，会让浏览者无形中产生一种陌生感和距离感。

2.3.4 避免重复的分类

在导航的设计过程中首先要对网站的整体运营内容有一个全面的了解，了解之后才能拟定出具体的板块，而首页导航的作用就是将这些板块做出详细的分类，在清楚导航的目的和重要性之后，把类似的板块拼凑在一起，形成一个整体，这也就是主导航了。在主导航的左下或右下方会有一个比较全面完整的分类导航，在一些较为知名的电商网站中，分类导航的使用率可能更高于主导航，这两者之间其实有一种微妙的递进关系，要尽量避免内容重复。

如图2-85所示为“天猫”网站的导航菜单，“医药保健”和“医药馆”在字义上很相近，而且单击后进入的也是同一个页面。无论是文字还是图片，重复性的内容会很容易让用户产生倦怠感，并且会明显降低有针对性需求用户的购物体验。

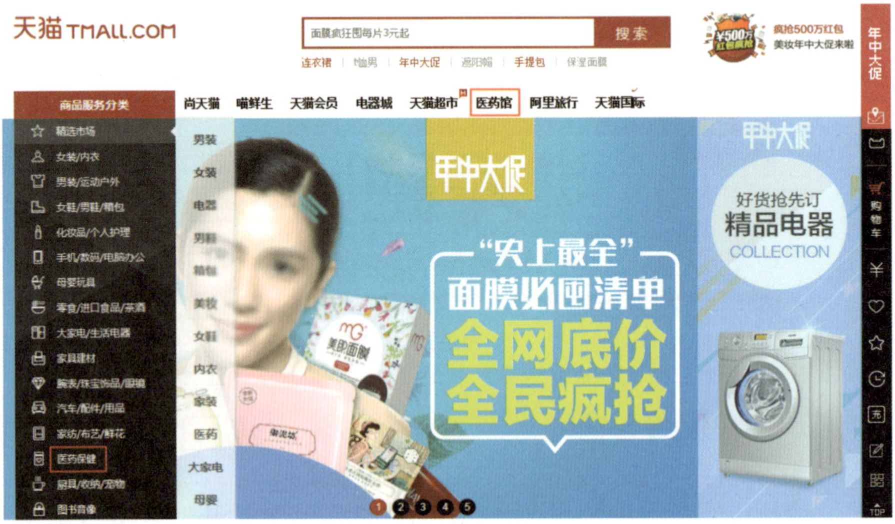

图2-85

2.3.5 使用合适的文案

在电商网站导航中，文案的首要任务就是让每个用户都能准确快速地理解相关信息。而作为设计师，通常会花费大量的时间用于视觉效果的表现，而清晰明了的表达是美观的前提，任何交互项目的最佳状态就是实现透明化。

文字标签是传达信息最有力的途径，因此，导航中出现的文案应该避免使用一些用户很难理解的词汇，比如专业术语、缩写和个性化语言等。其中最常见的就是缩写，很多电商网站会出于排版美观，或是文字长度上的限制而选用缩写，从而牺牲用户体验，增加了用户对导航的理解难度。

2.3.6 清晰的视觉体验

从视觉角度上来说，用户只用几秒钟的时间扫视网站，所以导航的视觉设计必须符合逻辑，用色彩给用户提供一种指引，成为用户的向导。可单击的部分要尽可能明显一些，减少用户对其的猜测。在色彩的使用上应避免大片亮色，这会间接地降低导航文字的可识别度，与此同时，电商网站面向的是所有的消费者，因此，在导航与导航文字内容的色彩搭配上也要考虑到一些色彩障碍者。

“苏宁易购”网站在这一点上做得还是比较好的，每一个层级的导航颜色由深及浅，让用户有一种循序渐进的感觉。整个导航区域的色彩搭配也很恰当，无论鼠标悬停在任何地方，所在的位置都对应一个比较舒适的页面，如图2-86所示。

图2-86

2.3.7 为用户提供反馈

当用户在导航中选择了某一个选项之后，导航项都应该对此做出相应的回馈，比如当用户在分类导航上悬停或是单击某些文字内容后，文字应该做出一些改变，可以是字体的大小、颜色的变化，或是任何其他合适的效果。

例如“易迅网”的导航就有很恰当的反馈信息，整个选中的板块使用白色背景与其他板块相区分，让用户清楚地知道自己目前所在的位置，如图2-87所示。

图2-87

2.3.8 导航符合网站整体风格

导航与网站整体风格的搭配要区分为视觉和内容两个部分。

在视觉上，电商网站导航既要迎合网站的整体又同时主导着网站的风格。从内容上来说，导航的内容与网站的点击量，甚至商品销量都有着密切的联系。一旦用户无法通过导航找到自己想要的商品，就意味着商家丢失了一位客户。而如果能在导航中推荐一些商品给用户，也许能促进网站商品的销售。

导航要符合网站整体的风格可以细化到每一个小细节，甚至任何的线框字体。这样做的目的主要是减少用户的页面跳跃感，尽量避免用户因为页面跳转而产生思考和反应。同时，对网站的整体美观程度也有一定的好处。如图2-88所示为“优衣库”网站导航。

图2-88

2.3.9 利于搜索引擎优化

搜索引擎的优化是几乎所有初创电商都会选择的推广方式，而电商导航是电商网站最主要的入口，因此，有栏目较多的导航并不利于搜索引擎的抓取。在内容的设置上，应该将主要内容一目了然地展现出来，这样的设计不仅有利于用户查看，也让搜索引擎能顺着导航目录层层深入。所以，在导航栏中尽量使用文本，减少用户思考时间的同时利于搜索引擎的优化，按钮和图片会阻碍到搜索引擎的访问和抓取。

如图2-89所示为“聚美优品”的网站导航，显得特别简洁，主导航上只有几个主要的模块，既让用户能快速地了解到网站的主营项目，也有利于搜索引擎的优化。

图2-89

2.3.10 趋于专业化的导航

商业化和专业化对B2B电子商务网站尤为重要。时下有很多电商网站的导航看起来比较凌乱，在色调和布局上也过于幼稚，这样的导航会让用户对整个网站的风格基调产生截然不同的看法。如果电商网站需要体现出严肃简洁的特点，就应该尽量避免过多的运动效果。作为导航栏，比其他标题栏拥有更高的高度、更大的加粗字体是个不错的选择，但一旦过度反而会看起来不够精致。

如图2-90所示为“乐蜂网”的网站导航，乐蜂网虽然是一个偏向女性化的网站，但导航设计得非常专业，没有过多的色彩，使用的颜色和字体也都趋于商务化，分类也尽可能地减少，这样的风格带给用户最直接的感受就是正规正统，能在一定程度上增加用户对网站的信任感。

图2-90

案例分析 | 名鞋库网站导航设计分析

整体评价：电商网站导航需要体现出清晰和直观的印象，该电商网站导航主要是通过主导航与侧边导航构成，主导航与侧边导航使用了不同的颜色进行区分，并且各侧边导航选项还搭配了相关分类的图标，非常醒目，具有良好的辨识度。

构图分析：电商网站导航的布局形式大多比较统一，多数电商网站都是由主导航的侧边分类导航构成，这样的方式，便于用户能够更快速地查找到需要的商品。

配色方案：电商网站常使用红色、橙色或白色作为导航菜单的颜色，红色和橙色可以激发客户的购买欲，白色可以使导航菜单选项更加清晰。此电商网站使用红色作为主导航菜单的颜色，搭配黑色的侧边导航菜单，结构层次清晰。

主色：热情　　辅色：沉稳　　辅色：突出　　文字颜色：清晰

实战案例 | 设计运动品牌电商网站导航

源文件：光盘\源文件\第2章\运动品牌电商网站导航.psd　视　频：光盘\视频\第2章\运动品牌电商网站导航.swf

● 案例分析

案例特点：本案例设计一个运动品牌电商网站导航，运用不同的背景色区分导航菜单的各层级，虽然导航菜单项众多，但层次清晰，给人一种大方得体、清晰明了的视觉效果。

制作思路与要点：电商网站导航并不需要设计得很复杂，需要通过简单的图形或色块清楚地表现出各级导航菜单的内容。本案例的运动品牌电商网站导航主要分为3部分，主导航、二级导航和三级导航，运用不同的背景颜色来区分各层导航菜单，简洁的文字和图形构成，使得该导航菜单结构清晰、层次分明，便于用户的操作。

● 色彩分析

本实例所制作的电商网站导航使用深灰色作为主色调，灰色给人一种沉稳、高档的感觉，与红色相搭配，表现出激情、动感的效果，导航中的文字使用白色和浅灰色搭配，文字清晰，具有很好的辨识度。

深灰色　红色　白色

● 制作步骤

步骤 01 执行“文件>新建”命令，弹出“新建”对话框，新建一个空白文档，如图2-91所示。为画布填充黑色，拖出相应的参考线，新建名称为“顶层”的图层组，使用“矩形工具”，设置“填充”为RGB（222、45、45），在画布中绘制一个矩形，如图2-92所示。

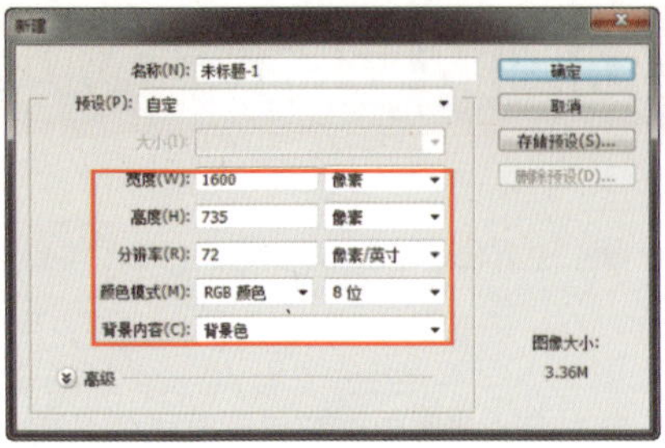

图2-91

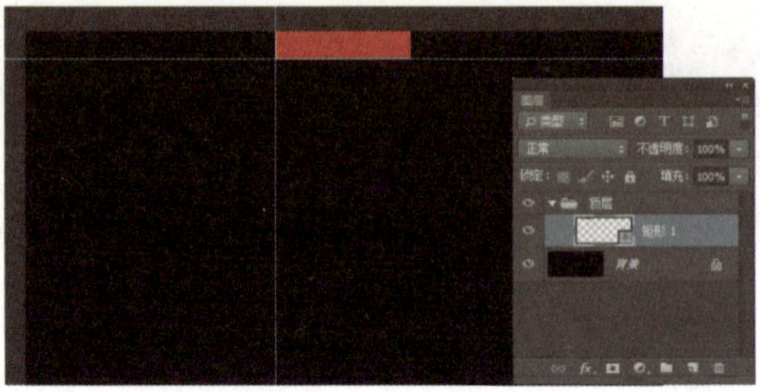

图2-92

步骤02 使用“直线工具”，设置“填充”为RGB（54、54、54），“粗细”为1像素，在画布中绘制直线，如图2-93所示。多次复制刚绘制的直线，并分别调整到合适的位置，如图2-94所示。

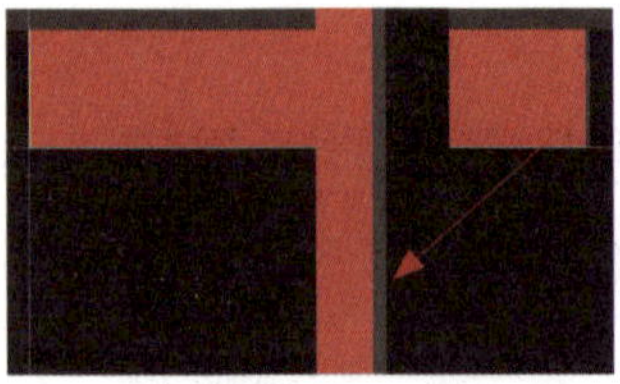

图2-93

图2-94

步骤03 使用“横排文字工具”，在“字符”面板中设置相关选项，在画布中输入文字，如图2-95所示。使用“直线工具”，在画布中绘制一条白色的直线，效果如图2-96所示。

图2-95

图2-96

步骤04 复制刚绘制的直线，将复制得到的直线旋转90°，使用相同的方法，完成相似图形的绘制，效果如图2-97所示。使用相同的制作方法，完成顶部右侧部分内容的制作，效果如图2-98所示。

图2-97

图2-98

步骤05 新建名称为“logo栏”的图层组，使用“矩形工具”，设置“填充”为RGB（35、35、35），在画布中绘制矩形，效果如图2-99所示。使用“直线工具”，设置“填充”为RGB（51、51、51），在画布中绘制一条直线，效果如图2-100所示。

图2-99

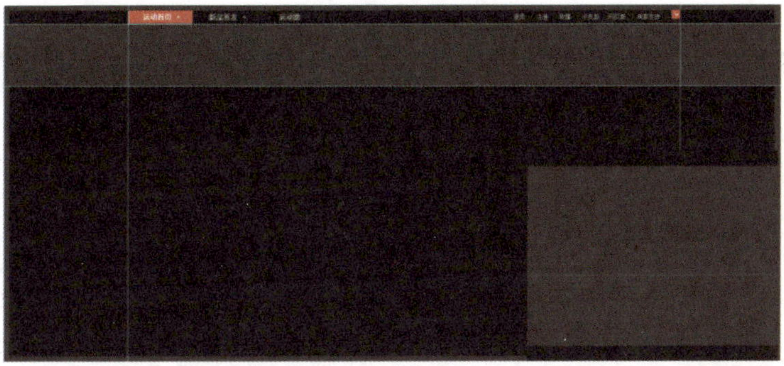

图2-100

步骤06 使用“横排文字工具”，在“字符”面板中设置相关选项，在画布中输入文字，效果如图2-101所示。使用相同的制作方法，完成搜索栏部分的制作，效果如图2-102所示。

图2-101

图2-102

步骤07 新建名称为“宣传广告”的图层组，使用“钢笔工具”，设置“填充”为RGB（207、33、26），在画布中绘制形状图形，效果如图2-103所示。打开并拖入素材图像“光盘\源文件\第2章\素材\401.png”，效果如图2-104所示。

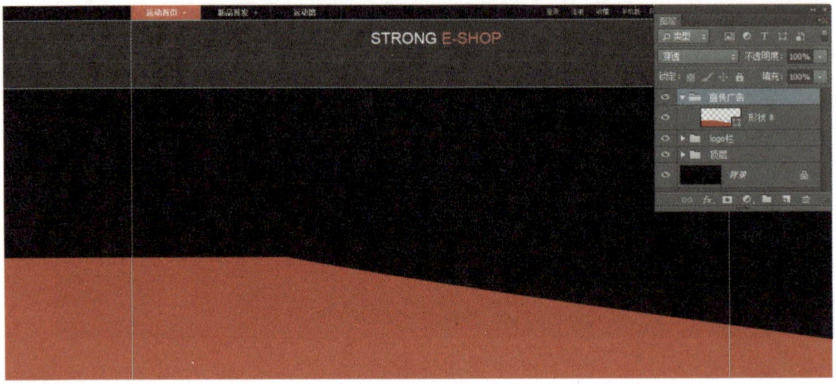

图2-103

图2-104

步骤08 使用“自定形状工具”，在“选项”栏上的“形状”下拉面板中选择合适的形状，在画布中绘制白色的形状图形，效果如图2-105所示。使用相同的制作方法，完成相似图形效果的绘制，效果如图2-106所示。

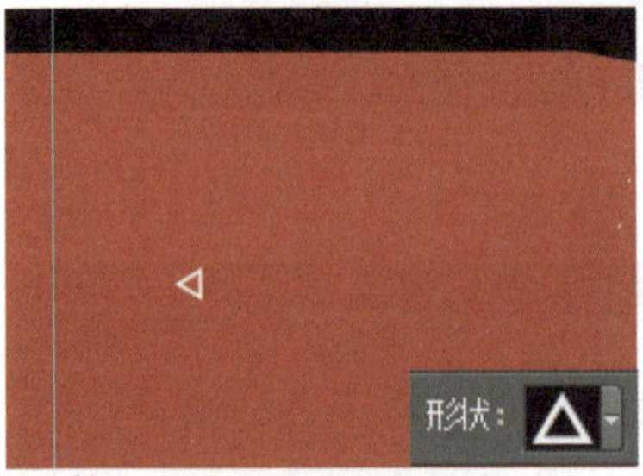

图2-105

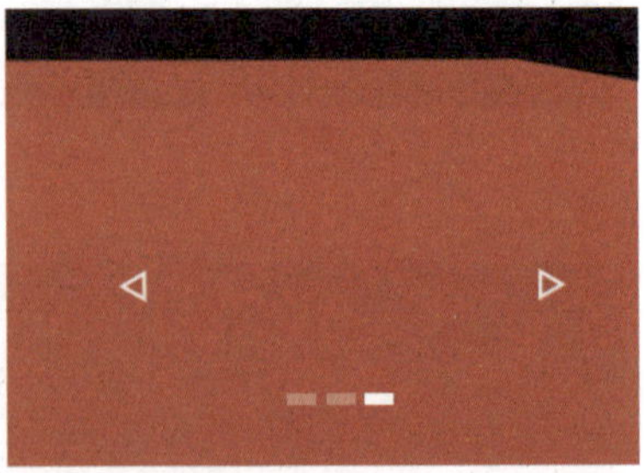

图2-106

步骤09 打开并拖入素材图像“光盘\源文件\第2章\素材\403.png”，效果如图2-107所示。新建图层，使用“椭圆选框工具”在画布中绘制椭圆形选区，如图2-108所示。

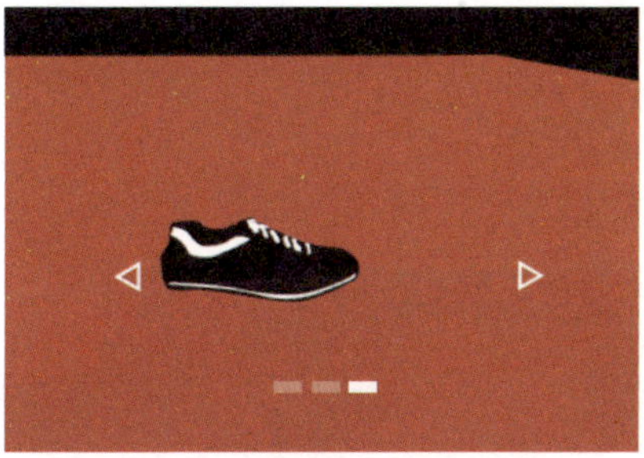

图2-107

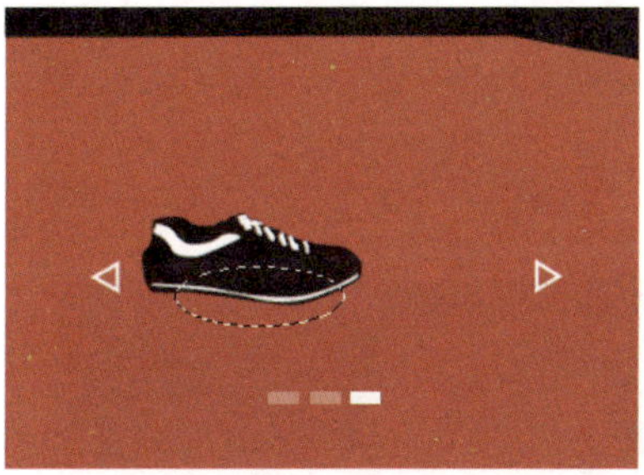

图2-108

步骤10 执行“选择>修改>羽化”命令，在弹出的对话框中设置“羽化半径”为7像素，羽化选区，为选区填充黑色，将该图层调整至“图层2”下方，效果如图2-109所示。使用相同的制作方法，完成文字内容的输入，效果如图2-110所示。

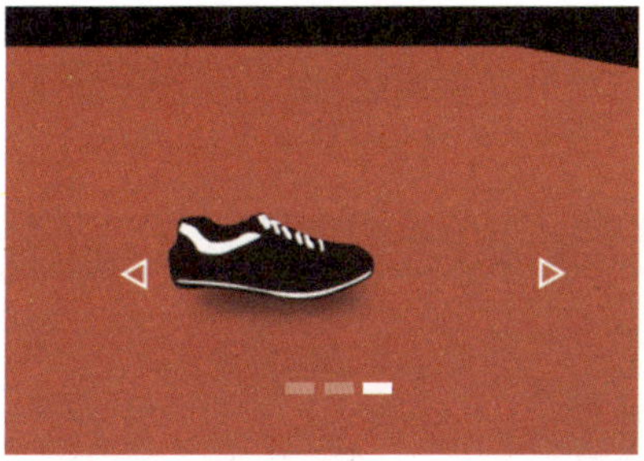

图2-109

图2-110

步骤11 将“广告宣传”图层组调整至“顶层”图层组下方，新建名称为“菜单栏”的图层组，使用“矩形工具”，设置“填充”为RGB（226、62、55），在画布中绘制矩形，设置“路径操作”为“合并形状”，在刚绘制的矩形基础上再绘制一个矩形，效果如图2-111所示。

图2-111

TIPS

设置“路径操作”为“合并形状”，则可以在现有路径或形状图形的基础上添加新的路径或形状图形，从而得到相加后的路径或形状图形效果。

步骤 12 使用相同的制作方法，在画布中绘制两个矩形，并对其进行旋转操作，效果如图2-112所示。选中“矩形6”和“矩形6拷贝”图层，执行“图层>创建剪贴蒙版”命令，创建剪贴蒙版，效果如图2-113所示。

图2-112

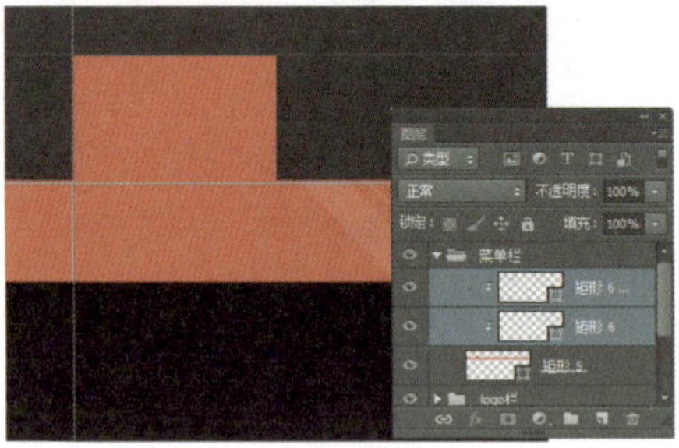

图2-113

步骤 13 使用相同的制作方法，完成主导航菜单效果的制作，效果如图2-114所示。使用“矩形工具”，设置“填充”为RGB（57、57、57），在画布中绘制矩形，效果如图2-115所示。

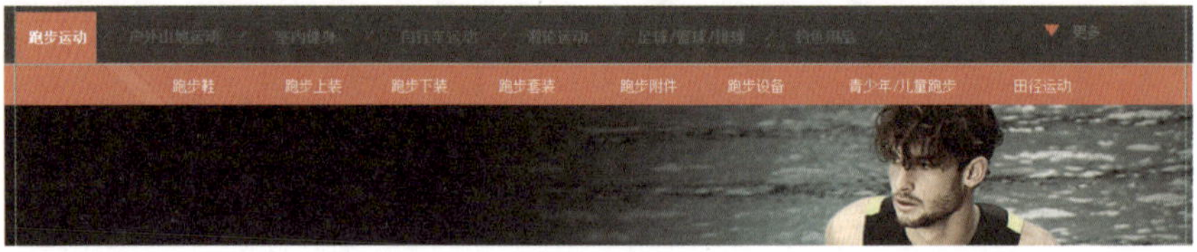

图2-114

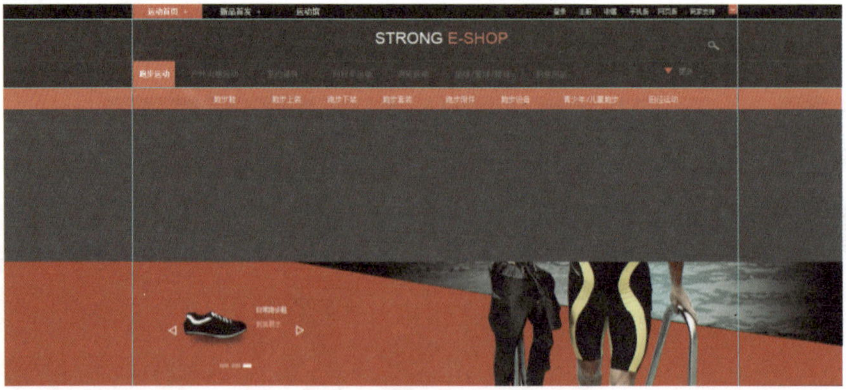

图2-115

步骤 14 打开并拖入素材图像“光盘\源文件\第2章\素材\402.png”，效果如图2-116所示。使用“直线工具”，设置“填充”为RGB（61、61、61），在画布中绘制直线，效果如图2-117所示。

图2-116

图2-117

步骤 15 复制刚绘制的直线，并输入相应的文字，效果如图2-118所示。使用相同的制作方法，完成其他下拉菜单选项的制作，效果如图2-119所示。

图2-118

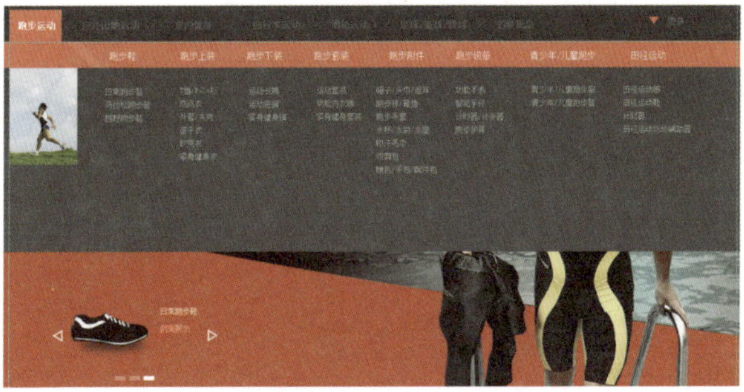

图2-119

步骤 16 完成该运动品牌电商网站导航的设计制作，最终效果如图2-120所示。

图2-120

2.4 面包屑导航设计技巧

网站中的面包屑导航是一种作为辅助和补充的导航方式，它可以帮助用户明确当下所在的网站内位置，并快捷返回之前的路径。电商网站的子页面数不胜数，而面包屑导航是指引用户的一盏明灯，由此可见面包屑导航对于用户浏览的重要性。

2.4.1 统一关键词，避免重复

面包屑导航的存在就是为了让用户能最直观地了解自己所处的位置，因此，用词精简直接并且唯一，是面包屑必须遵守的原则，并且在用词方面也要尽量避免有歧义的用词。也就是说，每一个产品页面都有属于它的唯一导航，这样能减少用户在购物时产生的疑问。

例如“淘宝网”的面包屑导航就非常直观，每一个大分类都没有重复性，让用户能在第一时间做出反应，如图2-121所示。

图2-121

2.4.2 显示相关产品数量

用户使用面包屑的目的主要有两种，一种是想要返回上级，另一种就是查看页面中展示产品的类型。在用户的实际操作中，这两种需求的重要程度不分上下，但是大多数电商网站都忽略了后者。其实，这方面的改善并不困难，只要在层级页面的分类中展现出商品的数量，用户就能很清晰地看到所需商品的种类数量，便于用户挑选。

“优购时尚商城”网站的面包屑导航就注意到了这方面的小细节，系统会根据用户对条件的筛选自动抓取商品种类的数量，让用户根据商品的实际情况进行选择，如图2-122所示。

图2-122

2.4.3 善于使用面包屑

面包屑导航还能有助于用户明确产品定位，当用户对产品没有目标性时，定位式面包屑就能让用户拥有更加顺畅的购物体验。

“苏宁易购”网站的商品种类较多，使用了定位式的面包屑设计，将产品大分类和用户容易更改的部分做了一些小间隔，便于用户对条件进行修改，如图2-123所示。

图2-123

2.4.4 使用具有指向性的符号

面包屑导航从用户体验上来说是一个重要的小细节，既要让用户看得清楚，又不能太醒目，因此，在色彩上主要以黑、灰为主，形状上可以采用单独连接符号，多考虑关键字之间的包含关系，并且具有指示性，如图2-124所示。

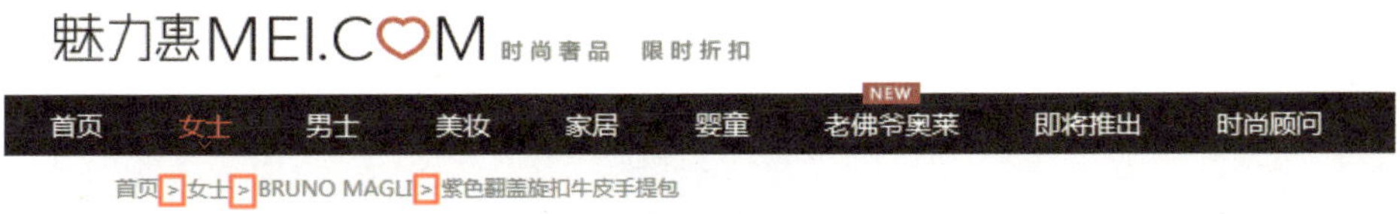

图2-124

2.4.5 减少对用户的影响

面包屑导航的设计应该辅助主导航，不应该过多地吸引用户的注意力，更不能对页面的风格产生影响，要使用户在购物的过程中不受面包屑导航的影响。

“银泰网”的面包屑导航设计不像大多数网站选择全透明的背景，而是使用了与网页整体相同的浅灰色背景，这样的做法可以使面包屑导航融入到全局中，不会对用户使用产生任何困扰，如图2-125所示。

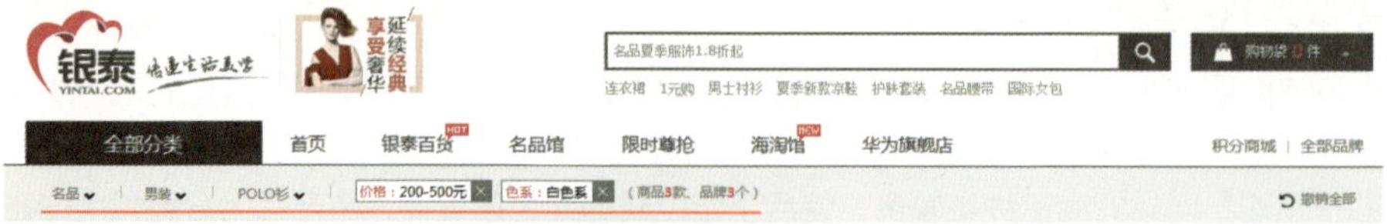

图2-125

2.4.6　控制层级

精简面包屑导航层级不仅仅为了提升用户体验，也有利于搜索引擎的抓取。尽量把面包屑控制在4个层级以内，对用户视觉和SEO都有很大的好处。

“苏宁易购”网站的面包屑导航默认控制在4层以内，其他的多元化选项在另外一个区域中存在，降低了用户在使用时的受干扰程度，如图2-126所示。

图2-126

2.4.7　在面包屑中使用关键字

面包屑对于网站的SEO有着很大的影响作用，因此把握关键字的设置也许能为网站带来更多的流量。

例如“天猫”网站，面包屑导航的第4层级中，用户可以根据自己的需求筛选关键字，让呈现出的产品更加准确，如图2-127所示。

图2-127

案例分析 | 屈臣氏导航和店招设计分析

整体评价： 该店招属于品牌宣传型店招，只是运用简洁的背景色搭配品牌Logo和相关宣传广告语，非常简约，能够很好地凸显店铺的品牌和宣传广告语。

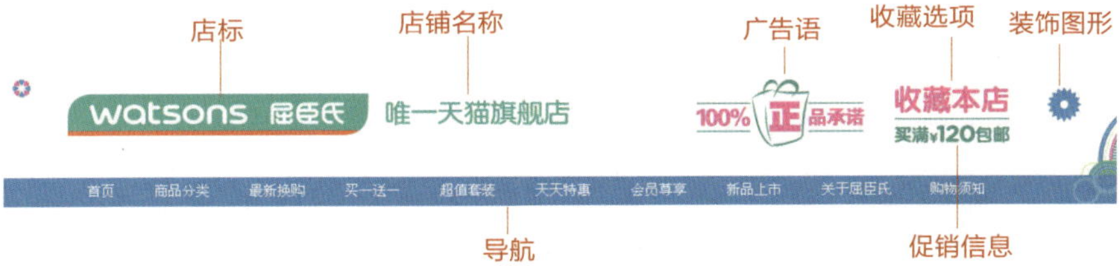

构图分析： 屈臣氏是一个比较知名的化妆品连锁店铺，在其网店的导航和店招设计中使用简约的构图方式，重点突出屈臣氏品牌和“正品承诺”的广告语，使消费者能够更直观、清晰地接受品牌信息，从而通过品牌号召力留住消费者。

配色方案： 使用了非常温和的浅黄色作为店招的背景主色调，彰显温馨、柔和，搭配红色和橙色的促销信息，能够有效地突出促销信息的显示效果。

主色：高级　　辅色：沉稳　　辅色：理智　　文字颜色：突出

实战案例 | 设计网店导航和店招

源文件：光盘\源文件\第2章\网店导航和店招.psd　　视　频：光盘\视频\第2章\网店导航和店招.swf

● 案例分析

案例特点：本案例设计一个食品网店的导航和店招，使用传统的横向导航的形式，便于用户操作，简洁的图形与店铺头部的宣传广告相搭配，具有很好的视觉效果。

制作思路与要点：店招和导航通常是一个整体，本实例所设计的食品网店的店招和导航采用简洁的构图方式，在店招中着重体现优惠信息和促销商品，在导航的右侧安排搜索框，便于用户快速找到店铺中的商品，整个导航和店招的设计效果给人整洁、清晰、自然的感受。

● 色彩分析

本案例设计的是一款食品店铺的导航和店招，使用蓝天、白云作为店铺头部的背景图像，给人一种清新、自然、舒畅的感觉，导航使用绿色作为主色调，表现出产品的自然、健康，点缀红色的图形，突出表现产品促销信息，重点突出，具有良好的视觉效果。

蓝色　　绿色　　红色

● 制作步骤

步骤 01 执行“文件>打开”命令，打开素材图像“光盘\源文件\第2章\素材\501.jpg”，效果如图2-128所示。打开并拖入素材图像“光盘\源文件\第2章\素材\502.jpg”，设置该图层的“混合模式”为“滤色”，效果如图2-129所示。

图2-128

图2-129

步骤 02 打开并拖入素材图像“光盘\源文件\第2章\素材\503.png”，效果如图2-130所示。打开并拖入素材图像“光盘\源文件\第2章\素材\504.png”，效果如图2-131所示。

图2-130

图2-131

步骤 03 复制“图层3”得到“图层3拷贝”图层，将复制得到的图像调整到合适的大小和位置，效果如图2-132所示。执行“滤镜>模糊>高斯模糊”命令，弹出“高斯模糊”对话框，参数设置如图2-133所示。

图2-132

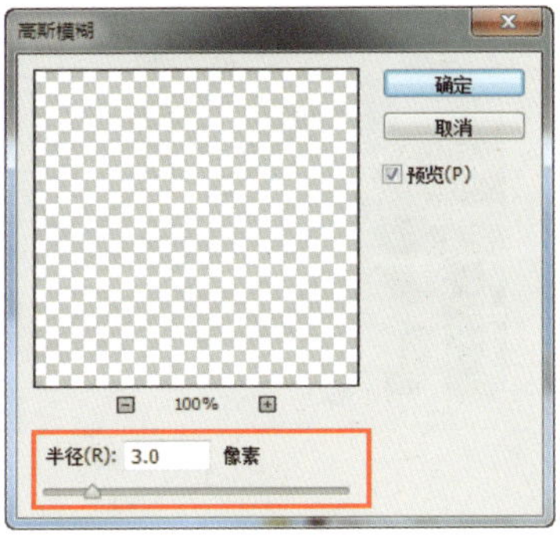

图2-133

步骤 04 单击“确定”按钮，效果如图2-134所示。使用相同的制作方法，制作出相似的图像效果，如图2-135所示。

图2-134

图2-135

步骤05 新建名称为logo的图层组，使用“横排文字工具”，在“字符”面板中设置相关选项，在画布中输入文字，如图2-136所示。使用“圆角矩形工具”，设置“填充”为RGB（128、195、28），“半径”为5像素，在画布中绘制圆角矩形，如图2-137所示。

图2-136

图2-137

步骤06 使用“矩形工具”，设置“路径操作”为“减去顶层形状”，在刚绘制的圆角矩形上减去相应的矩形，效果如图2-138所示。使用“椭圆工具”，设置“路径操作”为“减去顶层形状”，在该图形中减去两个椭圆形，效果如图2-139所示。

图2-138

图2-139

步骤07 使用相同的制作方法，在画布中输入相应的文字，如图2-140所示。新建名称为“导航”的图层组，使用“圆角矩形工具”，设置“半径”为8像素，在画布中绘制白色的圆角矩形，如图2-141所示。

图2-140

图2-141

步骤 08 为该图层添加“渐变叠加”图层样式，对相关选项进行设置，如图2-142所示。单击“确定”按钮，完成“图层样式”对话框的设置，效果如图2-143所示。

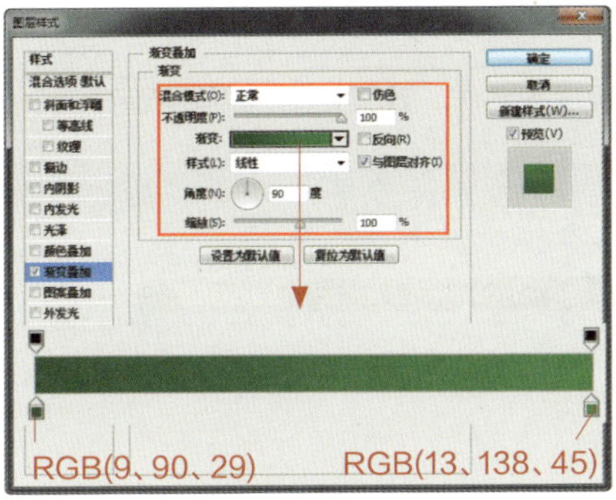

图2-142

图2-143

步骤 09 使用相同的制作方法，完成相似图形的绘制，效果如图2-144所示。新建名称为“分割线”的图层组，使用“直线工具”，设置“填充”为RGB（10、98、32），“粗细”为1像素，在画布中绘制一条直线，如图2-145所示。

图2-144

图2-145

步骤 10 复制刚绘制的直线，将复制得到的直线向右移动1像素，修改该直线的颜色为RGB（49、145、73），效果如图2-146所示。使用相同的方法，可以完成其他导航菜单项分隔线的制作，效果如图2-147所示。

图2-146

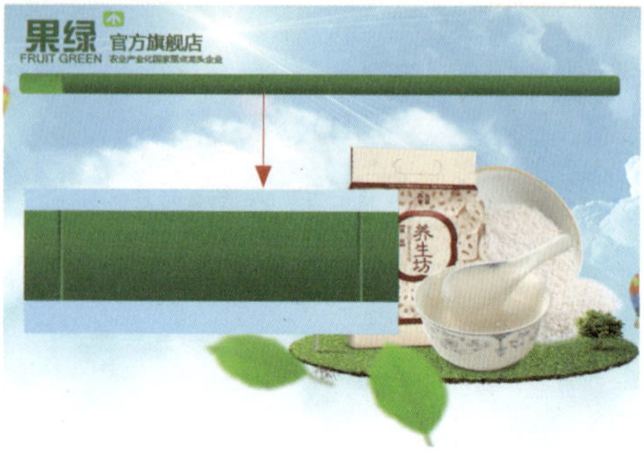

图2-147

TIPS

使用一明一暗的两条直线来构成分割线的效果，可以产生很强烈的凹陷立体感，这是网页中常用的一种表现方法。

步骤 11 使用相同的制作方法，完成各导航菜单项和搜索框的制作，效果如图2-148所示。

图2-148

步骤 12 使用“自定形状工具”，在“形状”下拉面板中选择合适的形状，在画布相应位置绘制形状图形，如图2-149所示。新建名称为“包邮”的图层组，使用“钢笔工具”，在“选项”栏上设置“工具模式”为“形状”，在画布中绘制形状图形，效果如图2-150所示。

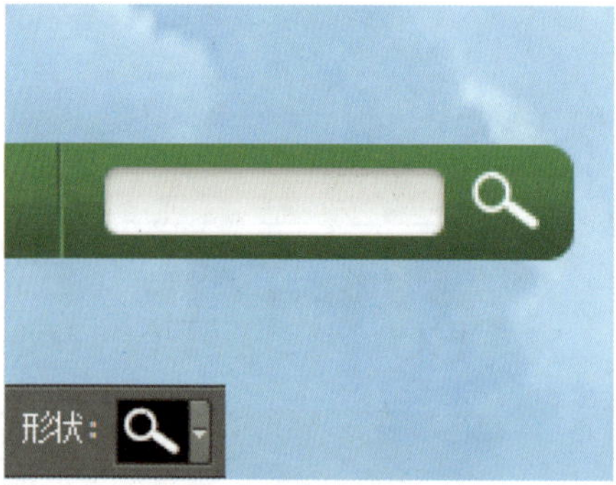

图2-149

图2-150

TIPS

在使用各种形状工具绘制矩形、椭圆形、多边形、直线和自定义形状时，在绘制形状的过程中按住键盘上的空格键可以移动形状图形的位置。

步骤 13 为该图层添加“渐变叠加”图层样式，对相关选项进行设置，如图2-151所示。继续添加“投影”图层样式，对相关选项进行设置，如图2-152所示。

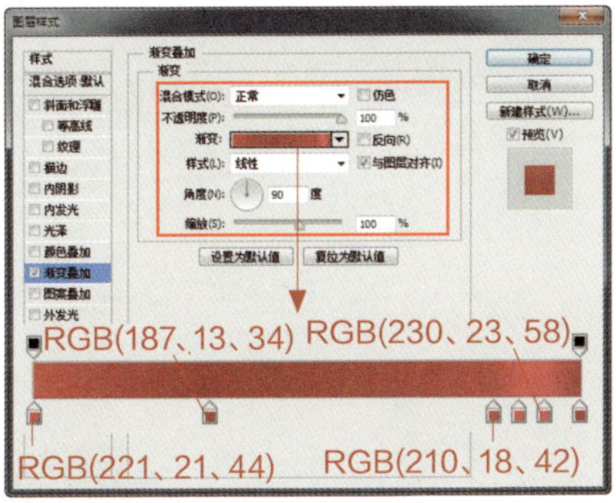

图2-151

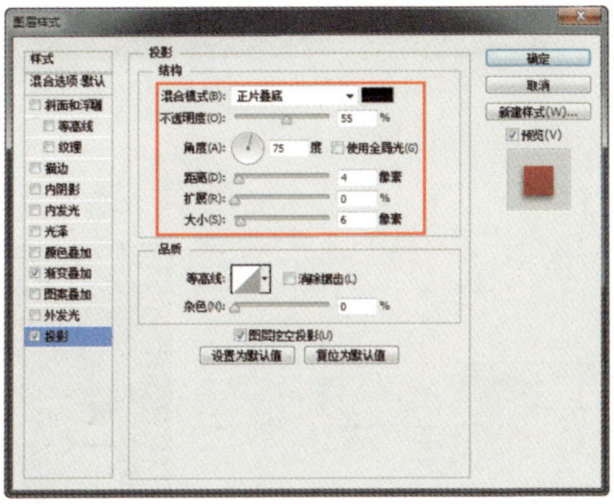

图2-152

步骤 14 单击“确定”按钮，完成“图层样式”对话框的设置，效果如图2-153所示。使用相同的制作方法，完成文字的输入和相似图形的绘制，效果如图2-154所示。

图2-153

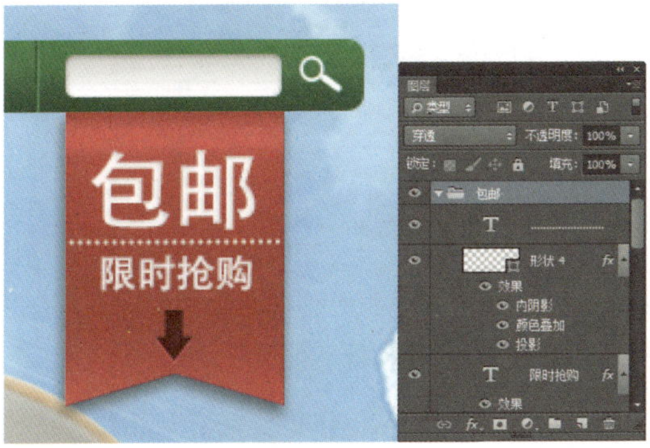

图2-154

步骤 15 新建名称为“优惠券”的图层组，使用“矩形工具”，设置“填充”为RGB（0、167、228），在画布中绘制矩形，如图2-155所示。使用相同的制作方法，完成该部分内容的制作，效果如图2-156所示。

图2-155

图2-156

步骤 16 新建名称为“内容”的图层组，使用相同的制作方法，完成相似内容的制作，效果如图2-157所示。使用“矩形工具”，在画布中绘制一个白色矩形，效果如图2-158所示。

图2-157

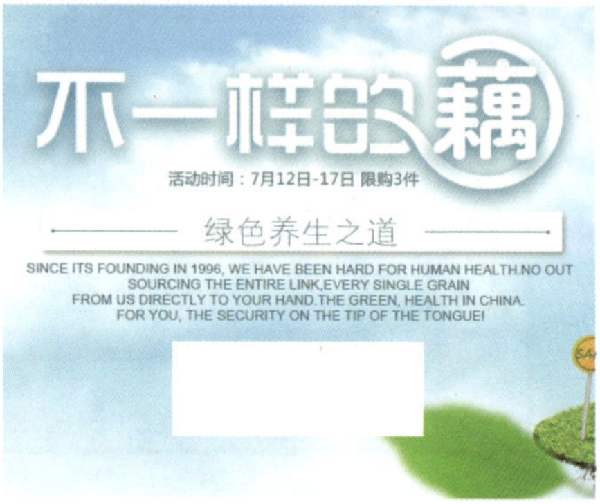

图2-158

步骤 17 为该图层添加“描边”图层样式，对相关选项进行设置，如图2-159所示。单击“确定”按钮，完成“图层样式”对话框的设置，效果如图2-160所示。

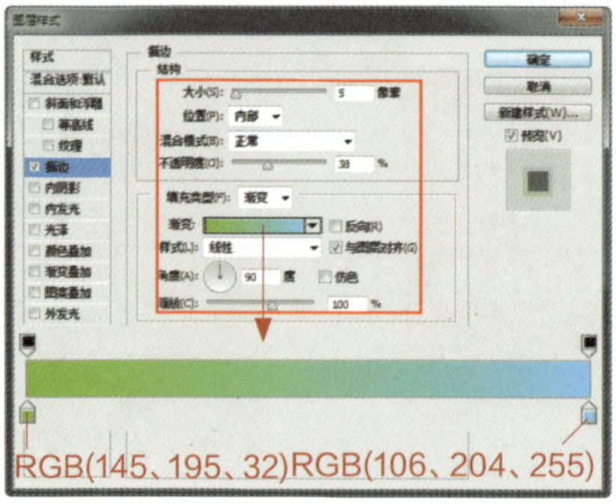

图2-159

图2-160

步骤 18 使用“矩形工具”，在画布中绘制一个黑色矩形，如图2-161所示。打开并拖入素材图像“光盘\源文件\第2章\素材\507.png”，调整到合适的位置，为该图层创建剪贴蒙版，效果如图2-162所示。

图2-161

图2-162

步骤 19 使用“直排文字工具”，在画布中输入相应的文字，如图2-163所示。使用相同的制作方法，完成该部分内容的制作，效果如图2-164所示。

图2-163

图2-164

步骤 20 完成网店导航和店招的设计制作，最终效果如图2-165所示。

图2-165

2.5 商品陈列构图

电商页面中的商品陈列就好像实体店铺中商品的摆放一样，要求能够清晰、整齐地展示商品。在很大程度上，构图决定着构思的实现，决定着商品展示的成败。本节将向读者介绍电商页面中商品陈列的常用构图方法，便于用户在商品页面中根据实际情况选择合适的商品构图表现方式。

2.5.1 距离感

在商品图片排版设计中，可以用距离的远近表现各部分内容之间的联系。例如，通过调整各部分内容的间距，来表现各部分内容之间的关联性。但需要注意的是，过多不同的距离设定反而会违背区分其关联性的初衷。

大多数的商品列表页面中都采用了相同的间距来展示商品，利用色块或图形进行明确的类别划分，将同类商品的图片进行整合，同时也缓解了图片繁多带来的压迫感。同时每个商品的重要性都是相等的，所以运用了相同尺寸的商品图片进行平铺设计，利用了组合图片的反复效果，带给用户信息充足而又凝练的印象，如图2-166所示。

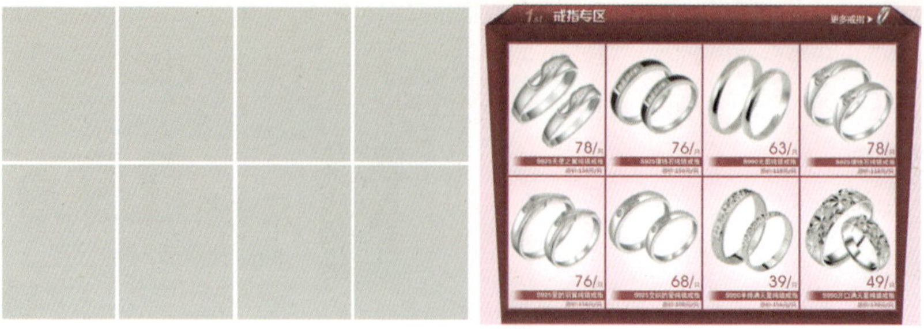

图2-166

还可以通过大小不一的商品图片排版，通过主次关系的区分，突出重点推荐的商品，同时商品图片的间距相同，代表它们仍然是从属于一个大环境下的相同等级的内容，如图2-167所示。

图2-167

2.5.2 对称与等比

对称的构图方式能够给用户带来一种整齐安定的印象，对称构图有左右对称和上下对称等形式。

在基本的对称形式上加入一些微妙的变化，也会给用户带来惊喜。通过设置商品图片的大小，明确了图片之间的主次关系，为了避免尺寸类型过多带来的杂乱感，可以设置大、中、小三个层级的尺寸，并调整各商品图片之间的平衡关系。

由上面的商品图片排版方式可以推导出更多的呈现形式，把这种等比递进展现的方式运用在单品抠图的排版方式上也会产生很不错的视觉效果，其对称和缩放的原理是一致的。

如图2-168所示为对称和等比的商品排版形式，虽然呈现的形式为单品的抠图，但其尺寸的层级实际上只有两个层级，同时也采用了对称的排版形式，因此具有规律的对称美感。

图2-168

如图2-169所示为采用菱形对称的商品排版形式，商品的图片尺寸虽然只有一个层级，但却因为菱形的分割显得灵动独特。

图2-169

2.5.3 节奏感

节奏是指在自然、社会和人的活动中，与韵律结伴而行的有规律的突变。如音乐快慢激烈缓柔、美术韵律、文学作品铺垫高潮结尾等。在版式的处理上，节奏也是一个重要的元素。

通过重复有规律的形式，可以让用户感受到某种节奏。如图2-170所示，图片的排布始终遵循“上下上下”的摆放原则，灵动且有规律可循。

图2-170

除了有规律的形式重复之外，如果在一系列节奏中加入某些不同的要素，那么构图就会发生变化，这个与其他部分不同的要素就会成为页面中的重点内容，构图也会更加生动灵活，如图2-171所示。

图2-171

还有一种更为随性的版式节奏，即场景化的商品图片排版方式，如同美国20世纪50年代的老海报拼贴，如图2-172所示。

图2-172

还可以使用颜色来体现排版的节奏感，这种方法可以突破单纯的排版想法，以更加直观的手段带给用户明确的感知，并掌握其中的规则。如图2-173所示，虽然呈现的内容信息量不小，但6种颜色明确了其中的节奏规律，将内容进行了整合。

图2-173

2.5.4 图片与文字的相辅相成

在商品图片的排版过程中，图片与文本的组合方式也是重要的问题。必须要有意识地避免将图片的美观与文字的易读性相互消解，两者之间的配合非常重要。作为说明图片内容的文字，它与它所说明的部位的对应关系必须是明确的。一方面要避免图片与其说明文字的距离过远，另一方面还应该尽量将某图片的说明文字与容易引起误解的图片拉开距离，如图2-174所示。

图2-174

当然，如果所有内容都被过度统一化地进行了处理，则有时会起到相反的作用。在图片的排版过程中，整齐中加入变化是一个不错的选择。

另外，不要用图片将文字切断，这样会损坏文字的可读性。如果在整段文字中插入图片，那么阅读的视线就会被打断，用户往往不知应该从什么地方继续下去。而对于图片中插入的文字，选用容易辨识的颜色是很重要的。通常最好的选择是白色或黑色。如果选用与图片同色系的颜色，就会不易辨识。同时，应该尽量将文字放置在不影响图片效果的位置上，如图2-175所示。

图2-175

案例分析 | 随性的商品构图设计分析

整体评价：运用褶皱的背景纹理搭配若隐若现的花纹图案，仿佛一幅现代水墨画，并且背景中的花纹与产品中使用的花纹相呼应，商品的随性叠加排列，具有很强的空间感，整体让人感觉随性、高雅。

构图分析：采用随性的商品排列构图，给人一种场景化的视觉效果，就好像在商场中身临其境地浏览商品一样，这种构图方式更加生动灵活，达到很好的视觉效果，但需要注意各商品的价格等信息需要与该商品靠近，避免使浏览者误解，这个商品排列构图方法适合在店铺首页中使用。

配色方案：使用了纯度较低的温和黄色作为产品的背景色，显示效果非常柔和，搭配产品本身的浅灰色和紫色，色彩效果统一，给人一种很温馨、舒适的感受。

主色：温和　　辅色：大气　　辅色：高雅　　文字颜色：突出

实战案例 | 设计商品菱形排列布局

源文件：光盘\源文件\第2章\商品菱形排列布局.psd　视　频：光盘\视频\第2章\商品菱形排列布局.swf

● **案例分析**

案例特点：本案例设计商品菱形的排列布局，这种商品布局方式通常出现在宣传广告中，而不是页面的商品列表中，通过这种特别的商品排列方式能够给人一种对称的均衡感。

制作思路与要点：页面中商品的排列布局方式有多种，根据不同的需求合理地运用商品布局方式。本案例设计的商品菱形排列布局方式是一种对称的商品排列方式，这种形式常用于宣传广告中，如果宣传广告中需要表现的产品图片较多，就可以考虑使用这种形式，具有很好的表现效果。

● **色彩分析**

该案例所设计的商品菱形排列布局使用灰色作为背景色，在画面的中心位置搭配蓝色的图形，有效地将视觉中心聚焦在画面中心，并且灰色与蓝色搭配可以很好地体现出理性和沉静的感觉，用于表现男性产品非常合适。

灰色　　蓝色　　黑色

● **制作步骤**

步骤01 执行“文件>新建”命令，弹出“新建”对话框，新建一个空白文档，如图2-176所示。新建“图层1”，为画布填充颜色RGB（193、188、194），如图2-177所示。

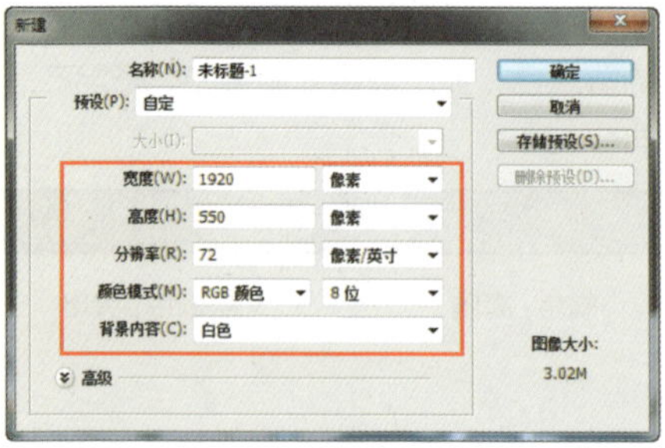

图2-176

图2-177

步骤02 执行“图层>智能对象>转换为智能对象”命令，将“图层1”转换为智能对象，执行“滤镜>杂色>添加杂色”命令，弹出“添加杂色”对话框，参数设置如图2-178所示。单击“确定”按钮，完成“添加杂色”对话框的设置，效果如图2-179所示。

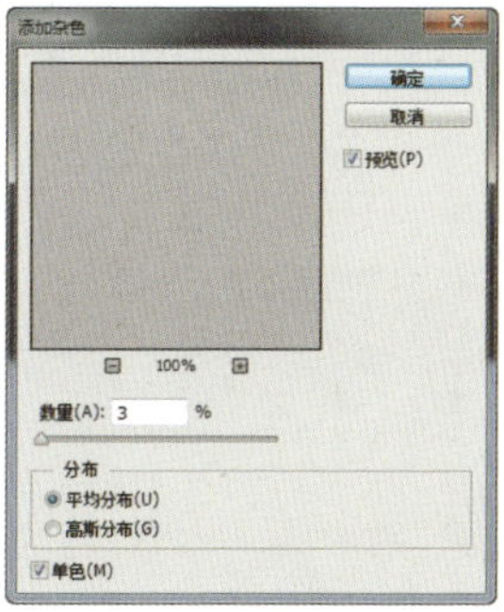

图2-178

图2-179

TIPS

智能对象与智能滤镜的特性均是在“保留图像的源内容及其所有原始特性”和“非破坏性编辑”的前提下对图像进行编辑。例如，此处将“图层1”转换智能图层后，为“图层1”应用“添加杂色”滤镜，用户可以随时双击该智能对象图层下方的“添加杂色”选项，对该滤镜参数进行修改。

步骤03 新建名称为“格子”的图层组，使用“矩形工具”，设置“填充”为RGB（193、188、194），在画布中绘制矩形，将所绘制的矩形旋转90°，效果如图2-180所示。为该图层添加“内阴影”图层样式，对相关选项进行设置，如图2-181所示。

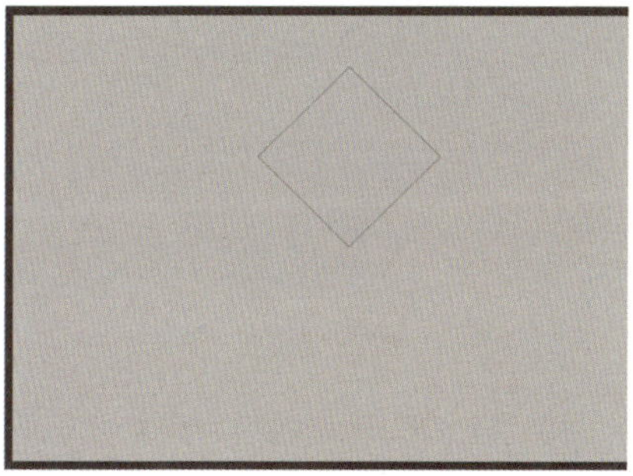

图2-180

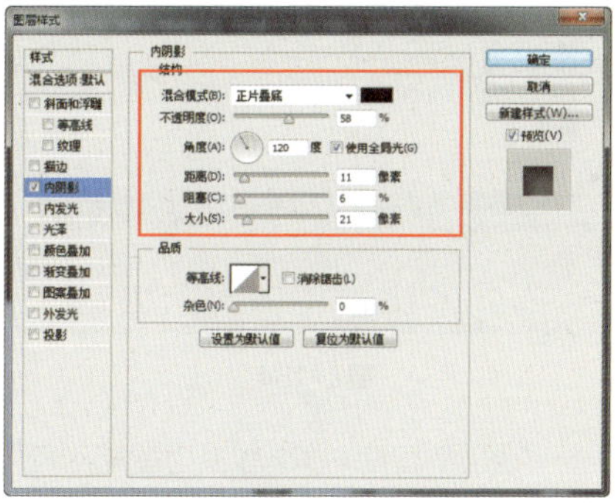

图2-181

步骤04 单击“确定”按钮，完成“图层样式”对话框的设置，效果如图2-182所示。将该矩形复制多次，并分别调整到合适的位置，效果如图2-183所示。

图2-182

图2-183

步骤05 新建名称为“春季热卖”的图层组，使用相同的制作方法，在画布中绘制矩形并旋转，为该图层添加“渐变叠加”图层样式，对相关选项进行设置，如图2-184所示。单击“确定”按钮，完成“图层样式”对话框的设置，效果如图2-185所示。

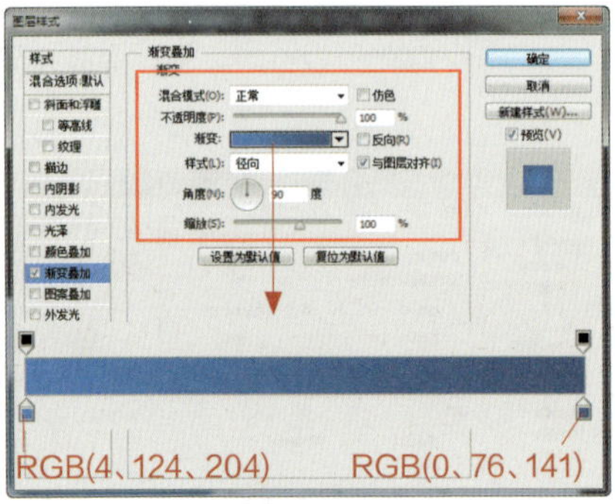

图2-184

图2-185

步骤06 执行“图层>智能对象>转换为智能对象”命令，将“矩形2”图层转换为智能对象，执行“滤镜>杂色>添加杂色”命令，弹出“添加杂色”对话框，参数设置如图2-186所示。单击“确定”按钮，完成“添加杂色”对话框的设置，效果如图2-187所示。

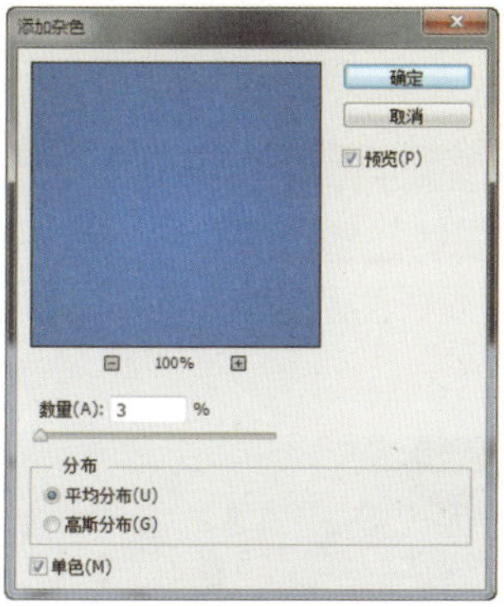

图2-186

图2-187

步骤 07 使用相同的制作方法，完成相似图形的绘制，如图2-188所示。新建“图层2”，使用“矩形工具”，在“选项”栏上设置“工具模式”为“路径”，在画布中绘制矩形路径，将矩形路径旋转90°，效果如图2-189所示。

图2-188

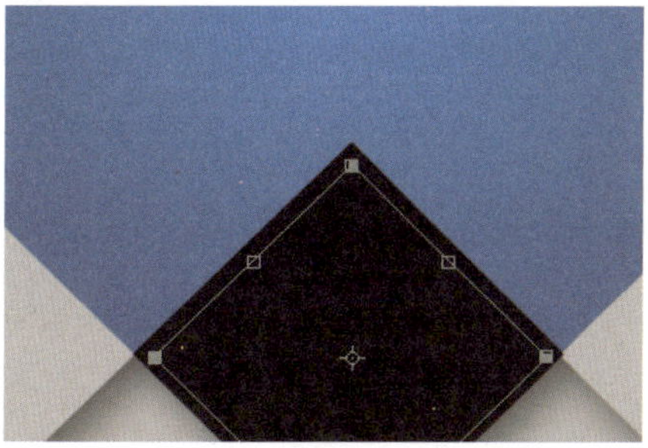

图2-189

步骤 08 使用“横排文字工具”，在“字符”面板上对相关选项进行设置，将光标移至刚绘制的矩形路径中单击输入路径文字，效果如图2-190所示。使用相同的制作方法，在画布中输入其他文字内容，效果如图2-191所示。

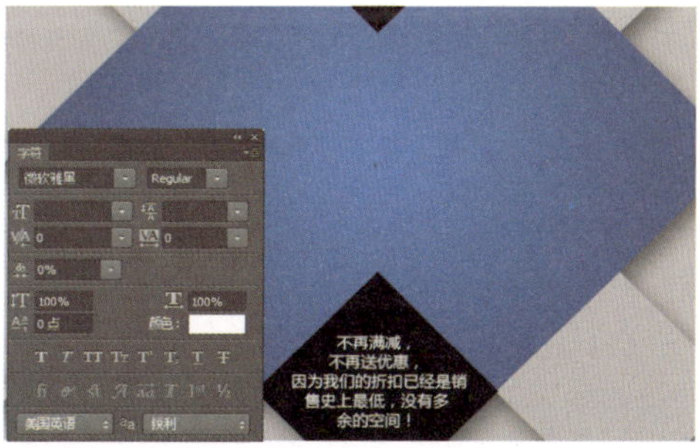

图2-190

图2-191

TIPS

路径文字是指创建在路径上的文字，文字会沿着路径排列，改变路径形状时，文字的排列方式也会随之改变。用于排列文字的路径可以是闭合的，也可以是开放式的。

步骤 09 新建名称为“产品”的图层组，打开并拖入素材图像“光盘\源文件\第2章\素材\601.png”，调整到合适的位置，如图2-192所示。使用相同的制作方法，拖入其他产品图像，效果如图2-193所示。

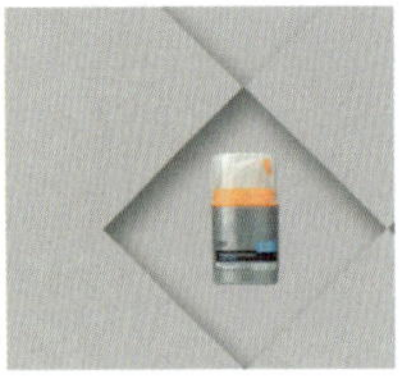

图2-192

2015
春季热卖
限时
折扣
2-5折
喜欢就是没道理
集结男人最爱的护肤品

图2-193

步骤 10 完成商品菱形布局的设计制作，最终效果如图2-194所示。

2015
春季热卖
限时
折扣
2-5折
喜欢就是没道理
集结男人最爱的护肤品

图2-194

2.6 本章小结

本章重点向读者介绍了电商网站中多种布局元素的设计表现方法和技巧，并通过典型实例的分析和设计制作，向读者讲解了各种不同的布局设计元素的设计制作方法和技巧。通过本章内容的学习，读者需要掌握各种电商网页布局设计元素的表现方法，并能够在电商页面设计中灵活地运用这些元素。

03

Chapter

文字与广告设计

文字在电商网站中的组织、安排及其艺术处理非常重要，优秀的文字编排设计可以给浏览者以美的视觉享受，更好地表现产品和服务。而广告在电商网站中更是无处不在，通过广告可以更好地突出表现产品的特点。在本章中将向读者介绍有关电商网站中文字与广告设计的相关知识。

3.1 店铺中的文字设计

图形和文字是平面设计构成要素中的两大基本元素。在传达信息时，如果仅通过图形来传达信息往往不能达到良好的效果，只有借助文字才能达到最有效的说明。在图形图像、版式、色彩、动画等众多构成要素中，文字具有最佳的直观传达作用以及最高的明确性。它可以有效地避免信息传达不明确或歧义的现象发生。从而使浏览者能够方便、顺利、愉快地接受信息所要传达的主题内容。

3.1.1 文字的字体

为了不影响整个网页页面的风格特征，能够使访问者看到相同的页面效果，在设计的过程中就需要设计者合理使用计算机中的基本字体，这也是大多数中文网页中文字采用基本字体的原因，虽然可以通过运用文字图形化特点来弥补这一缺点，但是通过这种方式反而会增大网页的文件体积，降低网页的下载速度，并不太适合大面积使用。

1. 中文字体

目前计算机系统中的默认中文字体（即基本中文字体）有：宋体、仿宋体、黑体，页面中默认的中文字体为“宋体”。字体结构严谨，笔画单纯，书写起来工整规范。

经过较长时间的发展演变，汉字所具有的象形特征也变得更加象征化和抽象化，外在结构则表现得更加简约化和系统化。点、线组合构成汉字的结构，在点与线的组合之中存在着力的呼应与对比，因此线条之间的相互呼应产生了文字的生命力。如图3-1所示为电商页面中中文字体的应用。

自然遮瑕 提亮肤色
这一刻 从轻开始体验
BRIGHTENING BB
透真气垫BB霜
了解详情>>

青春五月
耳机专场特惠
森海塞尔 / 铁三角 / Beats 最高直降200
立即查看

图3-1

2. 英文字体

英文字体中，经常使用Times New Roman、Arial Black、Impact这三种作为基本字体，同时也是计算机系统中的默认英文字体，页面中默认的英文字体为Times New Roman。在网页、书刊及各种广告中大多都选用这三种字体进行正文编排或是首字突出。但是在宣传中，由于Arial Black、Impact这两种字体没有衬线，明了清晰，方便表达，所以使用范围较广。如图3-2所示为3种基本英文字体的显示效果。

Font Font Font

（Times New Roman） （Arial Black） （Impact）

图3-2

无论选择什么字体，都要依据页面的总体设计和浏览者的需要。在同一页面中，字体种类少，版面雅致，有稳重感；字体种类多，则版面活跃，丰富多彩。关键是如何根据页面内容来掌握这个比例关系。如图3-3所示为电商页面中字体的应用。

图3-3

3.1.2 文字的字号

在页面中，文字分为两种类型：一种是具有提示和引导功能的文字，如页面中的标题、导航等；另一种则是篇幅较长的阅读性材料和说明性文字。例如网页页面中的正文、主题内容等。两者具有不同的文字功能，前者注重诱发视觉的关注，后者对易读性则有较高的要求，如图3-4所示。

图3-4

一般情况下，人的眼睛距离计算机屏幕为50~80cm，因此就要求页面中所有的字符规格限制在一定范围内，以方便浏览者进行阅读。字符规格的基本单位是“磅”，即point。常用的规格有6Pt、7Pt、8Pt、9Pt、10Pt、12Pt、14Pt、18Pt、20Pt、24Pt、30Pt、36Pt、42Pt、48Pt、60Pt、72Pt等。通常，屏幕上10~14Pt的字符适用于说明性文字，18Pt以上的字符适用于标题性的文字，而小于9Pt的字符在屏幕上不易阅读。如图3-5所示为电商页面中字体大小的应用。

多重好礼 high玩到底
包邮！贺卡！换购！……活动多样，才“购”开心
标题文字使用18Pt以上的字体，起到突出的作用。
盈润单品两件8折
购买盈润单品两件以上立享8折
时间：3月2~8日
手写一份爱给Ta
现在买就送手写卡片一张
节日祝福、表白示爱必备t
时间：3月2~8日
防晒换换爱
购买盈润水、透芯润、透芯白，再加10元换购30倍防晒
时间：3月2日~31日
+10元换购
说明和描述文字使用10~14Pt的字体。
去这里挑选吧
联系客服领取哦
点击了解详情

图3-5

3.1.3 文字的间距和行距

在页面中合理处理文字的间距和行距，不仅可以产生空间指引作用，还能达到类似于书法艺术中文字布局的艺术美感。

决定文字易读性的因素是字符的字距和行距，如果行距过窄或文字过密，常常会使浏览者在阅读时出现串行现象。所以，页面中文字正文的字距通常采用“密距”，即设定字符间隔为0。标题和指示性文字则没有统一标准，而是根据需要自行设定。 如图3-6所示的电商页面中字体间距和行距的设置都比较合适。

早春第一茶 / 2014特级
竹叶青类绿茶
你只看到我的清纯，却没喝过我的鲜醇
你有你的习惯，我有我的好口感
你可以轻视我们的年轻，我们会证明这是谁的时代
茗茶，是注定历史的沉淀，路上少不了质疑和轻视
但，那又怎样？
哪怕鲜有同津，也要活出自己的味道
我是青叶甘露 我为自己代言
¥46
买2·包邮
抢鲜关注
2015新茶时间预告：2月27号左右

图3-6

3.1.4 文字的颜色

使用不同颜色的文字可以使想要强调的部分更加引人注目，但应该注意的是，对于文字的颜色，只可少量运用，如果什么都想强调，其实是什么都没有强调。况且，在一个页面中运用过多的颜色，会影响浏览者阅读页面的内容，除非有特殊的设计目的。

颜色的运用除了能够起到强调整体文字中特殊部分的作用之外，对于整个文案的情感表达也会产生影响。电商广告中运用不同颜色的文字给人不同的感受，如图3-7所示。

使用红色的文字与其他文字区别，与红色的产品相呼应，起到强调和突出作用，并且与广告背景的蓝色形成强烈的对比，视觉效果强烈。

黄色的文字同样与其他文字进行区别，也能够起到突出显示的作用，但是与产品的红色不能相互呼应。

图3-7

另外需要注意的是文字颜色的对比度，它包括明度上的对比、纯度上的对比，以及冷暖的对比。这些不仅对文字的可读性发生作用，更重要的是，可以通过对颜色的运用实现想要的设计效果、设计情感和设计思想。如图3-8所示的电商页面中文字颜色搭配合理，重点突出。

此处价格是突出的重点，使用大号粗体字来表现，并且使用了与其他文字颜色对比的颜色。

图3-8

案例分析 | 母亲节变形文字设计分析

整体评价： 广告背景是用暖色调的颜色和不同的花朵组成的，搭配标题文字更加直观、明确地表现出主题内容，变形文字是广告设计常见的一种表现效果，文字的变形使用的是比较柔和的笔触，再加上不同的间距和行距，使文字的线条之间的相互呼应产生了文字的生命力，再搭配说明性的文字，能够给浏览者留下深刻的印象。

标题文字，柔和的笔触使变形文字显得温和、温暖，符合主题内容。

此处为说明性文字，是对标题文字的补充性说明，较小的字体和明度较暗的颜色更能突出主题。

构图分析： 整个广告画面应用了黄金比例构图，将人物放在了整个画面的右1/3处，变形文字放置在人物的左侧，使文字与之相呼应，既突出了主题，又考虑到了整体画面的和谐与自然。

配色方案： 使用红色作为该广告主色调，表现出温暖、热情、欣欣向上的印象，搭配白色的文字，清新、温和，给人一种温暖、快乐的感受。

主色：温暖　　辅色：自然　　辅色：热情　　文字颜色：清晰

实战案例 | 设计广告变形文字

源文件：光盘\源文件\第3章\广告变形文字.psd　　视　频：光盘\视频\第3章\广告变形文字.swf

● **案例分析**

案例特点：本案例设计一款广告变形文字效果，变形文字是广告设计过程中常用的一种文字表现效果，本案例的变形文字能够更好地突出广告的主题。

制作思路与要点：文字是广告设计过程中必不可少的重要元素之一，本案例的广告变形文字是将文字转换为形状图形，通过对锚点的调整从而对文字进行初步的变形处理，再将形状图层栅格化，将文字相应的笔画删除，绘制相应的图形与文字相结合，从而实现变形文字的效果，突出该广告中的主题文字效果。

● **色彩分析**

在该广告中使用了比较梦幻和少女系的粉红色作为主色调，与该广告中的女性产品相吻合，搭配紫色和洋红色的文字，表现出时尚、高雅的氛围。

粉红　　蓝紫色　　洋红色

● **制作步骤**

步骤 01 执行“文件>新建”命令，弹出“新建”对话框，新建一个空白文档，如图3-9所示。新建名称为“背景”的图层组，打开并拖入素材图像“光盘\源文件\第3章\素材\101.png”，设置该图层的“不透明度”为60%，效果如图3-10所示。

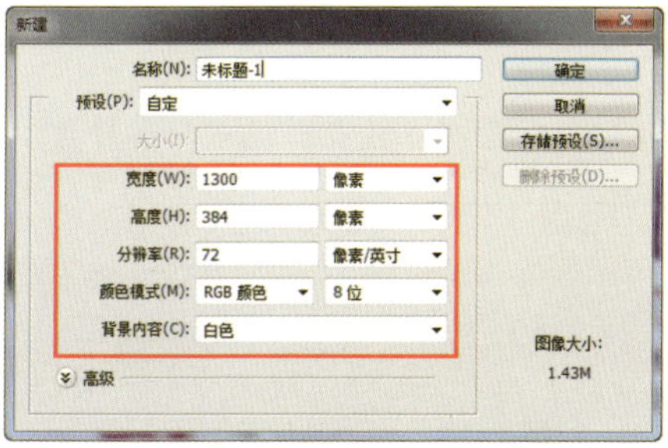

图3-9

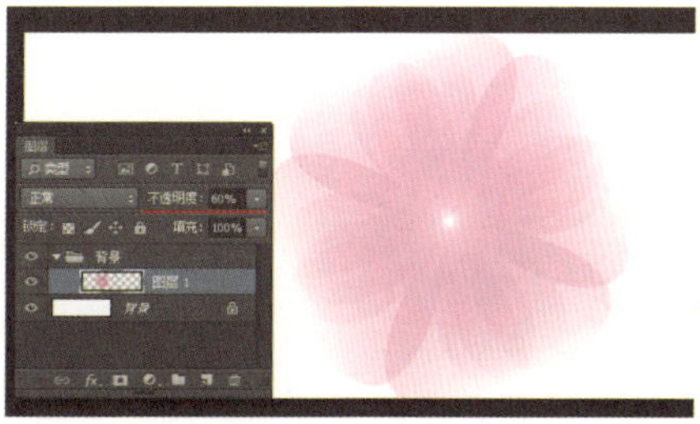

图3-10

TIPS

“不透明度”选项用于设置图层的整体不透明度，设置的不透明度对该图层中的任何元素都会起作用，每个图层都可以设置单独的不透明度。

步骤02 新建“图层2”，使用“画笔工具”，设置“前景色”为RGB（175、57、57），选择合适的笔触，并设置笔触的不透明度，在画布中进行涂抹，设置该图层的“不透明度”为40%，“填充”为75%，效果如图3-11所示。

图3-11

步骤03 使用相同的制作方法，使用不同的颜色，在画布中相应的位置进行涂抹，效果如图3-12所示。

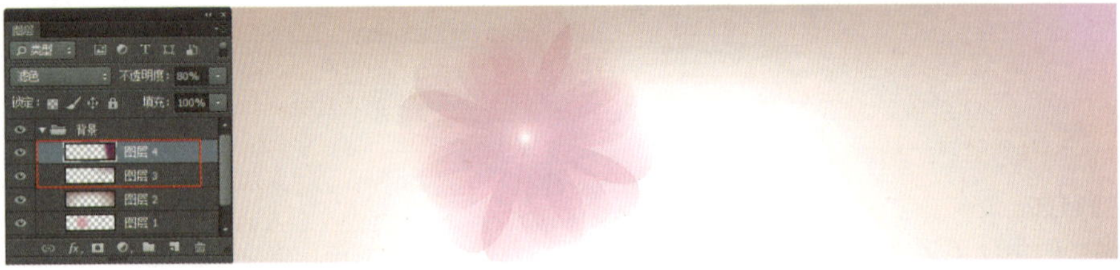

图3-12

TIPS

在使用“画笔工具”时，按键盘上的“[”或“]”键，可以减小或增加画笔的直径；按Shift+[或Shift+]键可以减少或增加具有柔边、实边的圆或书画笔的硬度；按主键盘区域和小键盘区域的数字键可以调整画笔工具的不透明度；按住Shift+主键盘区域的数字键可以调整画笔工具的流量。

步骤04 使用“椭圆工具”，在画布中绘制白色的正圆形，设置该图层的“混合模式”为“叠加”，“不透明度”为9%，效果如图3-13所示。使用相同的制作方法，绘制出相似的图形，丰富背景的效果，如图3-14所示。

图3-13

图3-14

步骤 05 新建名称为“产品”的图层组，打开并拖入素材图像“光盘\源文件\第3章\素材\102.png”，效果如图3-15所示。使用相同的制作方法，拖入其他素材图像并调整到合适的大小和位置，效果如图3-16所示。

图3-15

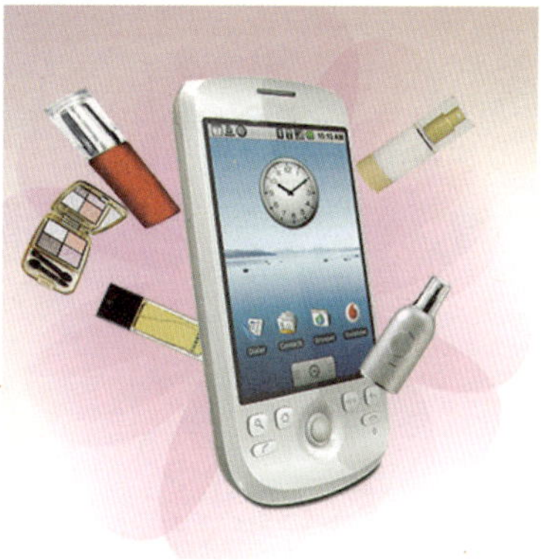

图3-16

步骤 06 使用“多边形工具”，设置“填充”为RGB（230、0、80），“边”为32，打开“设置”面板，对相关选项进行设置，在画布中绘制多边形，效果如图3-17所示。使用“横排文字工具”，在“字符”面板中对相关选项进行设置，在画布中输入文字，并对文字进行旋转操作，效果如图3-18所示。

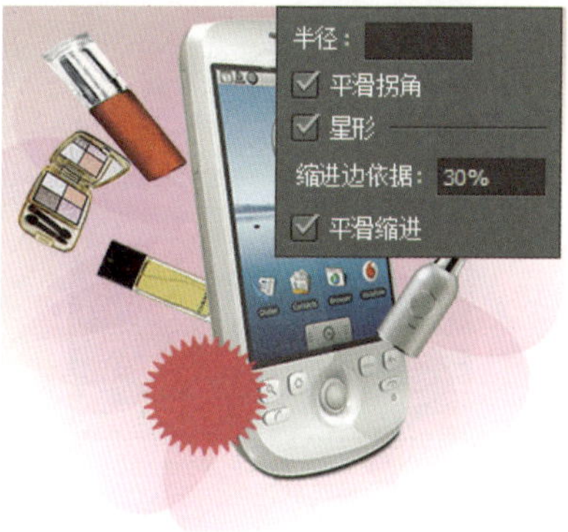

图3-17

图3-18

TIPS

在使用“多边形工具”绘制多边形或星形时，只有在“多边形选项”面板中选中“星形”复选框后，才可以对“缩进边依据”和“平滑缩进”选项进行设置。默认情况下，“星形”复选框没有被选中。

步骤 07 新建“图层13”，使用“画笔工具”，设置“前景色”为RGB（180、68、42），在画布中相应的位置进行涂抹，效果如图3-19所示。设置该图层的“混合模式”为“颜色加深”，效果如图3-20所示。

图3-19

图3-20

TIPS

设置“混合模式”为“颜色加深”，可以通过增加对比度加强图像中的深色区域，但白色区域保持不变。

步骤 08 使用相同的制作方法，绘制出相似的图形效果，如图3-21所示。新建名称为“广告语”的图层组，使用“横排文字工具”，在“字符”面板中对相关选项进行设置，在画布中输入文字，如图3-22所示。

图3-21

图3-22

步骤 09 选中相应的文字，在“字符”面板中设置其“字体大小”和“基线偏移”选项，效果如图3-23所示。执行“类型>转换为形状”命令，将文字图层转换为形状图层，使用“直接选择工具”，对文字相应的锚点进行调整，效果如图3-24所示。

图3-23

图3-24

步骤 10 执行“图层>栅格化>形状”命令，将形状图层栅格化为普通图层，使用“橡皮擦工具”，将文字相应的笔画删除，效果如图3-25所示。使用“钢笔工具”，在“选项”栏上设置“工具模式”为“形状”，“填充”为RGB（229、0、80），在画布中绘制形状图形，效果如图3-26所示。

图3-25

图3-26

TIPS

在Photoshop中，使用文字工具输入的文字是矢量图，其优点是可以无限放大不会出现马赛克现象，而缺点是无法使用 Photoshop中的滤镜和一些工具、命令，因此使用栅格化命令将文字栅格化，可以制作出更加丰富的效果。

步骤 11 为该图层添加“描边”图层样式，对相关选项进行设置，如图3-27所示。单击“确定”按钮，完成“图层样式”对话框的设置，效果如图3-28所示。

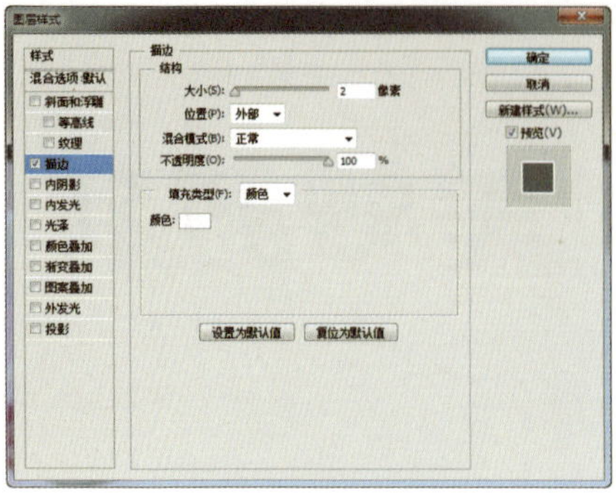

图3-27

图3-28

步骤 12 使用相同的制作方法，完成相似图形的绘制，效果如图3-29所示。使用“横排文字工具”，在画布中输入相应的文字，效果如图3-30所示。

图3-29

图3-30

步骤 13 使用“矩形工具”，在画布中绘制任意颜色的矩形，如图3-31所示。为该图层添加“渐变叠加”图层样式，对相关选项进行设置，如图3-32所示。

图3-31

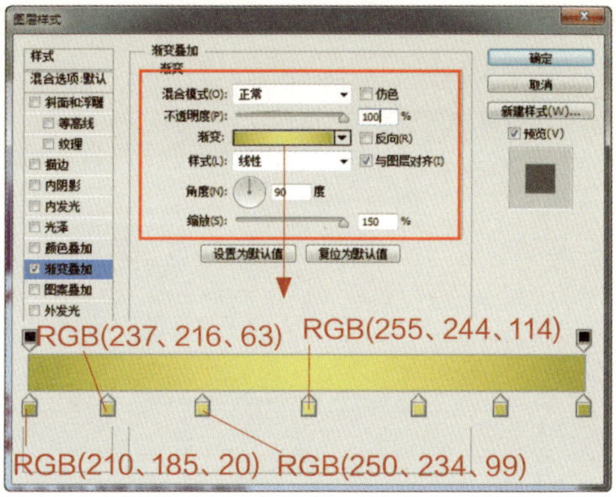

图3-32

步骤 14 继续添加“投影”图层样式，对相关选项进行设置，如图3-33所示。单击“确定”按钮，完成“图层样式”对话框的设置，效果如图3-34所示。

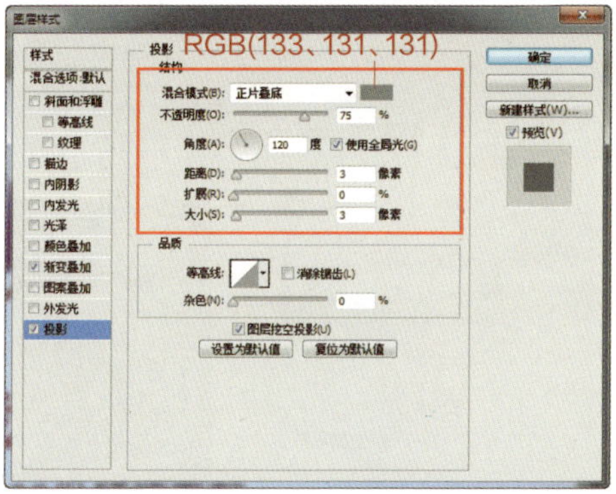

图3-33

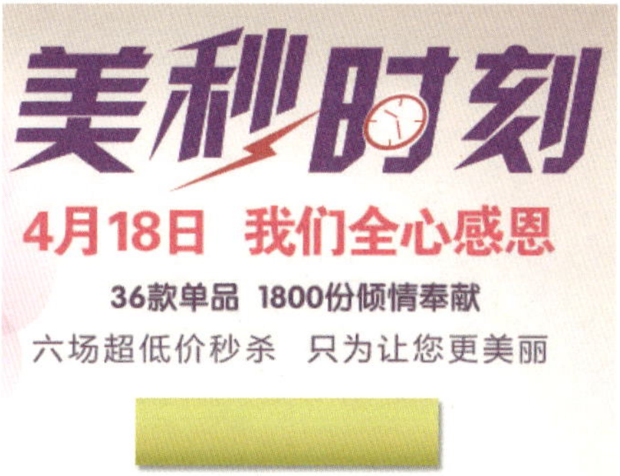

图3-34

步骤 15 使用相同的制作方法，完成相似图形的绘制和文字的输入，如图3-35所示。使用“直线工具”，在“选项”栏上设置“填充”为RGB（106、95、95），“粗细”为1像素，在画布中绘制直线，如图3-36所示。

图3-35

图3-36

步骤 16 复制“形状3”图层得到“形状3拷贝”图层，按快捷键Ctrl+T，调整复制得到的直线到合适的位置，确认变换操作，效果如图3-37所示。按住Ctrl+Shift+Alt，多次按T键，对直线进行多次的移动复制操作，效果如图3-38所示。

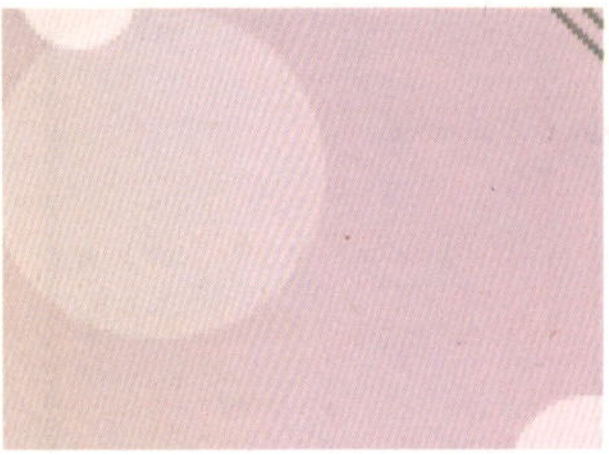

图3-37

美秒时刻
4月18日 我们全心感恩
36款单品 1800份倾情奉献
六场超低价秒杀 只为让您更美丽
客户端专享

图3-38

步骤 17 同时选中所有直线图层，按快捷键Ctrl+E，合并图层，为该图层添加图层蒙版，使用“画笔工具”，设置“前景色”为黑色，在画布中进行涂抹，效果如图3-39所示。设置该图层的“不透明度”为20%，效果如图3-40所示。

客户端专享

图3-39

客户端专享

图3-40

TIPS

通过“合并图层”命令合并图层，无论当前选择的图层是单个还是多个，都可以进行合并操作。选择单个图层并执行该命令后，会自动合并到当前图层下方的图层中，合并后的图层名称为下方图层的名称。如果当前文档中只有单个图层存在，则无法合并。

步骤 18 完成该广告变形文字效果的制作，最终效果如图3-41所示。

美秒时刻
4月18日 我们全心感恩
36款单品 1800份倾情奉献
六场超低价秒杀 只为让您更美丽
进入手机秒杀分会场
客户端专享

图3-41

3.2 文字图形化处理

文字是人们在长期生活中固化下来的一种图形符号。它已经在人们的意识中形成一种常性认识，即只要将线条按照我们熟悉的结构组织到一起，就可以将其确定为文字，而不再将其视为“图形”，阅读成为文字的基本属性。

3.2.1 文字的图形化

实现字义与语义的功能以及美学效应是字体的基本作用。文字的图形化是指既强调它的美学效应，又把文字作为记号性图形元素来表现，强化其原有的功能。为了能够更好地实现自己的设计目标，设计者不仅可以按照常规的方式来设置字体，同时也可以对字体进行艺术化的设计将文字图形化、意象化，以更富创意的形式表达出深层的设计思想，这样不仅能够打动人心，还可以克服页面的单调与平淡。如图3-42所示为电商页面中图形化的文字处理效果。

对主题文字进行图形化艺术处理，可以突出主题的表现力，使画面更加具有艺术性。

图3-42

3.2.2 文字的重叠

重叠是指根据版面设计的要求对文字、图像等不同的视觉元素进行重叠的安排。文字与文字之间和文字与图像之间在经过重叠后，可以产生空间感、层次感、跳跃感、透明感、叙事感，从而使整个页面更加活跃、有生机、引人注目。尽管重叠手法会影响文字的可读性，但是它独特的页面效果能够给人带来不同的视觉享受，这种表现手法，体现了一种艺术创意。所以，它不仅大量运用于传统的版式设计，在电商页面设计中也被广泛运用。如图3-43所示为电商页面中文字的重叠排版处理效果。

对文字进行重叠处理，将文字与图形、文字与文字进行重叠，表现出层次感和空间感。

图3-43

3.2.3 文字的整体性

在文字设计中，即使文字仅仅是一个品牌名称、词组或是一句话，也应该将其作为整体来看待，这就是文字设计整体性的概念。将文字单个割裂开来，一字一形或各自为攻，互无关联，都会降低文字图形的视觉强度，无法起到吸引受众视线的作用。因此，需要从字形、笔形、结构及手法上追求统一性。

其实，文字设计的整体性最主要的是表现在笔形方面，即追求笔形形状、大小、宽窄、方向性的一致。在段落文字设计中需要注意高度的统一以形成集聚的视觉力量。在文字段落结构方面，字与字之间则要相互穿插，互相补充。为了避免整个版面的呆板，也可以通过辅助图形将文字统辖在一起，形成整体，增强文字的趣味性，如图3-44所示。

使用倾斜的红色边框将文字内容放置在一起，形成一个整体。

使用红色矩形块作为背景，突出文字部分，主体文字使用大号粗体字，说明文字使用小号字体，重点突出。

图3-44

3.2.4 让文字更易读

文字是帮助浏览者获得网店信息的重要手段，因而文字的易读性和辨识性是设计电商页面时的重点。

正确的文字和配色方案是视觉设计的基础。页面中的文字受屏幕分辨率和浏览器的限制，但是仍有一些通用的准则：文字必须清晰可读、大小合适，文字的颜色和背景色有较为强烈的对比度，文字周围的设计元素不能对文字造成干扰，如图3-45所示的电商页面中文本采用图表的表现形式，更容易阅读。

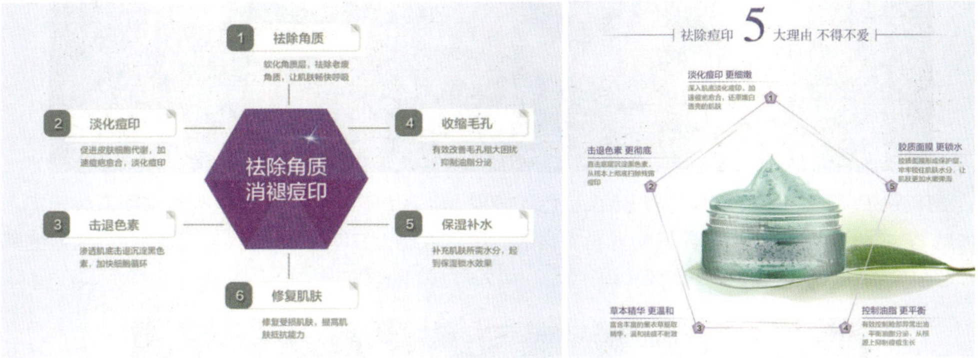
1 祛除角质
软化角质层，祛除老废角质，让肌肤畅快呼吸
2 淡化痘印
促进皮肤细胞代谢，加速痘疤愈合，淡化痘印
3 击退色素
渗透肌底击退沉淀黑色素，加快细胞循环
祛除角质
消褪痘印
4 收缩毛孔
有效改善毛孔粗大困扰，抑制油脂分泌
5 保湿补水
补充肌肤所需水分，起到保湿锁水效果
6 修复肌肤
修复受损肌肤，提高肌肤抵抗能力
祛除痘印 5 大理由 不得不爱
淡化痘印 更细嫩
击退色素 更彻底
胶质面膜 更锁水
草本精华 更温和
控制油脂 更平衡

图3-45

在对电商页面中的文字进行排版布局设计时需要注意以下几点。

- 避免字体过于黯淡导致阅读困难。
- 字体颜色与背景颜色对比明显。
- 字体颜色不要太杂。
- 有链接的字体要有提示，最好采用默认链接样式。
- 标题和正文所用的文字大小有所区别。
- 英文和数字应该选用与中文字体和谐的字体。

案例分析 | 特效毛笔广告文字设计分析

5折不止
任性到底!

整体评价：书法文字具有很强的传统特色和表现力，在该广告中使用毛笔书法文字来表现广告主题，具有很强的视觉冲击力，再搭配光影素材的应用，表现出文字的质感。该广告画面与特效毛笔文字的搭配恰到好外，体现出传统与现代的结合，给人很强的视觉冲击力。

将折扣数字放大显示，突出表现商品的折扣。

5折不止
任性到底!

光影等素材的应用又能够很好地体现出主题文字的质感。

构图分析：该广告的设计采用的是艺术性的构图，在广告的中间位置放置主题文字，且文字之间采用了重叠性，放大的5字叠加在较小的文字上面，可以使文字产生层次感和跳跃感，从而使整个页面更加活跃、有生机、引人注目。

配色方案：使用黄色作为该广告主题文字的主色调，表现出生动、璀璨夺目的印象，搭配黑色和红色表现出鲜明的对比，产生视觉的冲击感。

主色：喜庆　辅色：清晰　辅色：自然　文字颜色：夺目

实战案例 | 设计光影特效文字

源文件：光盘\源文件\第3章\光影特效文字.psd　　视　频：光盘\视频\第3章\光影特效文字.swf

● **案例分析**

案例特点：本案例设计一款电商广告中常见的光影特效文字，通过渐变颜色填充和光影素材图像的叠加处理，将普通的文字处理成璀璨夺目的效果。

制作思路与要点：文字效果对于电商广告来说非常重要，本案例的光影特效文字，在一些打折、促销等主题的广告中非常常见，主要是通过为文字填充渐变颜色，再复制文字并为其填充一种不同的渐变颜色，从而体现出文字的层次感，再通过叠加各种光影素材，使得文字具有很强的层次感和光影质感，突出主题文字的表现效果。

火热车展
车品狂欢

● **色彩分析**

本案例所制作的光影特效文字使用黄色作为主色调，与广告背景的深蓝色形成鲜明的对比，使整个广告的视觉冲击力更强。

黄色　　深蓝色　　白色

● **制作步骤**

步骤 01 打开素材图像“光盘\源文件\第3章\素材\201.jpg”，效果如图3-46所示。使用“横排文字工具”，在“字符”面板中设置相关选项，在画布中输入相应文字，如图3-47所示。

图3-46

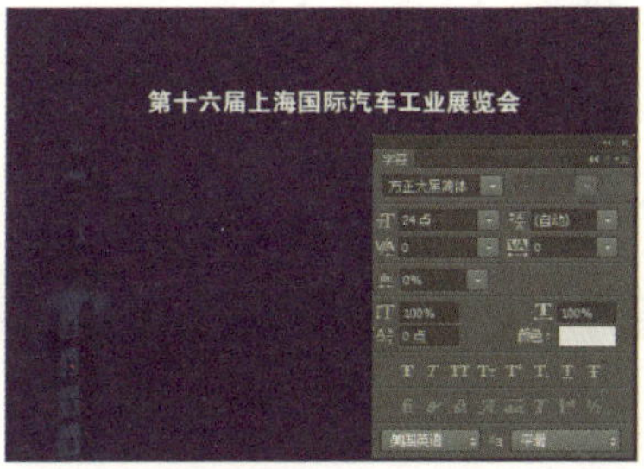
第十六届上海国际汽车工业展览会

图3-47

步骤 02 为该图层添加“内发光”图层样式，对相关选项进行设置，如图3-48所示。继续添加“渐变叠加”图层样式，对相关选项进行设置，如图3-49所示。

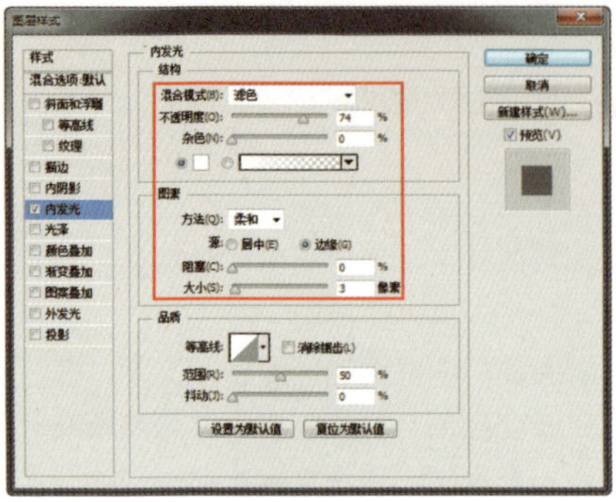

图3-48

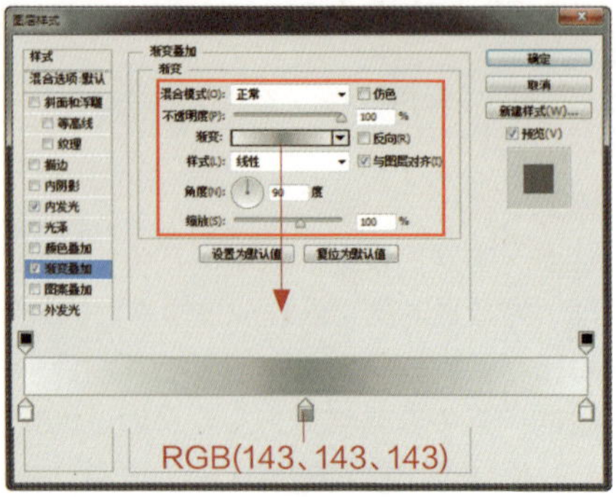

图3-49

步骤 03 单击“确定”按钮，完成“图层样式”对话框的设置，效果如图3-50所示。使用相同的制作方法，完成其他文字的输入，如图3-51所示。

图3-50

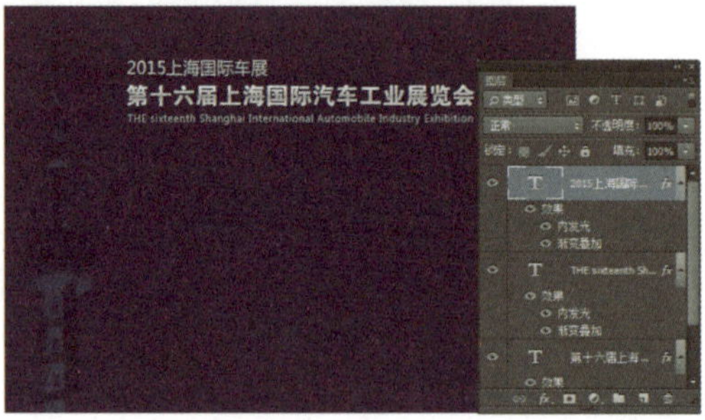

图3-51

步骤 04 新建名称为“标题”的图层组，使用“横排文字工具”，在“字符”面板中设置相关选项，在画布中输入文字，如图3-52所示。为该图层添加“渐变叠加”图层样式，对相关选项进行设置，如图3-53所示。

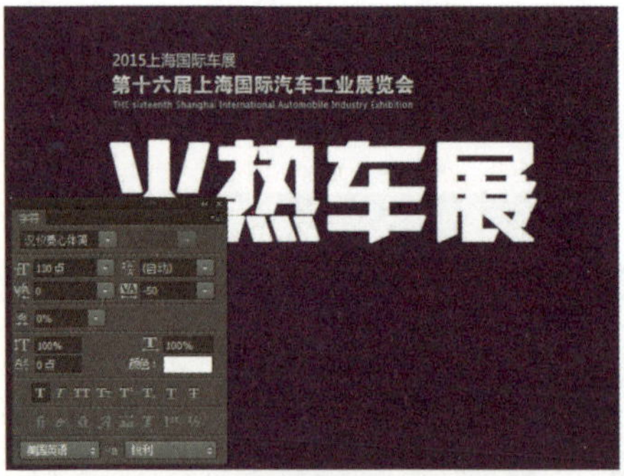

图3-52

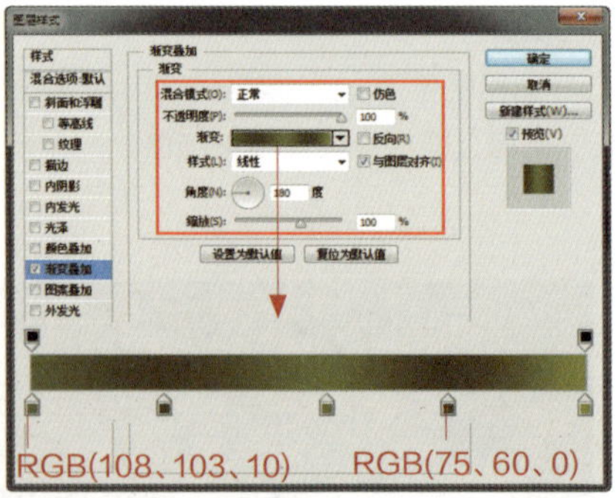

图3-53

步骤05 单击“确定”按钮，完成“图层样式”对话框的设置，效果如图3-54所示。复制该文字图层，双击复制得到的图层的“渐变叠加”图层样式，在弹出的对话框中对相关选项进行设置，如图3-55所示。

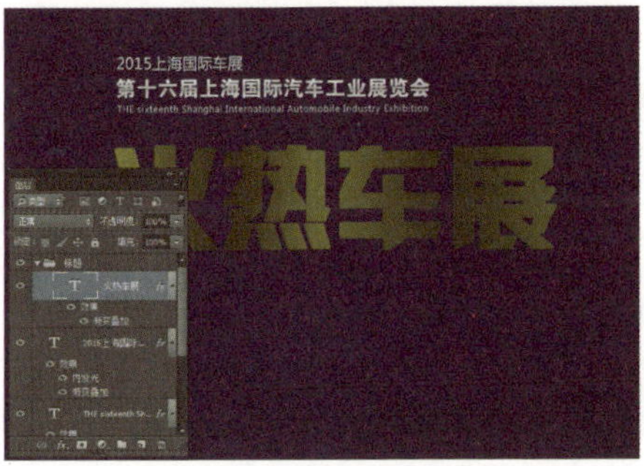

图3-54

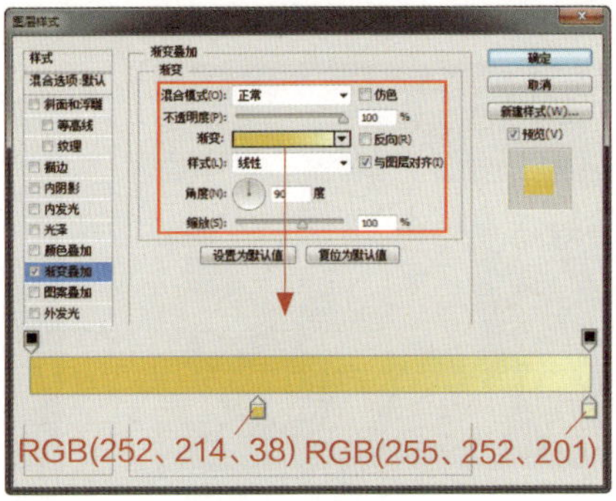

图3-55

步骤06 单击“确定”按钮，完成“图层样式”对话框的设置，将该文字向上移动7像素，效果如图3-56所示。复制该文字图层，将复制得到的文字图层栅格化，隐藏原文字图层，如图3-57所示。

图3-56

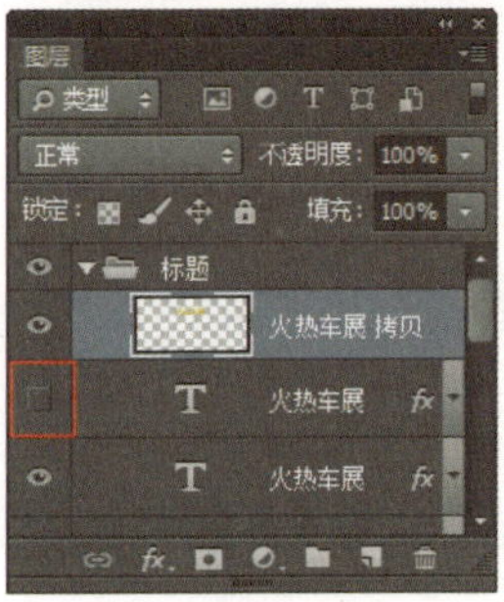

图3-57

TIPS

通过复制文字图层并移动的方法，以及为文字填充渐变颜色，都是为了使文字更加具有层次感和立体感。

步骤07 新建“图层1”，设置“前景色”为RGB（247、178、13），为画布填充前景色，如图3-58所示。为“图层1”创建剪贴蒙版，设置该图层的“不透明度”为29%，效果如图3-59所示。

图3-58

图3-59

步骤 08 新建“图层2”，使用“画笔工具”，设置“前景色”为白色，选择合适的柔角笔触，在画布相应位置绘制，如图3-60所示。设置该图层的“不透明度”为40%，并为该图层创建剪贴蒙版，效果如图3-61所示。

图3-60

图3-61

步骤 09 打开并拖入素材图像“光盘\源文件\第3章\素材\202.jpg”，如图3-62所示。设置该图层的“混合模式”为“叠加”，并为该图层创建剪贴蒙版，效果如图3-63所示。

图3-62

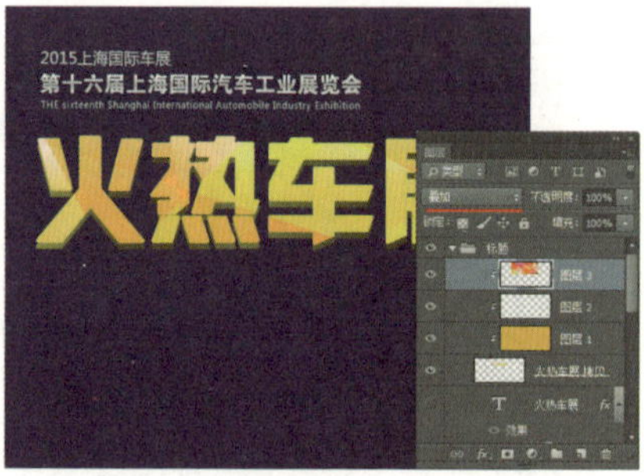

图3-63

TIPS

剪贴蒙版是一种非常灵活的蒙版，它使用一个图像的形状限制它上层图像的显示范围，因此，可以通过一个图层来控制多个图层的显示区域。

步骤 10 复制“火热车展”文字图层，将复制得到的图层的图层样式删除，将文字颜色修改为黑色，栅格化该文字图层，执行“滤镜>模糊>高斯模糊”命令，在弹出的对话框中设置相关选项，如图3-64所示。单击“确定”按钮，将该图层移至“标题”图层组的最下方，效果如图3-65所示。

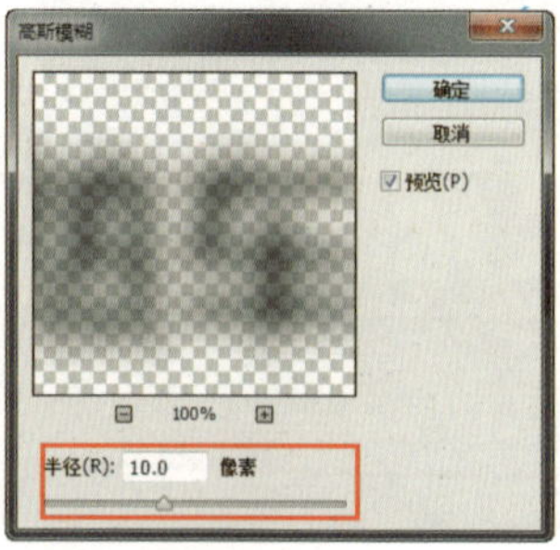

图3-64

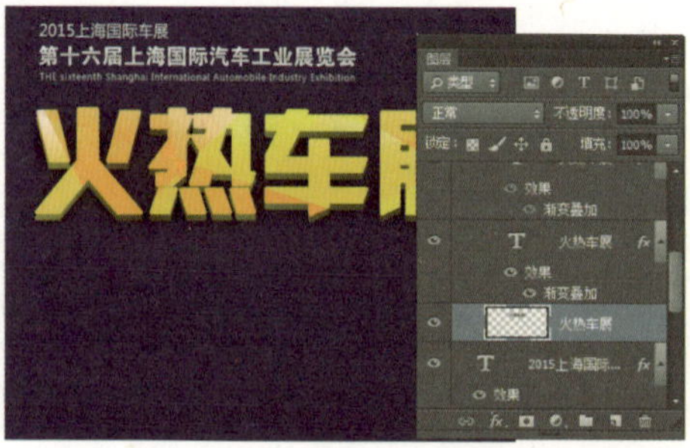

图3-65

步骤 11 复制“标题”图层组得到“标题 拷贝”图层组，将复制得到的文字向下移动调整到合适的位置，并完成该部分文字效果的制作，如图3-66所示。打开并拖入素材图像“光盘\源文件\第3章\素材\203.png”，设置该图层的“混合模式”为“滤色”，效果如图3-67所示。

2015上海国际车展
第十六届上海国际汽车工业展览会
THE sixteenth Shanghai International Automobile Industry Exhibition
火热车展
车品狂欢

图3-66

第十六届上海国际汽车工业展览会

图3-67

步骤 12 多次复制“图层4”，分别将复制得到的图形调整到合适的大小和位置，效果如图3-68所示。新建名称为“钢铁横栏”的图层组，使用“矩形工具”，设置“填充”为RGB（191、192、192），在画布中绘制矩形，如图3-69所示。

2015上海国际车展
第十六届上海国际汽车工业展览会
火热车展
车品狂欢

图3-68

火热车展
车品狂欢

图3-69

步骤 13 打开并拖入素材图像“光盘\源文件\第3章\素材\206.jpg”，为该图层创建剪贴蒙版，效果如图3-70所示。使用“椭圆工具”，在画布中绘制白色的正圆形，如图3-71所示。

图3-70

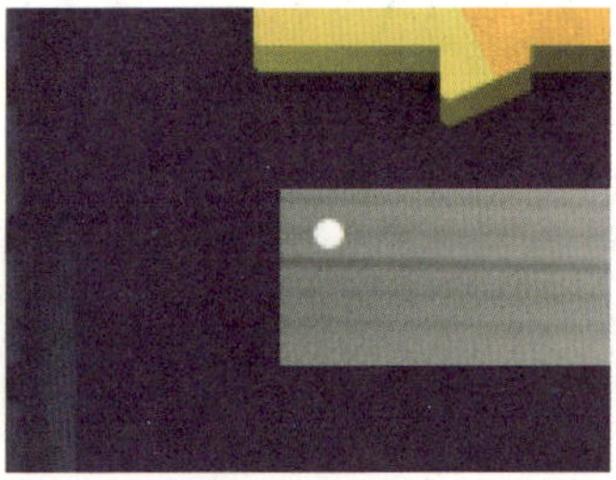

图3-71

步骤 14 为该图层添加“描边”图层样式，对相关选项进行设置，如图3-72所示。继续添加“内阴影”图层样式，对相关选项进行设置，如图3-73所示。

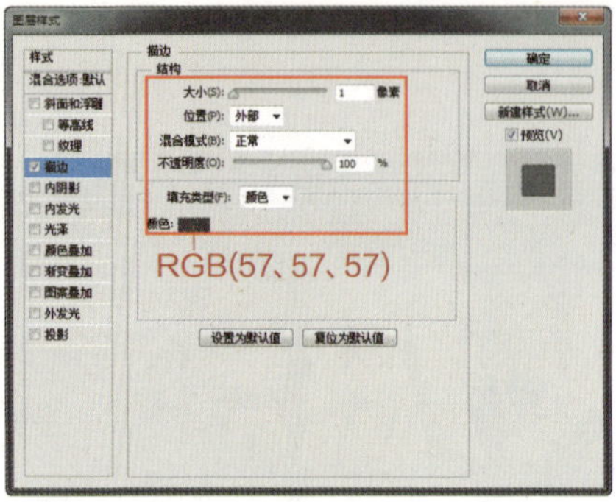

图3-72

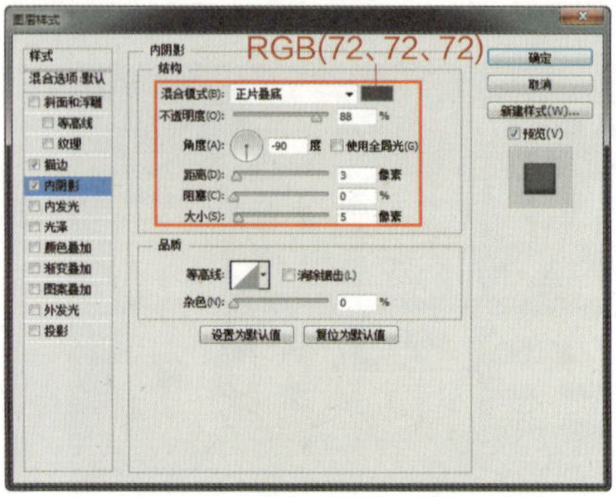

图3-73

步骤 15 单击“确定”按钮，完成“图层样式”对话框的设置，效果如图3-74所示。多次复制该图层，分别将复制得到的图形调整到合适的位置，如图3-75所示。

图3-74

图3-75

步骤 16 使用“横排文字工具”，在“字符”面板中设置相关选项，在画布中输入相应文字，如图3-76所示。新建名称为“显示器”的图层组，使用相同的制作方法，拖入其他素材图像，效果如图3-77所示。

图3-76

图3-77

步骤 17 新建名称为“彩带”的图层组，使用“钢笔工具”，在“选项”栏上设置“工具模式”为“形状”，“填充”为RGB（254、216、9），在画布中绘制相应的形状图形，效果如图3-78所示。使用相同的制作方法，绘制出其他相似的图形效果，如图3-79所示。

图3-78

2015上海国际车展
第十六届上海国际汽车工业展览会
火热车展
车品狂欢
活动期间购买商品空前低价再送8大豪礼

图3-79

步骤 18 完成该光影特效文字的设计制作，最终效果如图3-80所示。

2015上海国际车展
第十六届上海国际汽车工业展览会
火热车展
车品狂欢
活动期间购买商品空前低价再送8大豪礼

图3-80

3.3 电商广告的作用

广告与文字不同，它是一种视觉语言，广告的视觉冲击力要比文字大得多，所以它将设计的思想赋予在形态上，通过图形来传达产品信息，使产品信息传达得更为直接、立体，并且容易让人理解。

3.3.1 传达产品信息

在电商广告设计中，传达产品信息是最主要的目的，广告与文字一样，在电商页面中起着信息传达的作用。但是广告在形态上必须与产品的风格和传达的信息一致，虽然广告在传达信息上受到面积大小和用色多少等因素的制约，但是广告本身具有诸多优势，例如直观性、丰富性等，可以让其与文字等结合在一起，更好地传达和表现产品信息。如图3-81所示为设计精美的电商广告。

图3-81

3.3.2 增强产品艺术表现

广告是提升产品信息传达效率的重要因素，因此图形的形态结构会直接影响信息传达的效果。具有较高视觉美感的广告更容易引发浏览者心理上的共鸣，轻松地促使浏览者接受所传达的信息，而根据不同的审美观，人们对于广告形态的选择也不相同，这就需要展现广告的艺术性了。广告的艺术性是由色彩、图像等通过点、线、面的排列组合，同时运用象征、比喻、夸张等手法来展现的，这种展现手法可以满足大部分人的审美需求。

在提倡设计个性化、多元化的今天，电商广告应该具有独特的形式，设计者要勇于创新，敢于冲破通俗的广告表现方式，才能提高广告的视觉冲击力，从而达到与众不同的效果，给浏览者以过目不忘的视觉体验。如图3-82所示为设计精美的电商广告。

图3-82

3.3.3 增加页面趣味

如果一个产品介绍页面中叙述性文字较多，内容比较充实，但是太过于单调和死板，没有吸引力，则可以通过添加精美的产品广告图片来加以改善，从而达到一种调和的效果；如果一个页面本身的内容并不丰富，那么也可以用产品广告图片来充实页面的表现内容，使页面焕发活力，也让页面传达的产品信息通过这种趣味性传播出去。如图3-83所示为设计精美的电商广告。

图3-83

案例分析 | 衣品天成女装广告设计分析

整体评价： 该女装广告采用简约的构图布局方式，将广告文案内容通过半透明矩形背景组合在一起，并且应用不同的字体和颜色进行表现，有效地突出产品信息。在广告中搭配模特来表现产品，非常直观，能够有效地传达产品信息。

主题文字，放大的字体在广告中是比较突出的，更能显示主题。

此处为说明性文字，不同颜色和大小的文字是对主题文字的补充性说明。

构图分析： 广告文案采用的是矩形的构成方式，矩形具有很好的聚焦感，并且使文案内容形成一个整体，能更好地传达和表现产品信息。

配色方案： 使用浅灰色作为该广告的主色调，表现出明亮、无污染的印象，搭配白色的矩形和粉红色的字体，可以使颜色形成鲜明的对比，色彩搭配清新、亮丽，给人一种欢快的气氛。

主色：明亮	辅色：清晰	辅色：欢乐	文字颜色：清新

实战案例 | 设计化妆品广告

源文件：光盘\源文件\第3章\化妆品广告.psd　　视　频：光盘\视频\第3章\化妆品广告.swf

● **案例分析**

案例特点：本案例设计一款化妆品宣传广告，使用模特与广告文案内容相结合的形式表现产品，广告文案内容采用三角形构图，能够形成很好的视觉中心。

制作思路与要点：宣传广告的设计并不需要很复杂，简单的画面构成同样可以起到意想不到的效果。本案例所设计的化妆品宣传广告的画面构成非常简单，使用模特来展示产品，可以更好地吸引浏览者的目光，广告文案采用三角形的构图方式，使文案内容形成一个整体，整个广告画面给人清新、自然、简洁的视觉效果。

● **色彩分析**

本案例的化妆品宣传广告使用粉色作为广告的主色调，与化妆品的颜色相统一，表现出女性的柔美，搭配白色的文字，清新、自然。为广告语搭配红色的背景色，突出广告语的表现。

粉色　　白色　　红色

● **制作步骤**

步骤 01 执行“文件>新建”命令，弹出“新建”对话框，新建一个空白文档，如图3-84所示。新建名称为“背景”的图层组，打开并拖入素材图像“光盘\源文件\第3章\素材\301.jpg”，调整到合适的大小和位置，效果如图3-85所示。

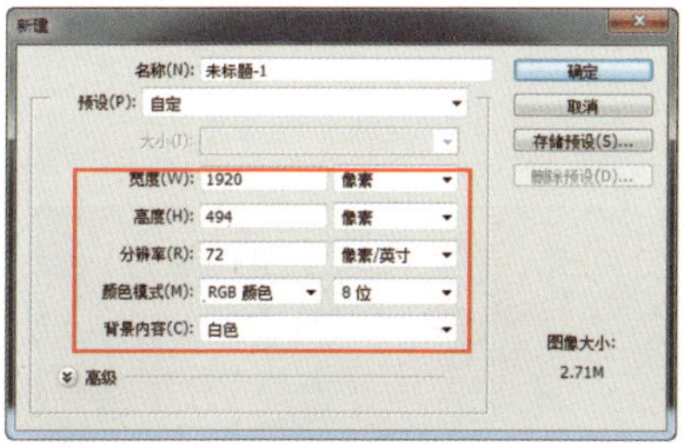

图3-84

图3-85

步骤 02 执行“图层>智能对象>转换为智能对象”命令，将“图层1”转换为智能对象，执行“滤镜>模糊>高斯模糊”命令，弹出“高斯模糊”对话框，参数设置如图3-86所示。单击“确定”按钮，完成“高斯模糊”对话框的设置。设置该图层的“不透明度”为89%，效果如图3-87所示。

图3-86

图3-87

步骤 03 添加“曲线”调整图层，在打开的“属性”面板中对曲线进行设置，如图3-88所示。得到的图像效果如图3-89所示。

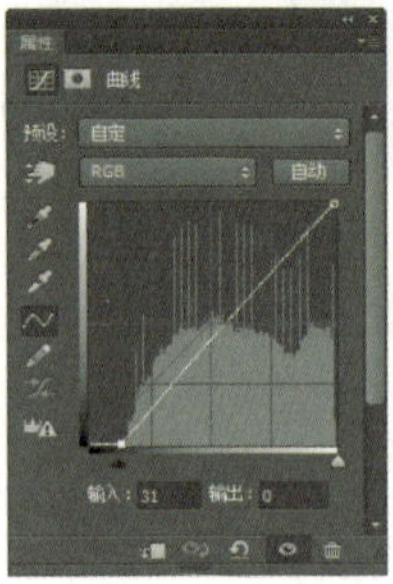

图3-88

图3-89

TIPS

填充图层与调整图层可以通过单击“图层”面板中的“创建新的填充或调整图层”按钮，在弹出的菜单中选择相应的选项来建立。新建立的填充或调整图层自带图层蒙版，通过图层蒙版可以对不需要应用填充色或调整效果的区域进行覆盖。

步骤 04 添加“色相/饱和度”调整图层，在打开的“属性”面板中对相关选项进行设置，如图3-90所示。得到的图像效果如图3-91所示。

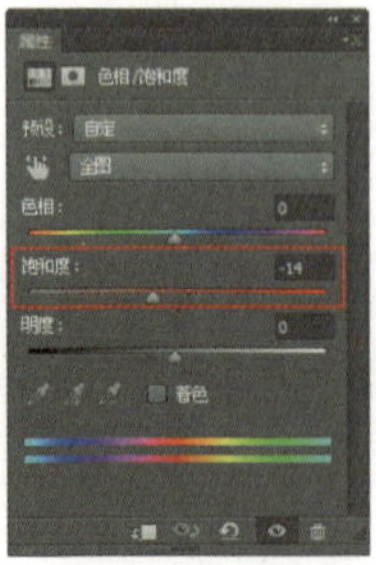

图3-90

图3-91

步骤 05 添加“可选颜色”调整图层，在打开的“属性”面板中的“颜色”下拉列表中选择“中性色”选项，对相关选项进行设置，如图3-92所示。得到的图像效果如图3-93所示。

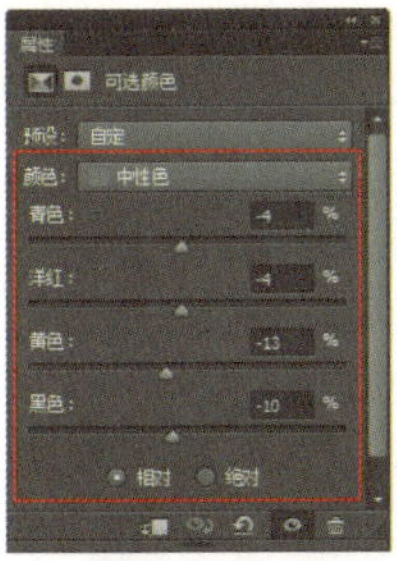

图3-92

图3-93

步骤 06 执行“文件>打开”命令，打开素材图像“光盘\源文件\第3章\素材\302.jpg”，如图3-94所示。使用“魔棒工具”，在白色背景上单击，创建背景部分选区，如图3-95所示。

图3-94

图3-95

TIPS

“魔棒工具”能够选取图像中色彩相近的区域，适合选取图像中颜色比较单一的选区。

步骤 07 执行“选择>反向”命令，反向选择选区，得到人物选区，如图3-96所示。将选区中的图像拖入到设计的文档中，调整到合适的位置，效果如图3-97所示。

图3-96

图3-97

步骤 08 打开并拖入素材图像“光盘\源文件\第3章\素材\303.png”，调整到合适的位置，效果如图

3-98所示。为该图层添加图层蒙版，使用“画笔工具”，设置“前景色”为黑色，在蒙版中相应的位置进行涂抹，效果如图3-99所示。

图3-98

图3-99

步骤09 新建名称为“广告语”的图层组，使用“多边形工具”，在“选项”栏上设置“填充”为无，“描边”为白色，“描边宽度”为3点，“边”为3，在画布中绘制三角形，效果如图3-100所示。为该图层添加图层蒙版，使用“矩形选框工具”，在画布中绘制矩形选区，为选区填充黑色，效果如图3-101所示。

图3-100

图3-101

步骤10 使用“横排文字工具”，在“字符”面板上对相关选项进行设置，在画布中输入文字，如图3-102所示。使用相同的制作方法，完成相似文字的绘制，如图3-103所示。

图3-102

图3-103

步骤11 使用“矩形工具”，在“选项”栏上设置“填充”为RGB（255、0、0），在画布中绘制矩形，如图3-104所示。使用相同的制作方法，输入其他广告文字内容，效果如图3-105所示。

图3-104

图3-105

步骤 12 完成该化妆品广告的设计制作，最终效果如图3-106所示。

图3-106

3.4 电商广告排版布局技巧

电商广告中通常都会包含产品图片和文字等关键元素，广告中元素的排版布局设计将决定着该广告的设计是否成功，在广告画面中每一个元素的存在以及它的摆放都有它的道理，在本节中将向读者介绍电商广告排版布局的相关技巧。

3.4.1 对齐

对齐是最常见也是最基础的排版布局方式，在电商广告设计中，对齐的排版布局方式也非常常见，如图3-107所示为运用左对齐进行排版布局设计的电商广告。

图3-107

大家可以随手翻翻身边的书籍、杂志、报纸等平面媒体，里面所有内容的排版布局都会应用到对齐，对齐的排版布局方式会有一道看不见的线，这条线平行于广告的边缘，与广告的边相呼应，将所有的广告文案自然地串联到一起，给人以稳重、统一、整齐的感觉，如图3-108所示。

图3-108

生活中常见的房地产和一些珠宝广告常常会采用居中的排版布局方式，居中对齐的排版布局方式会给人以正式、大气、高端的感觉，如图3-109所示。

图3-109

在居中对齐排版布局的电商广告中经常会看到文案直接设计在产品上方，文案的遮挡会和后面的产品营造出一前一后的层次感，在设计的过程中还可以添加一些光效，可以使整个广告画面的空间感提升很多，如图3-110所示。

图3-110

3.4.2 对比

所有人都不喜欢看平淡无奇、千篇一律的东西，有对比的画布更能够吸引人们的目光。在电商广告的设计中使用对比的排版布局方式可以最有效地增加广告画面的视觉效果，如图3-111所示。

彩色的文字与黑白的背景图片形成强烈的对比，并且不同大小的字体之间也产生对比，形成强烈的视觉冲击。

图3-111

对比原则包含的内容很多，在电商广告设计中经常使用的对比方式有虚实对比、冷暖对比、字体大小和粗细对比等。

1. 虚实对比

在广告设计中运用虚实对比可以让人产生特别强烈的空间感。远虚近实，是现实中的视觉规律，如果想要在电商广告中体现出这种远和近的层次感，一方面可以通过减少图形的色彩层次，降低图形的纯度来实现；另一方面可以将图形模糊，使其靠近背景色，也就是改变图形的影调，让浏览者产生遥远的感觉。影调是指图形的调子，图形的调子包括明度的高低、亮度的高低和对比度的高低，这些因素结合起来决定了人们对图形整体的视觉感受。如图3-112所示为电商广告中的虚实对比应用。

虚化的背景与清晰的产品形成对比，使人的目光聚焦在产品上，突出产品。

图3-112

2. 冷暖对比

广告中的冷暖对比主要是指色彩的冷暖对比。在广告画面中使用冷暖对比可以使画面显得活泼、悦目，同时，冷暖对比越强烈，刺激感越强。当画面中的冷暖色的面积及纯度相等时，画面的冷暖对比较直接、强烈，但画面效果会显得单调，这时可以通过降低它们的纯度或明度，以使它们互相融合形成新的灰色来调整画面的色调感，丰富广告的层次与厚度。如图3-113所示为运用冷暖对比的电商广告。

红色与蓝色的对比形成强烈的冲突，突出产品的表现。

图3-113

3. 字体大小和粗细对比

大小对比是文字组合的基础。大字能够给人以强有力的视觉感受；小字精巧柔和，但是不像大字那样给人以力量感。大小文字进行合理的搭配使用，可以有效地规避其各自的缺点，并可以产生生动活泼的对比关系。

大小文字的对比越强烈，则越能突出其各自的特征，大字愈显刚劲有力，小字愈显小巧精致；反之，则给人一种舒畅、平和、安定的感觉。如图3-114所示为字体大小对比在电商广告中的应用。

字体大小进行对齐，突出主题，增强表现力。

图3-114

粗细的对比是刚与柔的对比，粗字体象征强壮、刚劲、沉默、厚重，细字体则给人一种纤细、柔弱、活泼的感觉。在同一行文字中，运用粗细对比效果最为强烈。通常情况下，表现主题内容则使用粗字体，在文字排版过程中，粗细字体运用的比例不同，会形成不同的效果。粗字少细字多，易取得平衡，给人以新颖明快的感觉。如图3-115所示为字体粗细对比在电商广告中的应用。

字体的粗细进行对比，突出广告文案中的重点。

图3-115

在电商广告的排版布局设计过程中仅仅运用对齐这一原则是不够的，还需要使用对比的方式。如图3-116所示的电商广告，由于缺少对比，整体显得很乏味，除了标题略大一些，下面的文本内容较多而没有吸引用户关注的地方。

图3-116

如图3-117所示的电商广告，运用对比的手法，使得广告更加吸引人，而且文案的组织结构一目了然，更便于读者阅读。

图3-117

主标题加大加粗，与副标题文字形成大小和粗细对比，下面的正文采用小字，但是价格部分加粗强调再次形成对比。不用担心字小了顾客就不读，只要标题吸引到顾客，自然会读这些较小的文字。只要将重点文字提炼出来放大加粗之后就使得整个广告版面信息主次分明，富有层级和组织性，就会在视觉上引导消费者向下浏览。

在电商广告设计中通过改变字体的大小和粗细就能把设计变得非常精美，有时候为了对比更加明显，会降低小字部分的不透明度，产生明暗的对比，如图3-118所示。

图3-118

4. 疏密对比

使用居中对齐的排版布局方式对电商广告进行设计时，还经常会使用疏密对比的手法，突出电商广告的表现效果，如图3-119所示。

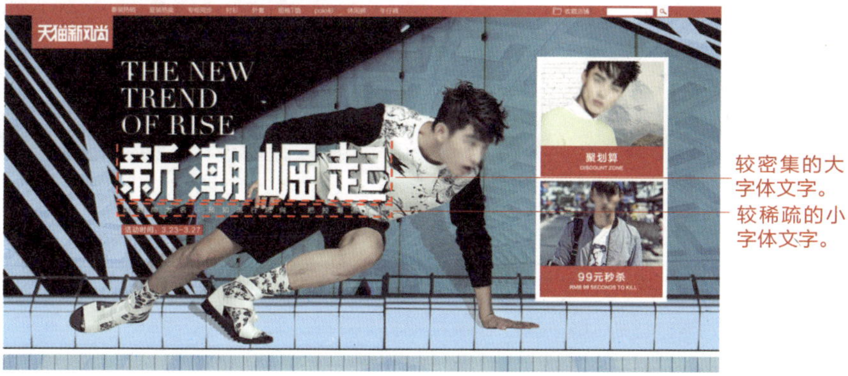

图3-119

疏密对比即文字群体之间，以及文字与整体页面之间的对比关系。疏密对比也同样具有大小对比、明暗对比的效果，但是从疏密对比的关系中更能够清楚地看出设计者的设计意图。

3.4.3 分组

当广告中的文案内容过多时，设计师还可以考虑将文案分组，将相同信息的文案摆放在一起，这样不仅使整个页面富有条理性，也会看上去非常美观，更加有利于消费者阅读。如图3-120所示为对广告中的文字进行分组的设计效果。

图3-120

如果一个广告上包含的文案信息内容太多，不加以整理的话就会显得杂乱无章毫无秩序，通过分组，将有同一性质的文字分为一组，就会让广告画面无论在视觉感官上还是阅读层次上都很有条理性。如图3-121所示为对广告中的文字进行分组的设计效果。

图3-121

案例分析 | 海鲜促销广告设计分析

整体评价： 广告的整体排版采用的是对齐的方式，对齐是最常见也是最基础的排版布局方式，它将所有的广告文案自然地串联到一起，给人以稳重、统一、整齐的感觉，能够给浏览者留下深刻的印象。

构图分析： 该广告的设计采用了两极分化的构图，在广告的右侧是商品的说明性文字，文字之间有大小、粗细对比和疏密对比，可以突出广告内容的表现效果，使整个广告画面无论在视觉感官上还是阅读层次上都很有条理性。

配色方案： 使用蓝色作为该广告的主色调，表现出汹涌、浩瀚的感觉，与商品所表达的效果相呼应，搭配白色的文字，能更好地表现出文案内容的效果，色彩搭配清新、亮丽，给人一种和谐、自然的感受。

主色：浩瀚	辅色：自然	辅色：着重	文字颜色：清晰

实战案例 | 设计水果促销广告

源文件：光盘\源文件\第3章\水果促销广告.psd　　视　频：光盘\视频\第3章\水果促销广告.swf

- **案例分析**

案例特点：本案例设计一款水果促销广告，通过逼真的水果素材搭配简约的文字突出表现水果的新鲜、优质。

制作思路与要点：在水果促销广告中，水果素材的运用非常重要，一定要使用逼真、诱人的水果素材，这样的广告才能够更加吸引浏览者。本案例的水果促销广告，运用逼真的水果素材与简约的主题文字相搭配，在广告文案的设计上，主题内容使用大号粗体文字进行表现，并且突出推荐水果的价格，在广告画面右上角位置运用标签的形式突出表现“天天新鲜”的经营理念，整个广告画面和谐、自然。

- **色彩分析**

该水果促销广告使用浅黄色作为背景色，浅黄色给人一种清新、舒适的感受，搭配绿色和橙色的文字，表现出水果的新鲜、健康。文字搭配比较醒目，又能够突出广告产品的特点，具有很好的表现效果。

浅黄色　　绿色　　橙色

- **制作步骤**

步骤 01 执行“文件>新建”命令，弹出“新建”对话框，新建一个空白文档，如图3-122所示。使用“渐变工具”，打开“渐变编辑器”对话框，设置渐变颜色，如图3-123所示。

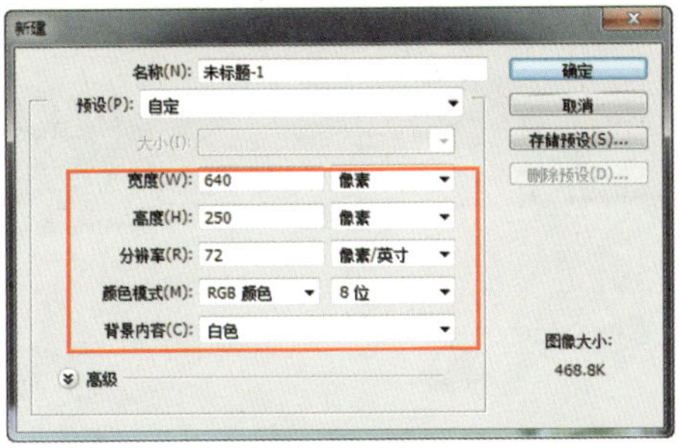

图3-122

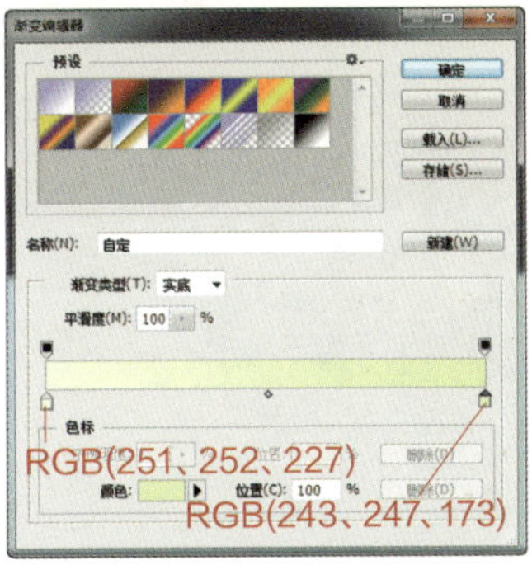

图3-123

步骤02 在画布中拖动鼠标填充线性渐变，效果如图3-124所示。新建名称为“椭圆”的图层组，使用“椭圆工具”，在“选项”栏上设置“工具模式”为“形状”，“填充”为RGB（179、245、208），在画布中绘制正圆形，如图3-125所示。

图3-124

图3-125

步骤03 选中刚绘制的正圆形，使用“路径选择工具”，按住Alt键拖动鼠标，复制正圆形，设置该图层的“不透明度”为80%，效果如图3-126所示。使用相同的制作方法，完成相似图形的绘制，如图3-127所示。

图3-126

图3-127

步骤04 新建名称为“水果”的图层组，打开并拖入素材图像“光盘\源文件\第3章\素材\401.png”，效果如图3-128所示。使用相同的制作方法，拖入其他素材图像，效果如图3-129所示。

图3-128

图3-129

步骤05 为“水果”图层组添加“投影”图层样式，对相关选项进行设置，如图3-130所示。单击“确定”按钮，完成“图层样式”对话框的设置，效果如图3-131所示。

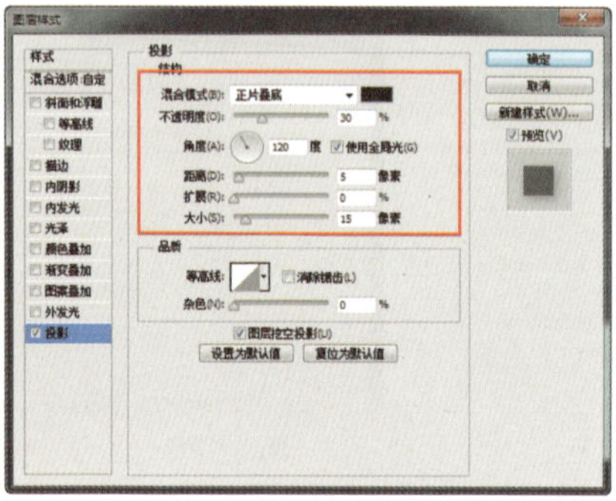

图3-130

图3-131

步骤06 新建名称为“介绍”的图层组，使用“横排文字工具”，在“字符”面板中对相关选项进行设置，在画布中输入文字，如图3-132所示。选中相应的文字，在“字符”面板中设置“字体大小”和“文字颜色”选项，效果如图3-133所示。

图3-132

图3-133

步骤07 新建“图层6”，使用“钢笔工具”，在“选项”栏上设置“工具模式”为“路径”，在画布中绘制路径，如图3-134所示。按快捷键Ctrl+Enter，将路径转换为选区，使用“渐变工具”，打开“渐变编辑器”对话框，设置渐变颜色，如图3-135所示。

图3-134

图3-135

TIPS

在绘制曲线路径的过程中调整方向线时，按住Shift键拖动鼠标可以将方向线的方向控制在水平、垂直或以45°角为增量的角度上。

步骤08 在选区中填充透明到白色的渐变，取消选区，效果如图3-136所示。为该图层创建剪贴蒙版，并设置其“不透明度”为50%，效果如图3-137所示。

图3-136

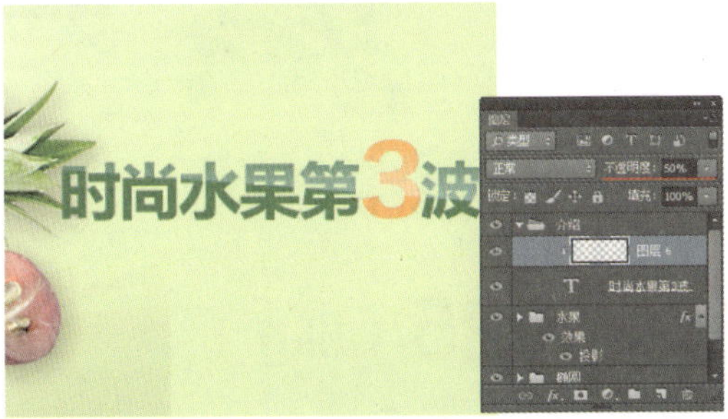

图3-137

步骤 09 使用相同的制作方法，在画布中输入相应的文字，效果如图3-138所示。使用“圆角矩形工具”，在“选项”栏上设置“填充”为RGB（255、0、0），“半径”为5像素，在画布中绘制圆角矩形，如图3-139所示。

图3-138

图3-139

步骤 10 使用相同的制作方法，输入相应的文字，效果如图3-140所示。新建“图层7”，使用“画笔工具”，设置“前景色”为白色，选择合适的笔触与大小，在画布中绘制一些光点效果，如图3-141所示。

图3-140

图3-141

步骤 11 新建名称为“天天新鲜”的图层组，打开并拖入素材图像“光盘\源文件\第3章\素材\406.png”，效果如图3-142所示。使用“椭圆工具”，在画布中绘制白色的正圆形，效果如图3-143所示。

图3-142

图3-143

步骤 12 使用“多边形工具”，在“选项”栏上设置“填充”为白色，“描边”为无，“边”为3，在画布中绘制三角形，如图3-144所示。同时选中“椭圆9”和“多边形1”图层，将图层合并，为该图层添加“描边”图层样式，对相关选项进行设置，如图3-145所示。

图3-144

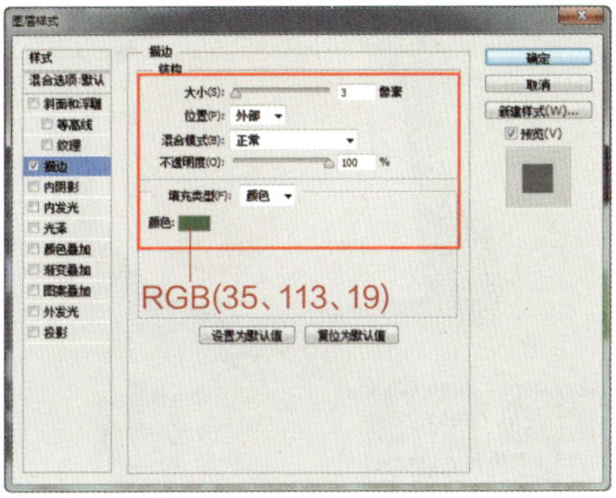

图3-145

步骤 13 继续添加“投影”图层样式，对相关选项进行设置，如图3-146所示。单击“确定”按钮，完成“图层样式”对话框的设置，效果如图3-147所示。

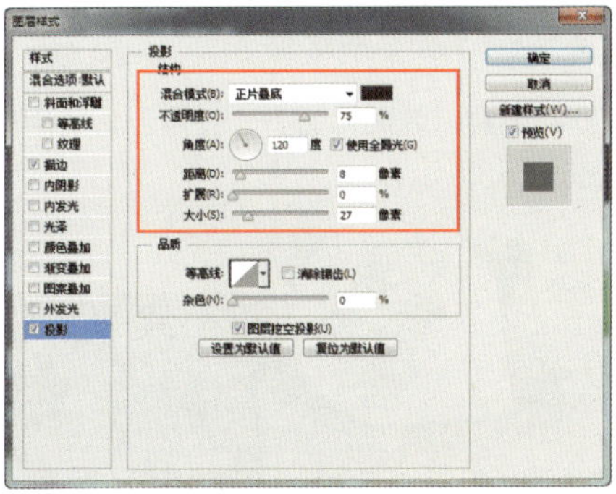

图3-146

图3-147

步骤 14 使用“椭圆工具”，在画布中绘制任意填充颜色的正圆形，如图3-148所示。使用“矩形工具”，在“选项”栏上设置“路径操作”为“减去顶层形状”，在刚绘制的正圆形上减去一个矩形，如图3-149所示。

图3-148

图3-149

步骤 15 使用“路径选择工具”，选中刚绘制的矩形路径，按快捷键Ctrl+T，对矩形路径进行旋转操作，并调整到合适的位置，得到需要的图形，效果如图3-150所示。为该图层添加“渐变叠加”图层样式，对相关选项进行设置，如图3-151所示。

图3-150

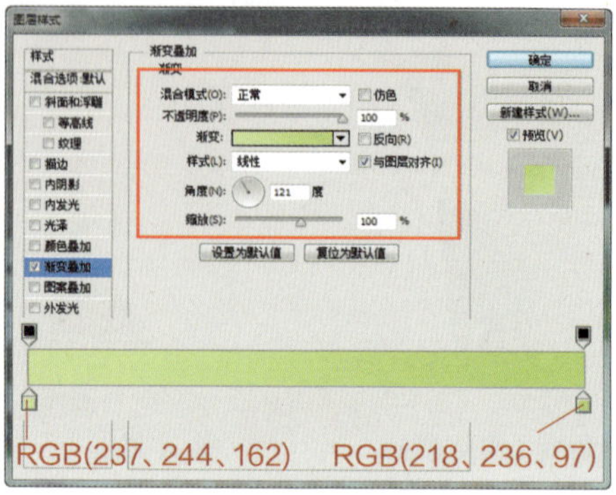

图3-151

TIPS

使用“路径选择工具”选取路径，不需要在路径线上单击，只需要移动鼠标指针在路径内的任意区域单击即可，该工具主要是方便选择和移动整个路径。

步骤 16 单击“确定”按钮，完成“图层样式”对话框的设置，效果如图3-152所示。使用相同的制作方法，完成相似图形的绘制和文字的输入，效果如图3-153所示。

图3-152

图3-153

步骤 17 完成该水果促销广告的设计制作，最终效果如图3-154所示。

图3-154

3.5 电商广告设计原则

广告是产品宣传和表现的一种常用手段，无论是在平面设计中还是在电商网站中广告无处不在。出色的电商广告不但要求设计精美还要求能够突出表现广告的主题内容，使浏览者过目不忘，这就要求设计师在电商广告的设计过程中遵循一定的设计原则。

3.5.1 突出广告主题

1. 突出第一主题

电商广告是对商品的陈述，必须有一个明确的主题，所有的广告设计元素都必须围绕着这个主题展开。电商广告的主题一般是价格、折扣和其他促销内容，所以这个信息应该是放在视觉焦点上的、需要被突出和放大的元素。

如图3-155所示的电商广告，可以看到一个设计细节，5折是这个电商广告的第一主题，所以在处理上将5字放到最大，非常突出和醒目，整个画布的全部因素都指向这个主题。

图3-155

2. 注意信息层次

陈述的过程是分层次展开的，和语言逻辑一样，设计的逻辑也是按层次结构展开的，如图3-156所示。

图3-156

信息传递的层次性可以根据要表达的内容来设定。第一层、第二层需要被阅读，属于逻辑思维记忆；第三层之后的信息是靠视觉思维记忆的，多数起到的是暗示作用。在这张电商广告中，人物头上的帽子、背景里面的场景，这些因素不会被直接注意到，但也会被记忆。

3. 形式不能大于内容

如图3-157所示的两张电商广告，上面一张广告你会用多少时间来做？下面一张呢？哪一张的促销力度更大？为什么5折看起来比3折更便宜？下面这张广告，设计师为了炫耀特效文字效果，把最主要的信息弱化了。设计师一定要注意，形式不能大于内容。

图3-157

4. 多主题的表现方式

如图3-158所示的电商广告，同等级别的多主题表达，形式感要保持统一，这样让消费者容易找到规律，一次获取多条信息。

图3-158

如图3-159所示的电商广告，不同等级的多主题表达，要分清主次关系，把次要信息降到第二层级，避免平均分配造成的主要信息弱化。

图3-159

3.5.2 明确广告目标人群

不同的目标人群审美标准也不相同，在商品广告的设计过程中需要针对不同的目标人群采用不同的设计风格。

如图3-160所示的两张电商广告，两张广告采用了相似的排版布局方式，但一个是针对成熟女性，一个是针对年轻女性，所以在字体、颜色和细节上都使用了不同的表现方式。

图3-160

上面一张用到的字体是很正规的，色彩是仿金色，促销信息并没有用非常大的面积来展现，这些细节的设计都使广告画面更能打动它的目标客户；而下面一张广告中的字体非常活泼，文字做了适当的变形处理，会让它的目标用户更加喜欢。

通常，在电商广告的设计过程中常常会用到模特图片，特别是服饰类的商品广告，心理学上的投射效应告诉我们，要让消费者把自己想象成画面上的模特，在模特的选择上需要应用这个原理。

如图3-161所示的两张电商广告，针对不同的产品特征选用了不同类型的模特。投射效应要求模特的选择要符合目标人群的心理期望年龄。

图3-161

3.5.3 完美的表现形式

1. 色彩

不同的色彩能够表现出不同的情感，而色彩的对比可以增加广告画面的空间感，如图3-162所示。

图3-162

简单的控制色彩的方法是使用不超过3种的色彩进行搭配，并按照6：3：1的比例配置，就是说3种颜色的面积对比为6：3：1。例如主色调为红色，那么其面积应该占到60%；辅助色的颜色要选择主色的色相环15°半径内的色彩，例如橙色或紫色，它的面积占到30%；对比色的色彩选择色相环对角线上的色彩，即角度在180°左右的，它的面积在10%左右，这个对比色虽然面积很小，但缺少的话，画面就会缺乏层次感。

2. 文字

文字不仅是语言信息的载体，而且是一种具有视觉识别特征的符号。通过对文字进行图形化的艺术处理，不仅可以表达语言本身的含义，还可以以视觉形象的方式传递语言之外的信息，如图3-163所示。

图3-163

在电商广告设计中，文字的字体、规格以及编排形式就相当于文字的辅助表达手段。文字通过图形化处理，是对文字本身含义的一种延伸性的阐述，文字的视觉形态的大小、曲直、排列的疏密整齐或凌乱都会给浏览者不同的感受。

3. 标签

广告设计中经常会使用到一些标签，比如价格标签、促销标签等，这些标签的设计也要符合产品的特点。

如图3-164所示的两张电商广告，第一张广告中的标签简洁明快，和产品简洁大方的风格相得益彰，而第二张广告中间的标签起到了文化暗示的作用。

增加文化暗示的标签。

图3-164

4. 引导

明确的按钮和箭头都会对消费者产生不可低估的心理暗示，通过在广告中加入按钮，提示消费者去点击，如图3-165所示。

在广告中加入明确的按钮和箭头，可以有效地暗示消费者进行点击。

图3-165

5. 氛围

电商广告的氛围依赖于细节的表现，如图3-166所示为塑造电商广告氛围的过程。

小巧
便携
通达 LEGRAL HFG10
多彩选择
更有多种时尚的机身颜色任你选择
原价:¥1998
活动价: ¥998
立即抢购>>
NEW
赠
普通的产品广告中产品、标题、广告语等元素都已经有了，但是缺少氛围。
为背景添加一些光照的效果和质感纹理，并且为产品添加镜面投影效果，立刻使广告具有了空间感。
添加细节标签，丰富广告画面。

图3-166

6. 对比和夸张

对比和夸张的应用往往能吸引消费者的注意，如图3-167所示的电商广告，将鞋子进行了夸张的特写，与右侧的模特形成大小对比，视觉感受非常强烈。

图3-167

7. 取舍

取舍往往是一个艰难的过程，会因为贪婪和胆怯而希望一个广告大而全，其实这种方法是最无效的。任何的创意过程都是先做加法再做减法的过程，能否“舍”决定了能否“得”。

8. 构图

平衡

广告画面的平衡感取决于元素的“视觉重量”。广告画面的平衡感取决于元素的“视觉重量”。在广告设计过程中，画面元素无论是采用水平或垂直方向上的排列布局，画面的中心都是视觉重量的中心，一个元素吸引越多注意力，视觉重量就越大。所以在构图上“视觉重量”的把握就是很关键的因素，如图3-168所示为平衡的广告构图。

图3-168

势能

通过对画面平衡感的破坏，达到引起浏览者注意的目的，如图3-169所示。

图3-169

群组

人们总是把位置靠得近的对象看作一个整体，相关的信息放在一起会被一次性阅读，而分散的信息会暗示读者，它们是不同内容的信息，如图3-170所示。

图3-170

留白

在广告画布中要善于留白，空白的空间是广告画面的语言标点符号，如图3-171所示。

图3-171

案例分析 | 安踏运动鞋广告设计分析

整体评价： 广告的设计比较简单有趣，生动的文字再搭配上商品，既表达了广告的主题内容也使得广告更加有趣，能够给浏览者留下深刻的印象。而且广告中的文字采用了夸张的手法，能更好地表现出文字效果，又能吸引消费者的注意。

主题文字的创意设计是该广告的表现要点，将主题文字设计为与藤蔓相连的自然效果，带来很好的视觉效果。

构图分析： 广告页面的设计通过夸张的手法，让商品和标题文字连成一线，像跑道一样，符合商品的主题，且整体页面留有空白，可以给人联想的空间，使得广告表现出的信息集中，让画面显得时尚、大气。

配色方案： 广告使用自然天空的颜色作为背景色，搭配明度较暗的文字颜色，与商品的颜色形成强烈的色彩对比，更加能够突出运动鞋产品亮丽的外观，让人有想去享受的感觉。

主色：天然	辅色：清晰	辅色：明亮	文字颜色：自然

实战案例 | 设计运动鞋宣传广告

源文件：光盘\源文件\第3章\运动鞋宣传广告.psd　　视　频：光盘\视频\第3章\运动鞋宣传广告.swf

● **案例分析**

案例特点：本案例设计一款运动鞋宣传广告，通过光影素材与简约的文字表现出运动鞋的动感与炫酷效果。

制作思路与要点：本案例的运动鞋宣传广告使用星空背景作为该广告的背景图像，与广告的文案主题“繁星闪耀”要呼应，搭配色彩亮丽的运动鞋产品图，更加凸显运动鞋的视觉效果，在广告文字的处理上，通过叠加光影素材来表现主题文字，使得整个广告画面的表现与主题相统一，给人很强的视觉冲击力。

● **色彩分析**

该运动鞋宣传广告使用蓝黑色的星空作为背景，更加能够突出运动鞋产品亮丽的外观，搭配与运动鞋同色系的蓝色与紫色文字，相互呼应。

深蓝色　　蓝色　　紫色

● **制作步骤**

步骤 01 执行“文件>新建”命令，弹出“新建”对话框，新建一个空白文档，如图3-172所示。为画布填充黑色，打开并拖入素材图像“光盘\源文件\第3章\素材\501.jpg”，效果如图3-173所示。

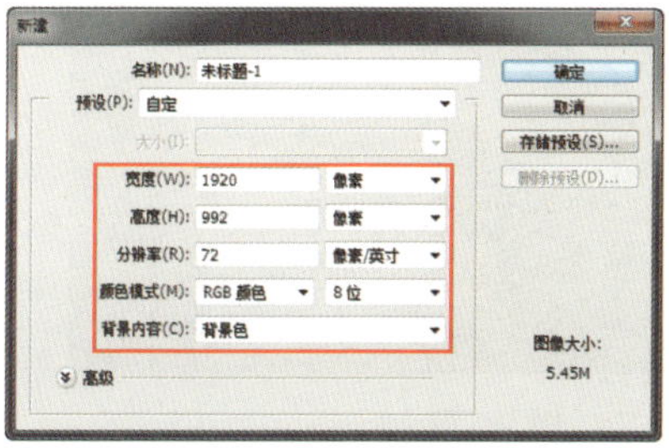

图3-172

图3-173

步骤02 为该图层添加图层蒙版，使用“渐变工具”，在蒙版中填充黑白对称渐变，效果如图3-174所示。打开并拖入素材图像“光盘\源文件\第3章\素材\502.png”，设置该图层的“混合模式”为“线性减淡（添加）”，效果如图3-175所示。

图3-174

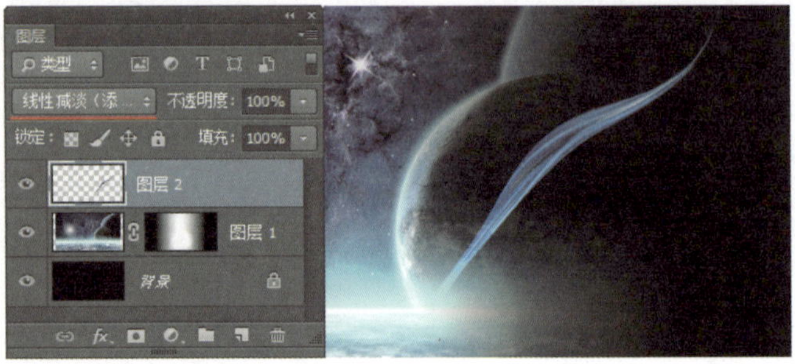

图3-175

TIPS

设置“混合模式”为“线性减淡（添加）”，该效果与“颜色加深”模式效果相反，通过减小对比度来加亮底层的图像，并使颜色变得更加饱和。

步骤03 复制“图层2”得到“图层2拷贝”图层，效果如图3-176所示。打开并拖入素材图像“光盘\源文件\第3章\素材\503.png”，效果如图3-177所示。

图3-176

图3-177

步骤04 多次复制“图层2”，并分别调整复制得到的图像到合适的大小和位置，效果如图3-178所示。使用“钢笔工具”，在“选项”栏上设置“工具模式”为“形状”，在画布中绘制一个黑色的形状图形，效果如图3-179所示。

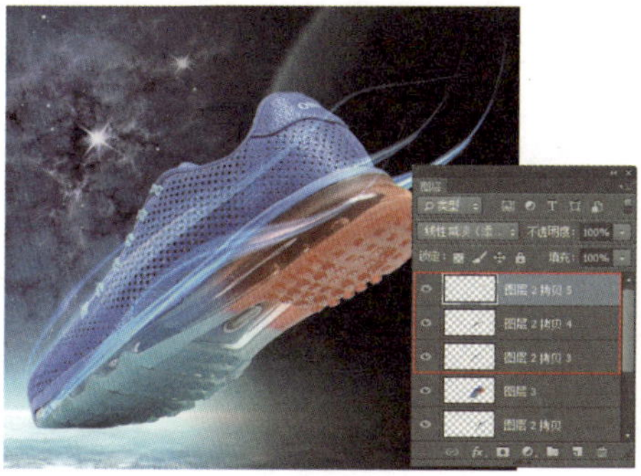

图3-178

图3-179

步骤05 将该形状图层栅格化为普通图层，执行“滤镜>模糊>高斯模糊”命令，弹出“高斯模糊”对话框，参数设置如图3-180所示。单击“确定”按钮，完成“高斯模糊”对话框的设置，效果如图3-181所示。

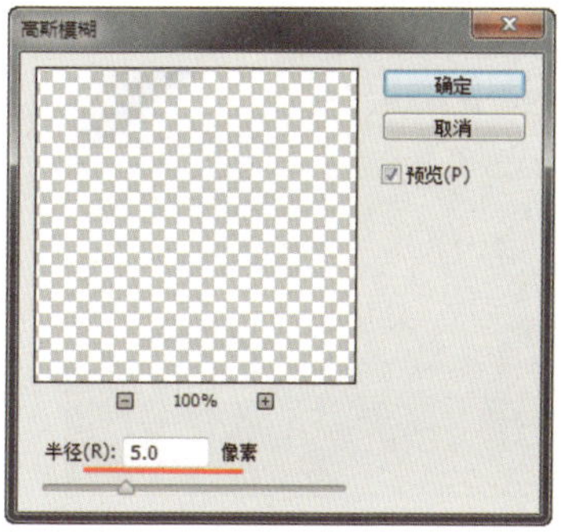

图3-180

图3-181

步骤06 为该图层添加图层蒙版，使用“渐变工具”，在蒙版中填充黑白线性渐变，效果如图3-182所示。设置该图层的“不透明度”为70%，将其调整至“图层3”下方，效果如图3-183所示。

图3-182

图3-183

步骤07 新建名称为“标题文字”的图层组，使用“横排文字工具”，在“字符”面板中设置相关选项，在画布中输入文字，如图3-184所示。打开并拖入素材图像“光盘\源文件\第3章\素材\504.png”，调整到合适的大小和位置，为该图层创建剪贴蒙版，效果如图3-185所示。

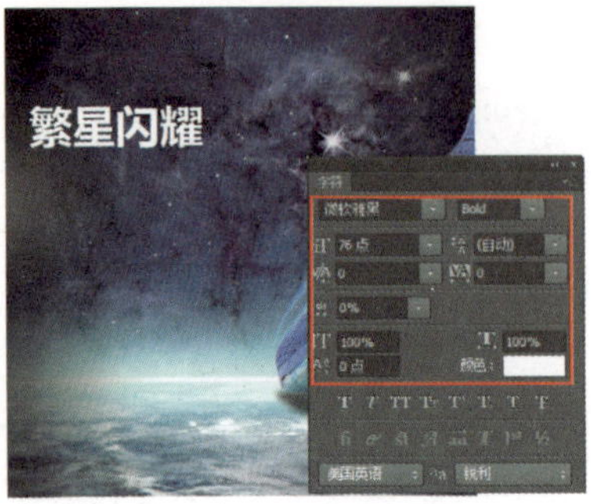

图3-184

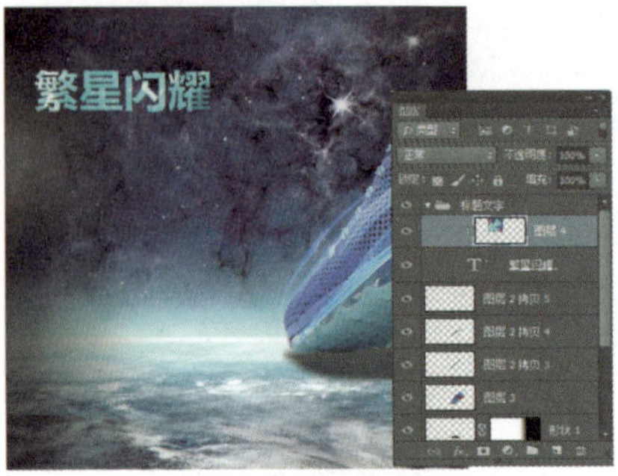

图3-185

步骤08 使用相同的制作方法，完成相似文字效果的制作，如图3-186所示。使用“矩形工具”，在画布中绘制一个白色矩形，使用“钢笔工具”，设置“路径操作”为“合并形状”，在刚绘制的矩形上绘制图形，效果如图3-187所示。

图3-186

图3-187

步骤09 打开并拖入素材图像“光盘\源文件\第3章\素材\508.png”，调整到合适的大小和位置，为该图层创建剪贴蒙版，效果如图3-188所示。使用“矩形工具”，设置“填充”为无，“描边”为白色，“描边宽度”为3点，在画布中绘制一个矩形，效果如图3-189所示。

图3-188

图3-189

TIPS

剪贴蒙版并不是一个特殊的图层类型，而是一组具有剪贴关系的图层名称，剪贴蒙版最少包括两个图层，最多可以包括无限个图层。

步骤 10 使用相同的制作方法，完成其他文字内容的制作，效果如图3-190所示。打开并拖入素材图像“光盘\源文件\第3章\素材\505.png”，设置该图层的“混合模式”为“滤色”，效果如图3-191所示。

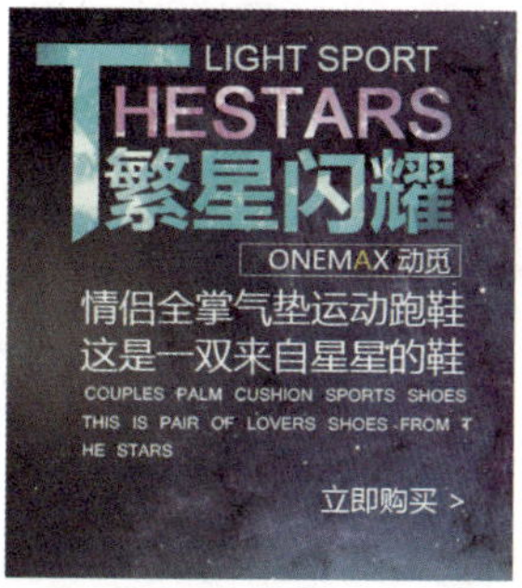

图3-190

图3-191

步骤 11 打开并拖入相应的素材图像，分别调整到合适的位置，效果如图3-192所示。新建“图层10”，使用“椭圆选框工具”，在画布中绘制椭圆选区，为选区填充黑色，取消选区，如图3-193所示。

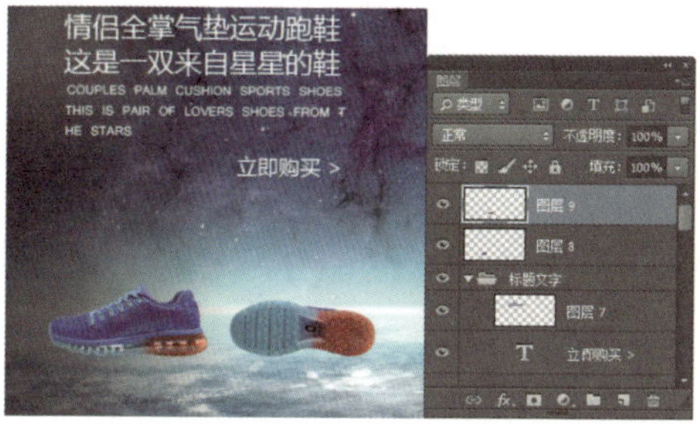

图3-192

图3-193

步骤 12 将该图层移至“图层8”下方，并设置其“不透明度”为20%，效果如图3-194所示。复制该图层，使用相同的制作方法，完成相似图形效果的制作，效果如图3-195所示。

图3-194

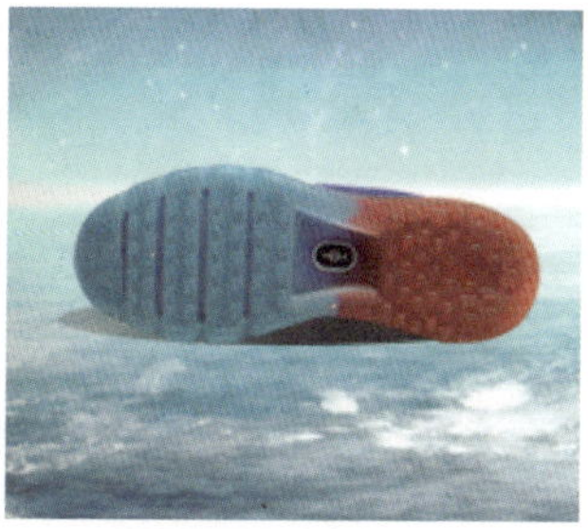

图3-195

步骤 13 完成该运动鞋宣传广告的设计制作，最终效果如图3-196所示。

图3-196

3.6 本章小结

文字和广告都是电商网站页面中非常重要的元素，用于更好地表现产品的性能和特点。在本章中向读者详细介绍了电商网站页面中文字和广告的设计表现方法以及排版布局规则，并通过实例的设计制作，讲解了常见的文字和广告设计表现方法。

04

Chapter

电商海报设计

海报也可以说是一种艺术形式，它并不是单纯为了提高人们的欣赏水平，而是为了达到某种目的而进行宣传的一种手段，所以海报也是一种宣传工具。现如今，网店的竞争越来越激烈，如何才能获得消费者的关注是所有商家所关注的问题，电商海报则正是起到了吸引消费者目光的作用。在本章中将向读者介绍有关电商海报设计的相关知识。

4.1 电商海报的类型

根据电商海报的设计风格将电商海报划分为3种类型，分别是产品宣传海报、促销宣传海报和活动宣传海报。

4.1.1 产品宣传海报

产品宣传海报的宣传对象是某种产品或某种服务，其宣传的目的是为了在短期内迅速提高销售量，创造经济效益，这也是电商网站中常见的海报表现形式。

产品宣传海报在设计时要求客观准确，通常采取写实的表现手法，并突出产品的显著特征，以激发消费者购买的欲望。如图4-1所示为产品宣传电商海报。

图4-1

4.1.2 促销宣传海报

促销宣传海报与产品宣传海报很类似，主要区别在于促销宣传海报突出产品的促销信息，通常会使用大字体或特殊颜色来表现促销的折扣等关键性内容，从而吸引浏览者。如图4-2所示为促销宣传电商海报。

图4-2

4.1.3 活动宣传海报

活动宣传海报的宣传对象为有具体时间和内容的商品促销或推广等商业活动，其宣传的目的是为了扩大活动的影响力，吸引更多的参与者，要求信息传达准确完整。如图4-3所示为活动宣传电商海报。

图4-3

案例分析 | 男装促销活动海报设计分析

整体评价：使用简单的背景，配上人物的写真，直观地体现出该海报地描述对象，同时突出男装的简单、帅气。使用稍显潦草的字体，凸显出海报的大气。

将帅气的模特放置画面中间，更能吸引浏览者的眼球，自然而然就关注到模特身上的服装。

略显潦草的简单字体，使该海报活动内容大气地展现出来，让浏览者一目了然地了解活动内容。

构图分析：该男装活动海报构成的元素很少，将人物和活动内容放置于海报的正中间，让浏览者直观、清晰地了解海报内容，将海报的主体内容聚集为一体，使画面更加简单、干练，突出店铺的高端大气。

配色方案：使用灰色作为该海报的主体背景色，表现出界面的简单大方，搭配红色和温和的金黄色，柔和、自然，给人一种快乐、喜庆的感受。

主色：灰色　　辅色：喜庆　　辅色：欢乐　　文字颜色：清晰

实战案例 | 设计女装活动海报

源文件：光盘\源文件\第4章\女装活动海报.psd　　视　频：光盘\视频\第4章\女装活动海报.swf

● **案例分析**

案例特点：本案例设计一款女装活动海报，运用背景色彩的对比搭配模特以及优美的变形主题文字来构成海报，给人一种意境美。

制作思路与要点：本案例设计的女装活动海报使用对比色分割背景画面，将人物素材放置在分割线的位置，从而使背景不至于太突兀，而海报主题文字的制作是该海报的重点，主题文字需要能够体现出女性的柔美，最好通过对色调的调整，使整幅海报给人一种优雅、恬静的感觉。

● **色彩分析**

紫色可以表现出女性的高雅和柔美，特别是明度和纯度较低的紫色。在本案例所设计的女装活动海报中使用灰紫色与蓝色作为背景色，形成弱对比效果，搭配红色的花瓣和黄色的主题文字，给人一种优雅、气质出众的感觉。

灰紫色　　蓝色　　黄红

● **制作步骤**

步骤01 执行“文件>新建”命令，弹出“新建”对话框，新建一个空白文档，如图4-4所示。设置“前景色”为RGB（57、63、95），按快捷键Alt+Delete，为画布填充前景色，如图4-5所示。

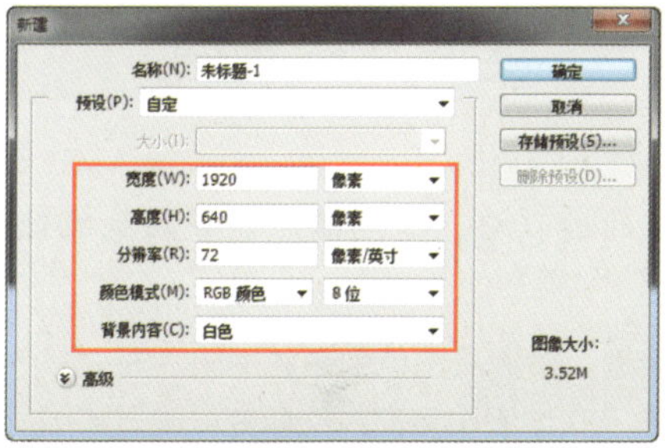

图4-4

图4-5

步骤02 新建“图层1”，使用“矩形选框工具”，在画布中绘制矩形选区，为选区填充颜色RGB（187、152、172），如图4-6所示。打开并拖入素材图像“光盘\源文件\第4章\素材\101.jpg”，调整到合适的位置，如图4-7所示。

图4-6

图4-7

步骤03 为该图层添加图层蒙版，使用“画笔工具”，设置“前景色”为黑色，在蒙版中进行涂抹，效果如图4-8所示。新建“图层3”，使用“矩形选框工具”，在画布中绘制矩形选区，如图4-9所示。

图4-8

图4-9

TIPS

在使用“画笔工具”在图层蒙版中进行涂抹的过程中，需要随时调整画笔笔触大小，从而使涂抹的效果更好。

步骤04 使用“渐变工具”，打开“渐变编辑器”对话框，设置从白色到白色透明的渐变颜色，如图4-10所示。单击“确定”按钮，完成渐变颜色的设置，在选区中填充线性渐变，设置该图层的“填充”为40%，效果如图4-11所示。

图4-10

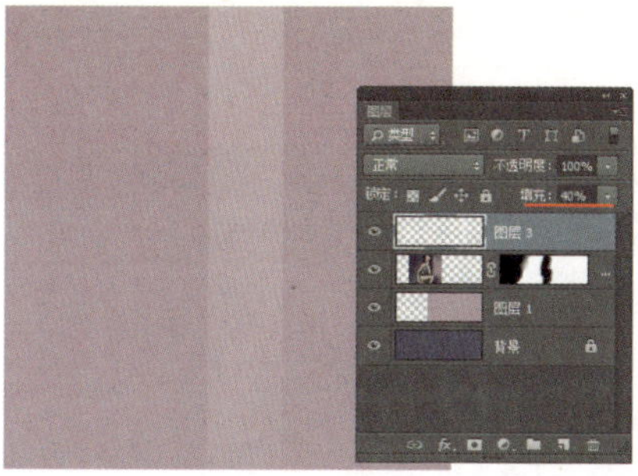

图4-11

步骤 05 按快捷键Ctrl+T，将图形进行旋转操作，并调整到合适的大小和位置，效果如图4-12所示。使用相同的制作方法，完成相似图形的绘制，效果如图4-13所示。

图4-12

图4-13

步骤 06 新建“图层4”，使用“矩形选框工具”，设置从白色到白色透明的渐变颜色，在画布中拖动鼠标填充径向渐变，效果如图4-14所示。设置该图层的“混合模式”为“叠加”，“不透明度”为60%，效果如图4-15所示。

图4-14

图4-15

步骤 07 打开并拖入素材图像“光盘\源文件\第4章\素材\102.png”，效果如图4-16所示。使用“横排文字工具”，在“字符”面板上对相关选项进行设置，并在画布中输入文字，如图4-17所示。

图4-16

图4-17

步骤 08 使用相同的制作方法，在画布中输入相应的文字，效果如图4-18所示。同时选中“因”至“美”图层，复制图层，将复制得到的图层合并，将原文字图层隐藏，如图4-19所示。

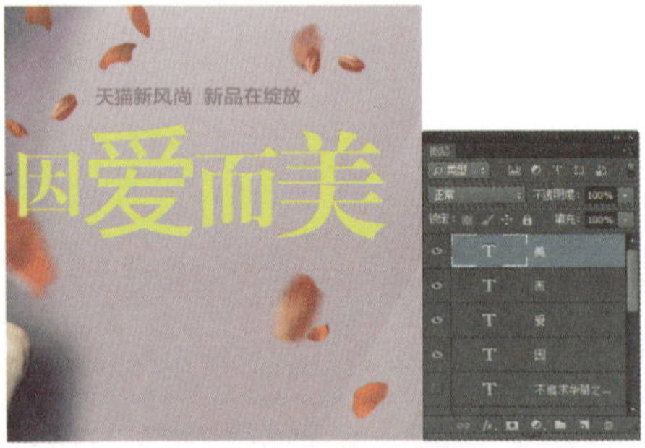

图4-18

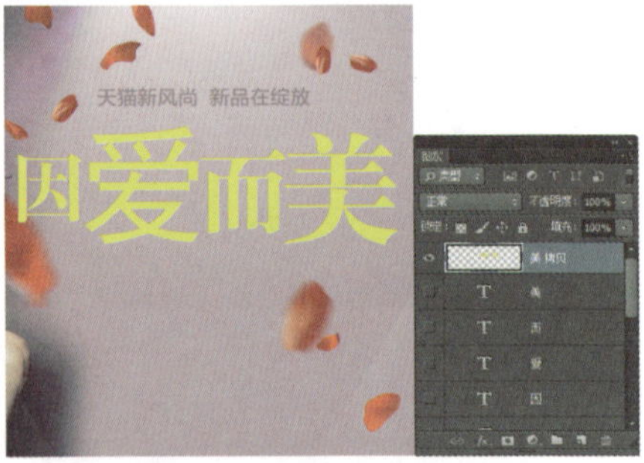

图4-19

步骤 09 使用“矩形选框工具”，在画布中绘制矩形选区，按Delete键删除不需要的文字笔画，效果如图4-20所示。取消选区，使用“矩形工具”，在“选项”栏上设置“填充”为RGB（255、252、0），在画布中绘制矩形，如图4-21所示。

图4-20

图4-21

步骤 10 使用“钢笔工具”，在“选项”栏上设置“工具模式”为“形状”，“填充”为RGB（255、252、0），在画布中绘制形状图形，如图4-22所示。使用“矩形选框工具”，在画布中绘制矩形选区，为选区填充颜色RGB（255、252、0），如图4-23所示。

图4-22

图4-23

步骤 11 使用相同的制作方法，完成其他文字的变形处理，效果如图4-24所示。同时选中组成变形文字的所有图层，合并图层，为该图层添加“投影”图层样式，对相关选项进行设置，如图4-25所示。

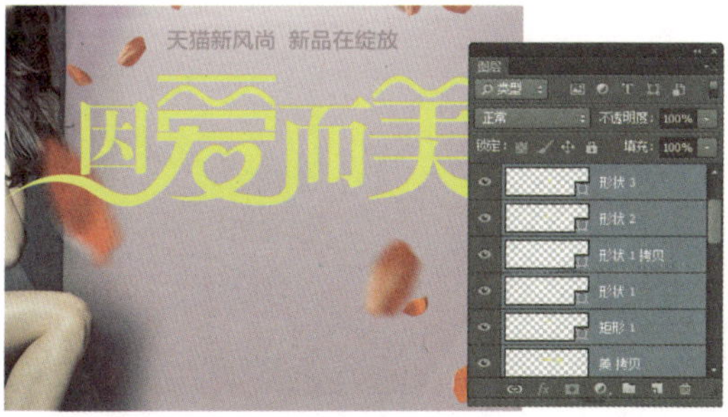

图4-24

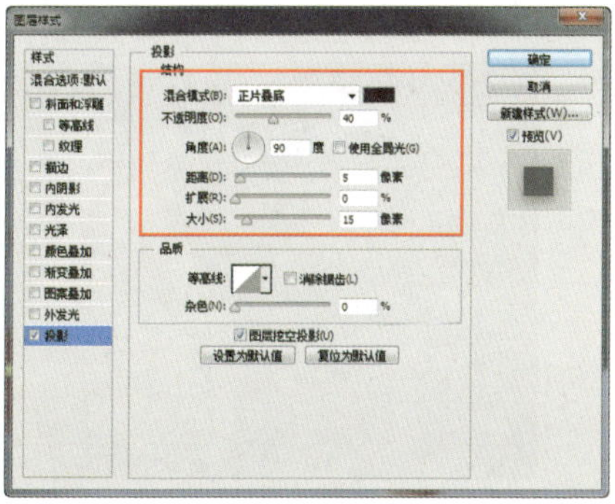

图4-25

步骤 12 单击“确定”按钮，完成“图层样式”对话框的设置，效果如图4-26所示。使用相同的制作方法，完成其他文字内容的制作，效果如图4-27所示。

图4-26

图4-27

步骤 13 使用“圆角矩形工具”，设置“填充”为RGB（148、123、122），“半径”为10像素，在画布中绘制圆角矩形，如图4-28所示。使用“直排文字工具”，在画布中输入相应的文字，效果如图4-29所示。

图4-28

图4-29

步骤 14 新建“图层6”，为画布填充颜色RGB（7、12、62），设置该图层的“混合模式”为“排除”，“填充”为88%，效果如图4-30所示。

图4-30

步骤 15 完成该女装活动海报的设计制作，最终效果如图4-31所示。

图4-31

4.2 常见的电商海报构图方式

在设计电商海报之前，设计师首先需要确定3个元素，包括海报的尺寸、产品图和文案内容。有了这3个关键元素后，接下来就需要考虑海报的版式构图以及色彩搭配了。

电商海报通常由3个部分组成，产品、背景和文案，确定好海报的版式构图，海报的设计也就成功了一半。本节将向读者介绍电商海报中常见的构图方式。

4.2.1 左右构图

左图右文的海报构图形式，属于电商网站中典型的产品海报构图方式，将产品图片放置在画面的左侧，而相关文案内容放置在画面的右侧。如图4-32所示为采用左图右文的电商海报。

产品图片放置于海报的左侧，文案内容放置于右侧，并且将广告语使用大字号、粗字体和不同的颜色进行显示，效果显著。

图4-32

右图左文的海报构图形式与左图右文的海报构图形式非常相似，只是调换了产品图片与文案内容的左右位置，也是电商海报中典型的构图方式，如图4-33所示为采用右图左文的电商海报。

字体上粗下细、上大下小，上下主次分明，形成对比，突出海报主题的显示效果。

图4-33

4.2.2 三栏分布构图

还可以采用三栏分布的方式对电商海报进行构图，通常在画布的两侧放置产品图片，中间放置文字内容，这种构图方式可以更好地突出海报主题，并且左右的产品图片能够相互呼应。如图4-34所示为采用三栏分布构图的电商海报。

左侧是模特的近景效果，右侧是模特的远景效果，中间放置海报的文案内容，左右产生对比和呼应，使画面产生空间感。

图4-34

如果海报所使用的背景并不是色彩背景，直接在背景上添加文字内容会显得特别凌乱，影响海报主题文字的表达和易读性，可以为文字部分添加一个半透明的背景色，这样既不会影响海报的整体表现效果，也能够使文字内容更清晰、易读，如图4-35所示。

NEW
EXCLUSIVE
RELEASE
新品发布会
为主题文字部分搭配半透明背景色块，使主题文字清晰、易读，并且使整个海报更显时尚。

图4-35

4.2.3 叠加构图

当海报中的产品图片过多，而海报的尺寸有限时，则可以使用上下分布的叠加构图方式，将海报的文案信息内容叠加于产品的上方。如图4-36所示为叠加构图的电商海报。

HELLO
MISS STRANGER!
使用半透明的背景色衬托海报文字内容的显示，一是不会破坏海报的产品显示效果，二是能够使文案内容突出，显示清晰。
产品/模特
产品/模特
产品/模特
产品/模特
产品/模特
主标题
促销文案
产品/模特
产品/模特
产品/模特
产品/模特
产品/模特
产品/模特

图4-36

4.2.4 倾斜构图

采用倾斜式的构图方式对电商海报进行设计处理，会使海报画面显得时尚、动感，但是需要注意海报画面的平衡感。根据阅读习惯，文案内容通常设置为往右上方倾斜，这样会使得文案内容有一种上升感。如图4-37所示为倾斜构图的电商海报。

一般倾斜式的文案内容倾斜角度最好不要大于30°，大于30°会影响浏览者对文案内容的阅读。

图4-37

案例分析 | 太阳镜海报设计分析

color 色彩讨好眼睛
男人别点 女性专属
男人
别点

整体评价：该太阳镜海报颜色鲜艳，商品占整个海报画面的2/3，着重凸显商品，左边是传统而经典的太阳眼镜，而右边是炫丽的现代流行眼镜，两者形成鲜明的反差，更能吸引浏览者的关注。

使用横排文案，与整个画面布局相统一，突出海报内容。
左边为太阳镜的经典款。
color 色彩讨好眼睛
男人别点 女性专属
男人
别点
右边为太阳镜的现代炫丽款，体现了该店的创新潮流，呼应了海报主题。

构图分析：在海报中心位置放置产品图片，再通过对比，突出了该店铺的特色，使用了特殊语气的文字，勾起浏览者的好奇心，更容易讨人欢心，使用不同大小、粗细的文字，并放置于海报头部，使画面更加具有层次感的同时也突出了海报主题。

配色方案：玫红色是大多数女性所喜爱的颜色，和金色搭配可以激发客户的购买欲，白色可以使文字内容更加清晰。该海报以玫红色为主体背景色，搭配黑色和金色，使界面更加亮丽，给浏览者一种激情四射的感受。

主色：热情　　辅色：沉稳　　辅色：突出　　文字颜色：清晰

实战案例 | 设计精油产品海报

源文件：光盘\源文件\第4章\精油产品海报.psd　　视　频：光盘\视频\第4章\精油产品海报.swf

● **案例分析**

案例特点：本案例设计一款精油产品海报，整个画面幽暗，营造出一种神秘的气氛，从而突出产品的神秘感，给浏览者留下深刻印象。

制作思路与要点：海报的设计一定要大气、有特色，让人看后记忆犹新。本实例所设计的精油产品海报，通过素材图像的合成处理出幽暗、神秘的背景画面，在海报中心位置放置产品图片，并通过高光的绘制突出产品的表现，添加海报主题文字，并使用飘带图形环绕，使得整个画面主题突出，给人一种神秘感。

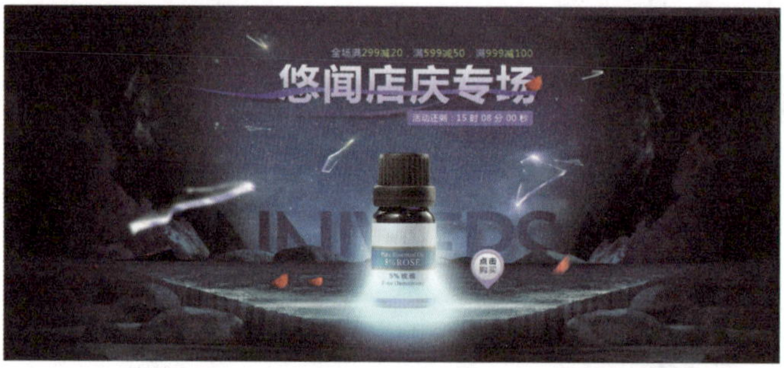

● **色彩分析**

该精油产品海报使用深蓝色作为主色调，使用紫色作为辅助色，表现出宁静、美好的气氛，加入少量的红色进行点缀，活跃画面的氛围，整体给人一种高贵、大气、典雅的视觉效果。

深蓝色　　紫色　　红色

● **制作步骤**

步骤 01 执行“文件>打开”命令，打开素材图像“光盘\源文件\第4章\素材\201.jpg”，效果如图4-38所示。使用“横排文字工具”，在“字符”面板中设置相关选项，在画布中输入文字，如图4-39所示。

图4-38

图4-39

步骤 02 为文字图层添加“渐变叠加”图层样式，对相关选项进行设置，如图4-40所示。继续添加“投影”图层样式，对相关选项进行设置，如图4-41所示。

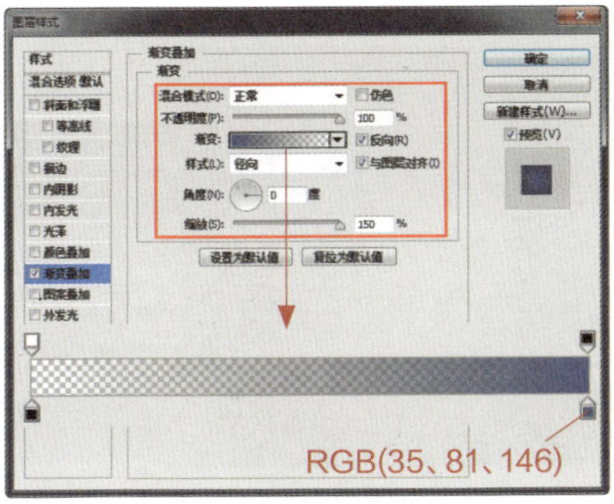

图4-40

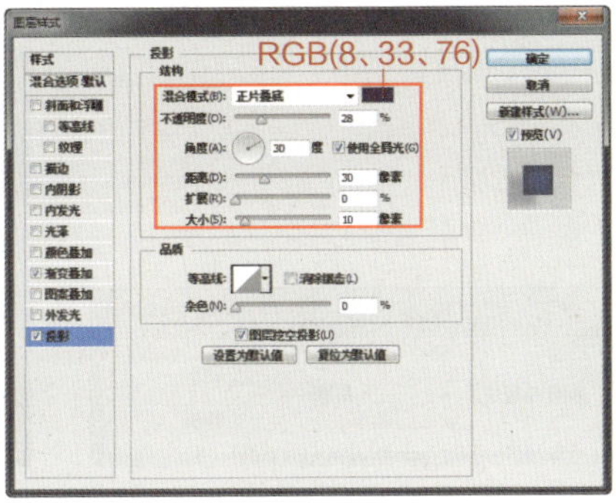

图4-41

TIPS

在为图层添加“渐变叠加”图层样式时，可以在该图层的对象上拖动鼠标，从而更改渐变叠加的位置。

步骤 03 单击“确定”按钮，完成“图层样式”对话框的设置，效果如图4-42所示。打开并拖入素材图像“光盘\源文件\第4章\素材\202.png”，调整到合适的位置，效果如图4-43所示。

图4-42

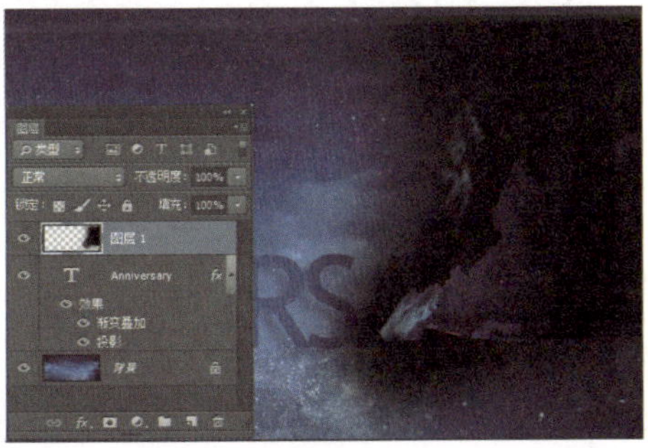

图4-43

步骤04 使用相同的制作方法，拖入其他素材图像，并分别调整到合适的位置，效果如图4-44所示。新建名称为“精油”的图层组，使用“椭圆选框工具”，在画布中绘制一个选区，如图4-45所示。

图4-44

图4-45

步骤05 执行“选择>修改>羽化”命令，弹出“羽化选区”对话框，参数设置如图4-46所示，单击“确定”按钮。新建图层，为选区填充白色，并设置该图层的“不透明度”为50%，效果如图4-47所示。

图4-46

图4-47

步骤06 使用相同的制作方法，绘制出相似的图形效果，如图4-48所示。打开并拖入素材图像“光盘\源文件\第4章\素材\205.png”，效果如图4-49所示。

图4-48

图4-49

步骤07 添加“亮度/对比度”调整图层，在“属性”面板中对相关选项进行设置，如图4-50所示。为该调整图层创建剪贴蒙版，设置其“不透明度”为80%，使用“画笔工具”，在图层蒙版中进行相应的涂抹，效果如图4-51所示。

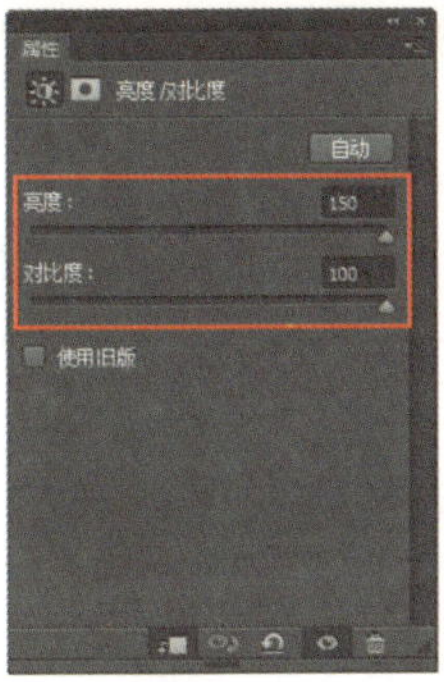

图4-50

图4-51

TIPS

亮度和对比度的值为负值时，图像亮度和对比度下降；为正值时，则图像亮度和对比度增加；当值为0时，图像不发生任何改变。

步骤 08 使用相同的制作方法，完成产品上的高光效果绘制，如图4-52所示。为该图层组添加图层蒙版，使用“画笔工具”，设置“前景色”为黑色，在蒙版中进行涂抹，效果如图4-53所示。

图4-52

图4-53

步骤 09 使用相同的制作方法，分别拖入花瓣和碎玻璃的素材，效果如图4-54所示。

图4-54

步骤 10 使用“钢笔工具”，在“选项”栏上设置“工具模式”为“形状”，在画布中绘制白色的形状图形，如图4-55所示。为该图层添加“渐变叠加”图层样式，对相关选项进行设置，如图4-56所示。

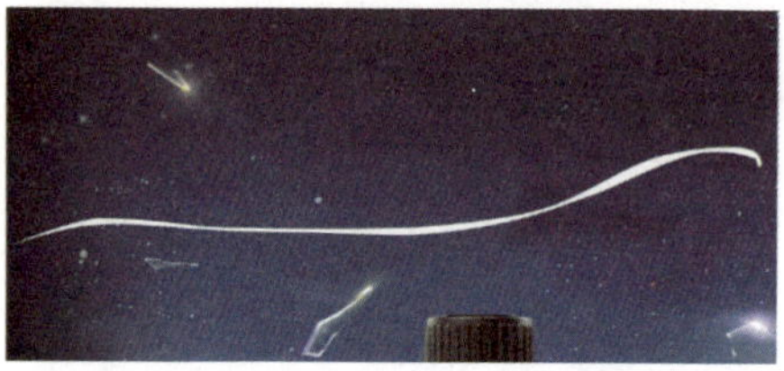

图4-55

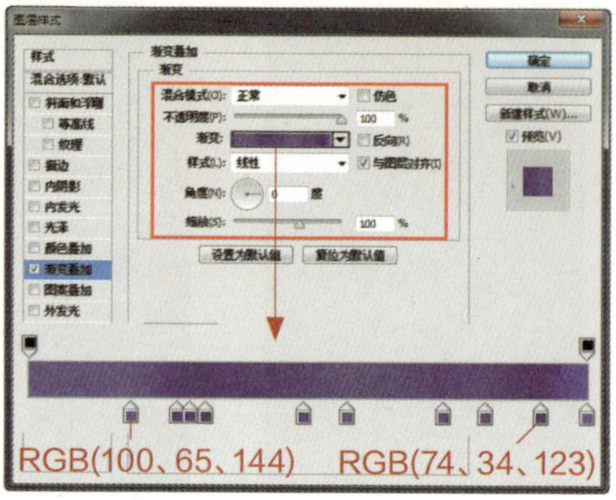

图4-56

步骤 11 继续添加“投影”图层样式，对相关选项进行设置，如图4-57所示。单击“确定”按钮，完成“图层样式”对话框的设置，效果如图4-58所示。

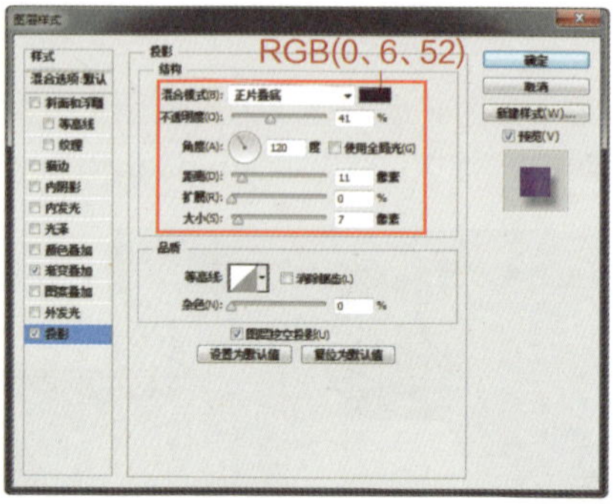

图4-57

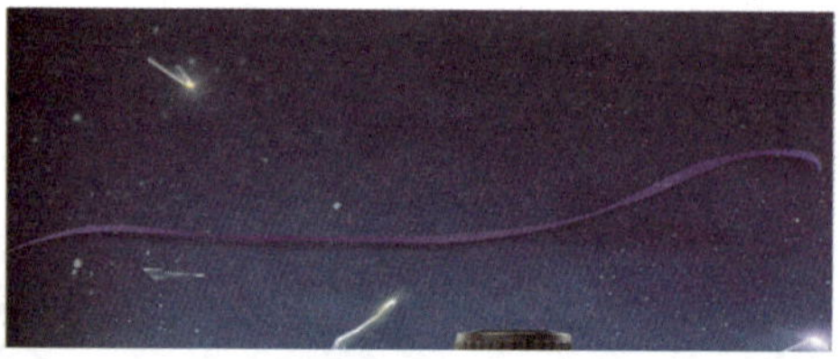

图4-58

TIPS

在使用“钢笔工具”时，光标在路径和锚点上会有不同的显示状态，通过对光标的观察，可以判断钢笔工具此时的功能。当光标在画布中显示为✎*形状时，单击可创建一个角点；单击并拖动鼠标可以创建一个平滑点。在画布上绘制路径的过程中，将光标移至路径起始的锚点上，光标会变为✎。形状，此时单击可闭合路径。

步骤 12 为该图层添加图层蒙版，使用“画笔工具”，设置“前景色”为黑色，在蒙版中涂抹，效果如图4-59所示。使用相同的方法，完成相似图形效果的绘制，效果如图4-60所示。

图4-59

图4-60

步骤13 使用“横排文字工具”，在“字符”面板中设置相关选项，在画布中输入文字，如图4-61所示。为该文字图层添加“渐变叠加”图层样式，对相关选项进行设置，如图4-62所示。

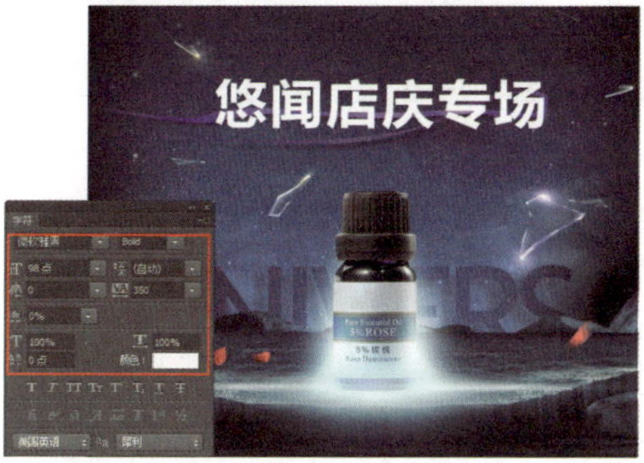

图4-61

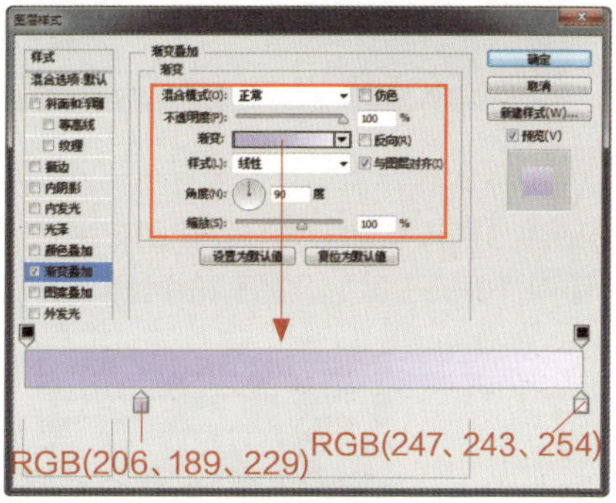

图4-62

步骤14 单击“确定”按钮，完成“图层样式”对话框的设置，效果如图4-63所示。复制“形状2”图层得到“形状2拷贝”图层，删除该图层的“投影”图层样式，将其调整至文字图层上方，使用“画笔工具”，设置“前景色”为黑色，在蒙版中进行涂抹，效果如图4-64所示。

图4-63

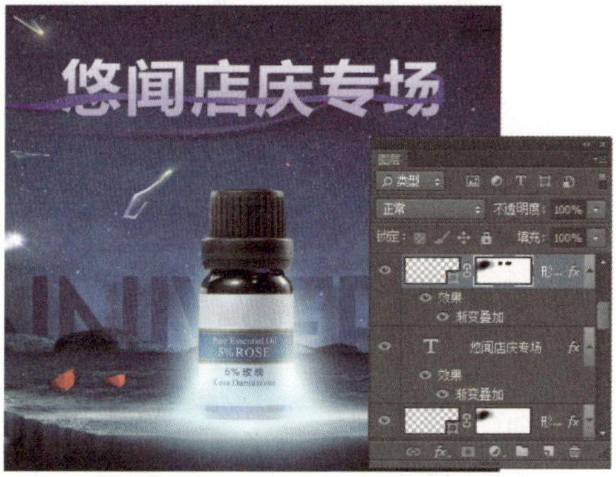

图4-64

TIPS

在图层蒙版中对相应部分进行涂抹，可以实现飘带缠绕在文字上的效果，可以有效地增强画面的空间感。

步骤 15 使用相同的制作方法，输入相应的文字并拖入相应的素材，效果如图4-65所示。使用“圆角矩形工具”，设置“填充”为RGB（141、80、198），“半径”为5像素，在画布中绘制圆角矩形，如图4-66所示。

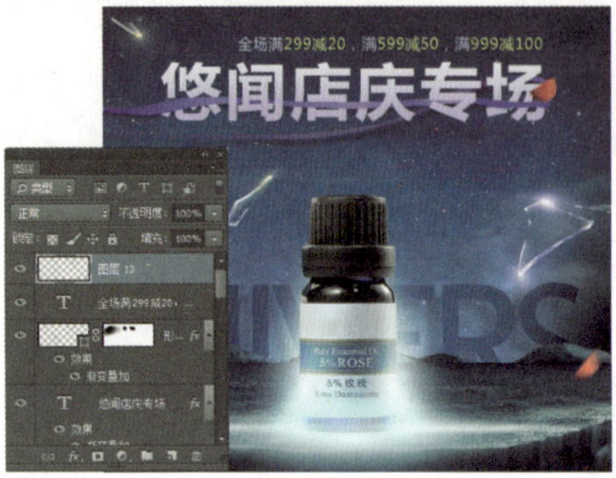

图4-65

图4-66

步骤 16 使用“横排文字工具”，在画布中输入文字，如图4-67所示。新建名称为“点击购买”的图层组，使用“椭圆工具”，在画布中绘制白色正圆形，如图4-68所示。

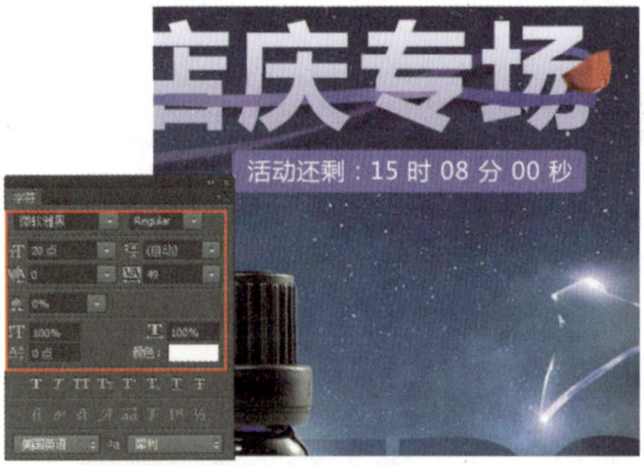

图4-67

图4-68

步骤 17 使用“多边形工具”，设置“路径操作”为“合并形状”，“边数”为3，在刚绘制的正圆形上添加一个三角形，得到需要的图形，如图4-69所示。为该图层添加“描边”图层样式，对相关选项进行设置，如图4-70所示。

图4-69

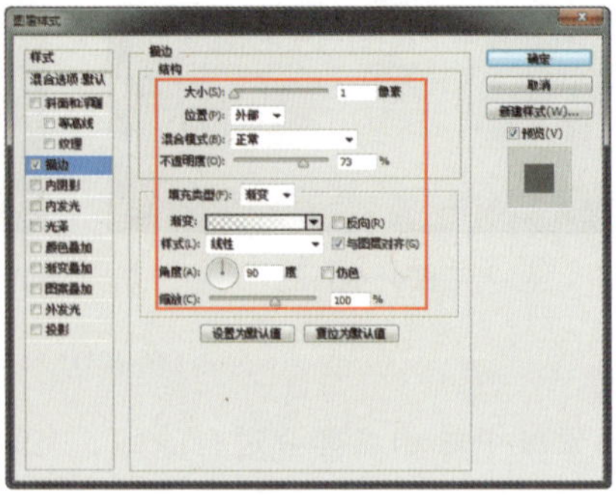

图4-70

步骤18 继续添加“渐变叠加”图层样式，对相关选项进行设置，如图4-71所示。单击“确定”按钮，完成“图层样式”对话框的设置，效果如图4-72所示。

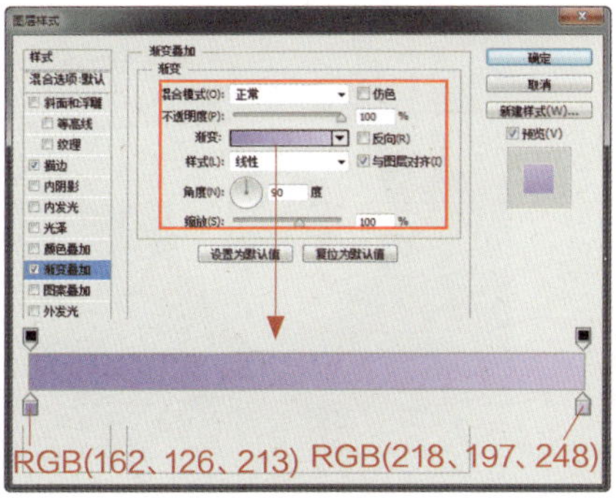

图4-71

图4-72

步骤19 复制“椭圆1”图层得到“椭圆1拷贝”图层，清除该图层的图层样式并修改颜色为黑色，将该图层栅格化，对图形进行斜切操作，效果如图4-73所示。执行“滤镜>模糊>高斯模糊”命令，弹出“高斯模糊”对话框，参数设置如图4-74所示。

图4-73

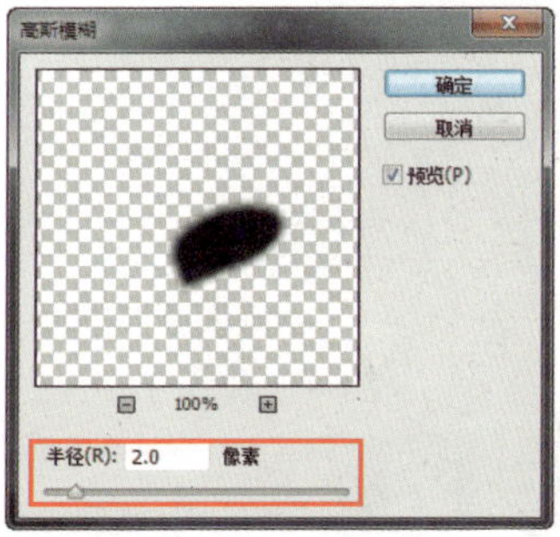

图4-74

步骤20 单击“确定”按钮，完成“高斯模糊”对话框的设置，效果如图4-75所示。为该图层添加图层蒙版，使用“渐变工具”，在蒙版中填充黑白线性渐变，将该图层移至“椭圆1”图层下方，效果如图4-76所示。

图4-75

图4-76

步骤21 使用“椭圆工具”，在画布中绘制一个正圆形，并为该正圆形添加相应的图层样式，效果如图4-77所示。使用“横排文字工具”，在画布中输入文字，效果如图4-78所示。

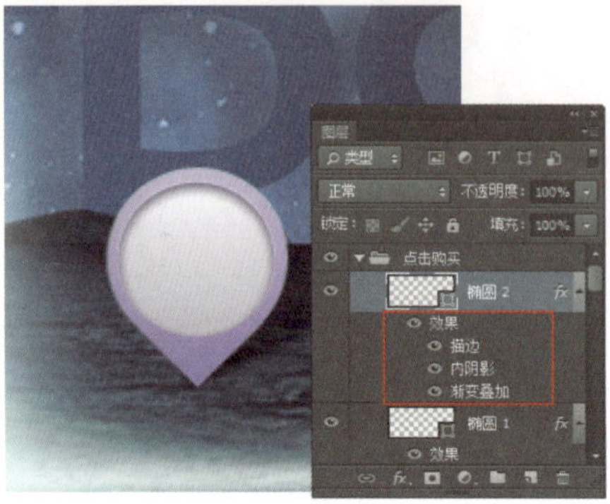

图4-77

图4-78

步骤22 完成该精油产品宣传海报的设计制作，最终效果如图4-79所示。

图4-79

4.3 电商海报的配色技巧

在电商海报的设计过程中，确定好海报的构图和版式后，接下来最重要的就是海报的配色了，有了好的海报构图再加上合适的色彩搭配才能够设计出出色的电商海报。

4.3.1 了解色彩关系

色彩搭配就是不同色相之间相互呼应、相互调和的一个过程，色彩之间的关系取决于色相环上的位置，色相可以按照光谱的顺序划分为：红、红橙、黄橙、黄、黄绿、绿、绿蓝、蓝绿、蓝、蓝紫、紫、红紫12个基本色相，如图4-80所示。

图4-80

在色相环上相对的颜色搭配称为对比色搭配，例如红色与绿色的对比；相互靠近的颜色配色称为邻近色配色，例如红色与橙色的配色。相同色相不同纯度和明度的颜色搭配称为同色系配色，例如红色与粉红色或深红色配色。色相与色相之间距离的角度越近，则对比越弱，距离越远则对比越强烈。

4.3.2 掌握配色黄金比例

在对设计作品进行配色之前，必须要了解配色的比例，通常情况下，在配色过程中建议不要使用超过3种的色彩进行搭配，这里的3种色彩是指3种不同色相的色彩，例如深红色和红色属于同一种色相的色彩。

配色的黄金比例是70：25：5，其中在设计作品中70%的面积使用主色，25%的面积使用辅助色，5%的面积使用点缀色，其中主色因其面积最大，所以它会影响到整个海报的色彩印象和风格。如图4-81所示为配色的黄金比例关系图。

图4-81

通常在海报设计过程中所使用的颜色越少越好，颜色越少所设计的海报画面越简洁，作品会显得更加成熟，并且颜色越少设计师越容易控制画面，如图4-82所示。

只使用了不同明度的灰色进行搭配，画面简洁、时尚，衬托出产品的高端形象。

图4-82

当然也会有一些特殊的情况，例如一些节日和活动类的海报设计等，要求画面能够烘托出一种活跃、热闹的氛围，这时候就需要使用多种色彩，如图4-83所示。但是颜色越多越要严格按照配色比例来分配颜色，不然会使得画面非常混乱。

使用多种高明度和纯度的鲜艳色彩进行点缀，突出该活动的欢乐、愉快氛围。

图4-83

4.3.3 邻近色搭配

邻近色又称为类似色，是指色相环中最邻近的色彩，色相差别较小，在12色相环中，凡夹角在60° 范围之内的颜色为邻近色关系，例如红色与橙色、橙色与黄色、黄色与绿色、绿色与蓝色……以此类推，如图4-84所示。邻近色配色是比较容易的一种色彩搭配方法。

图4-84

邻近色搭配因为色彩比较邻近，有很强的关联性，所以搭配出的画面非常协调柔和，画面和谐统一，可以制作出一种柔和温馨的感觉。因为在色相环中位置较近，所以邻近色搭配的视觉冲击力较弱。如图4-85所示为使用邻近色搭配的电商海报。

使用相邻色进行搭配，整体画面非常柔和协调，加入一些红色进行点缀和强调，重点突出。

邻近色搭配常用于家居、棉织品、小清新淡雅的服装，以及中国风等给人以宁静、柔和和传统感觉的产品。

该电商海报使用蓝色和紫色相搭配，画面显得宁静、和谐、优美。

该电商海报使用红色与黄色进行搭配，背景中运用红色的几何方块增加画面的空间感，并且让画面不再那么单调，使得整个海报画面活泼、轻快。

图4-85

邻近色搭配中还有一种单色系的搭配方式，采用同一色相，仅仅调整该颜色的明度和饱和度，得到另一种颜色，如图4-86所示。

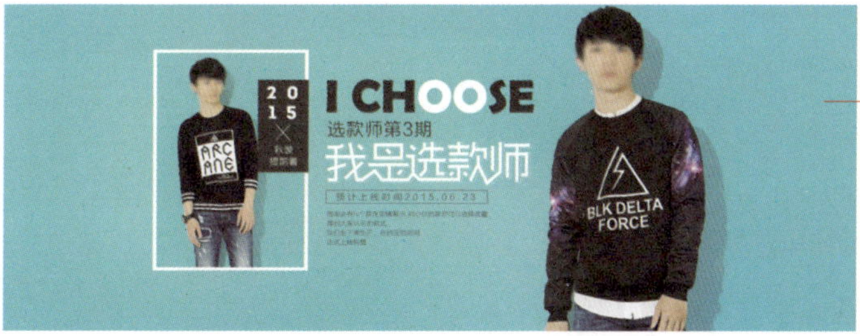

本身背景色明度很高，又采用单色搭配手法，所以会给人淡雅、宁静的感觉。

该电商广告使用深蓝色与浅蓝色搭配，画面带有一种传统的感觉。

图4-86

4.3.4 间隔色搭配

间隔色是指在12色相环中间隔一个色彩的两个色彩称为间隔色，如红色与黄色、橙色与绿色、黄色与蓝色、绿色与紫色、蓝色与红色等，如图4-87所示。

图4-87

间隔色与邻近色相比，两种颜色之间在色轮上相隔稍远一些，因此视觉冲击力会强于相邻色，而且间隔色使用非常广泛，既没有180° 互补色冲击力那么强，又比相邻色多了一些明快活泼、对比的感觉。特别是红色、黄色和蓝色三原色之间的相互搭配应用得非常广泛。如图4-88所示为使用间隔色搭配的电商海报。

使用红、黄、蓝三原色进行搭配，画面比例非常协调，以蓝色为点缀，也采用了白色作为调和，使画面和谐、统一。

使用黄色与蓝色进行搭配，画面非常明快、时尚，文字运用白色作为调和。

红色与黄色的间隔色搭配非常抢眼，非常适合作为节日促销类的广告海报配色。

图4-88

红色与蓝色这两个间隔色的搭配应用得非常广泛，因为这两种颜色是典型的冷暖结合的颜色，有很强的对比性，能够给人留下很深刻的印象，例如公安局的警车、百事可乐的Logo，以及很多图家的国旗等都采用了红色与蓝色的搭配。由于红色与蓝色的搭配冲击过于强烈，因此最常见的是使用白色作为调和，这两种色彩对比很容易让人产生视觉疲劳，所以不适用于家居产品的配色。如图4-89所示为使用红色与蓝色搭配的电商海报。

图4-89

这几张红色与蓝色搭配的海报中无一例外都使用了白色作为调和色彩，白色和黑色都是万能的调和色。红色与蓝色相搭配还需要注意的是不能让色彩过于平衡，一定要控制好两种色彩的比例，其中一种颜色作为主色调在画面中占较大比例，使之产生主次关系，或者降低其中一种色彩的明度或饱和度，形成一种明暗对比。

4.3.5 互补色搭配

互补色与邻近色正好相反，它们是色相环中相对的色彩。互补色搭配可以形成最为强烈的对比，常见的互补色搭配有红色与绿色、紫色与黄色、蓝色与橙色等，如图4-90所示。

图4-90

互补色搭配可以表现出强烈、醒目、鲜明的效果，具有非常强烈的视觉冲击力，而且也是非常现代时尚的配色。如图4-91所示为使用互补色搭配的电商海报。

图4-91

使用互补色对海报进行配色时一定需要注意以下几个方面。

因为互补色的对比非常强烈，所以在配色过程中需要控制好画面的色彩比例，需要选择一种色彩作为主色调，另一种色彩作为点辅助色或点缀色。

可以降低其中一种色彩的明度或饱和度，从而可以形成一种明暗对比，缓和两种互补色的强烈对比效果。

可以在互补色配色过程中加入白色或黑色进行调和，从而降低两种色彩的强烈对比。

案例分析 | 春夏季女鞋活动海报设计分析

整体评价：海报中想要得到季节的气息，大多都是通过颜色来体现的，绿色是春夏的重要表现颜色，该季节活动海报正是通过绿色给人一种舒适的感觉。

绿色的背景，给人一种生机勃勃的感觉。

层次不齐的白色标题文字，直观、有趣地展示海报内容。

黄色的促销信息文字与海报背景颜色产生对比，突出显示。

不同颜色的鞋子，体现店铺的款式众多。

构图分析：该海报将商品分散放置，并放置商品的远景和近景图片，从各个角度展示商品，标题文字放置于头部和中间，使内容更加显眼，通过上下添加有棱角的图形，与鞋子形状相呼应，凸显出女王风范。

配色方案：该海报以绿色为主体颜色，即体现出春意盎然的气息，又带来了夏天凉爽的感觉，搭配红色和蓝色的鞋子，使商品更加亮眼炫丽，白色文字使内容表达得更加清晰、结构层次分明。

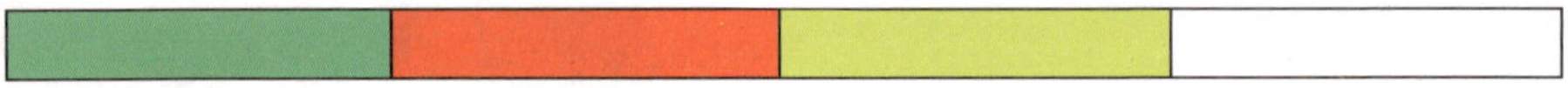

主色：清凉　　辅色：激情　　辅色：突出　　文字颜色：清晰

实战案例 | 设计淘宝新年活动海报

源文件：光盘\源文件\第4章\淘宝新年活动海报.psd　　视　频：光盘\视频\第4章\淘宝新年活动海报.swf

● **案例分析**

案例特点：本案例设计一款淘宝新年活动海报，运用具有喜庆新年氛围的背景素材来烘托节日的气氛，简洁的文字与图形搭配表现海报的主题内容。

制作思路与要点：在该新年活动海报设计中，使用三角形框将海报的主题内容组合在一起，并对整体的主题内容进行旋转倾斜处理，给人一种活跃、向上的感觉，搭配福袋造型的优惠券，与节日的氛围相统一，整个海报让人感觉喜庆、欢乐，内容清晰、直观。

● **色彩分析**

本案例所设计的新年活动海报使用红色作为主体色调，给人一种热闹、欢乐的感受，与人们传统印象中的节日氛围相统一，搭配白色的主题文字和浅黄色的图形，文字内容清晰、自然，很好地突出主题内容的显示。

● **制作步骤**

步骤01 执行“文件>打开”命令，打开素材图像“光盘\源文件\第4章\素材\301.jpg”，效果如图4-92所示。新建名称为“主题文字”的图层组，使用“多边形工具”，在“选项”栏上设置“工具模式”为“形状”，“填充”为无，“描边”为RGB（255、254、164），“描边宽度”为50点，“边”为3，在画布中绘制三角形，效果如图4-93所示。

图4-92

图4-93

TIPS

Photoshop中的钢笔和形状等矢量绘图工具可以创建出不同类型的对象，其中包括形状图层、工作路径和像素图像。在工具箱中选择矢量绘图工具后，在“选项”栏上的“工具模式”下拉列表中包含3种绘图模式，分别是“形状”、“路径”和“像素”，选择相应的绘图模式，即可在画布中进行绘图。

步骤02 打开并拖入素材图像“光盘\源文件\第4章\素材\302.png”，调整到合适的位置，如图4-94所示。为该图层添加“颜色叠加”图层样式，对相关选项进行设置，如图4-95所示。

图4-94

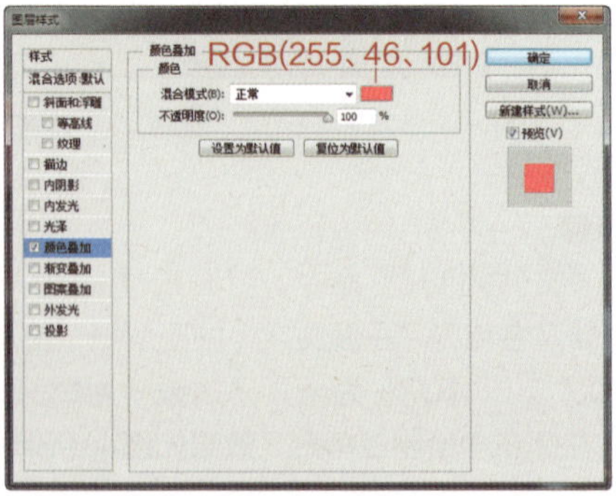

图4-95

步骤03 单击“确定”按钮，完成“图层样式”对话框的设置，效果如图4-96所示。使用“横排文字工具”，在“字符”面板上对相关选项进行设置，并在画布中输入文字，如图4-97所示。

图4-96

图4-97

步骤04 使用相同的制作方法，完成其他文字效果的制作，如图4-98所示。使用“自定形状工具”，在“选项”栏上的“形状”下拉面板中选择合适的形状，在画布中绘制白色的形状图形，如图4-99所示。

图4-98

图4-99

步骤05 使用相同的制作方法，完成相似图形和文字的制作，如图4-100所示。选中“多边形1”图层，为该图层添加图层蒙版，使用“画笔工具”，设置“前景色”为黑色，选择合适的笔触，在蒙版中相应的位置进行涂抹，效果如图4-101所示。

图4-100

图4-101

步骤 06 选中“主题文字”图层组，按快捷键Ctrl+T，显示自由变换框，对该图层组中的所有对象进行旋转操作，效果如图4-102所示。新建名称为“优惠券”的图层组，使用相同的制作方法，在画布中输入相应的文字，如图4-103所示。

图4-102

图4-103

步骤 07 打开并拖入素材图像“光盘\源文件\第4章\素材\303.png”，调整到合适的位置，如图4-104所示。使用“矩形工具”，设置“填充”为RGB（0、65、70），在画布中绘制矩形，如图4-105所示。

图4-104

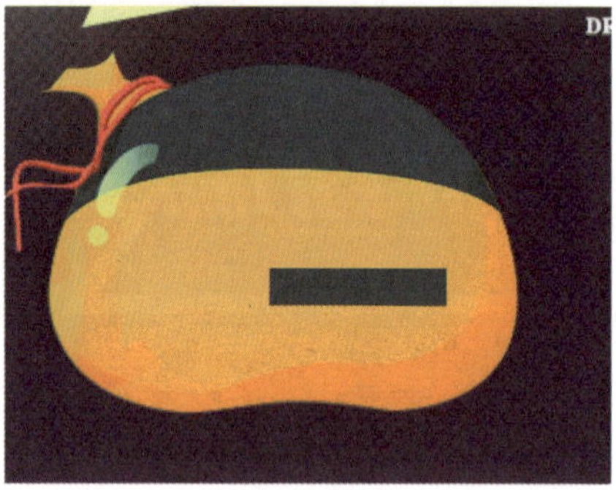

图4-105

步骤 08 使用相同的制作方法，在画布中输入相应的文字内容，效果如图4-106所示。新建“图层3”，使用“椭圆选框工具”，在画布中绘制椭圆选区，为选区填充颜色RGB（74、2、5），如图4-107所示。

图4-106

图4-107

步骤 09 取消选区，执行“滤镜>模糊>高斯模糊”命令，弹出“高斯模糊”对话框，设如图4-108所示。单击“确定”按钮，完成“高斯模糊”对话框的设置，将“图层3”移至“图层2”下方，效果如图4-109所示。

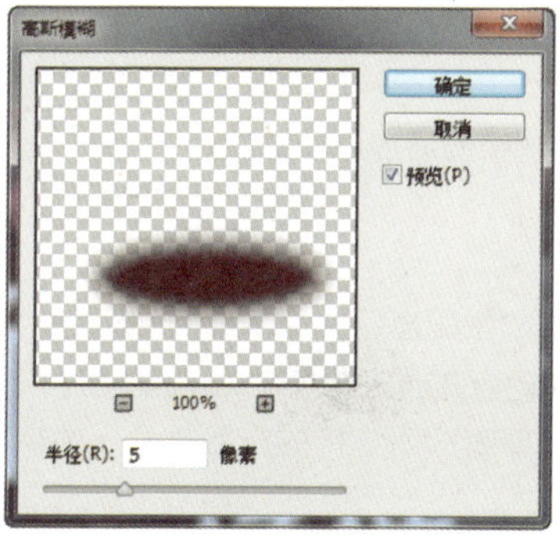

图4-108

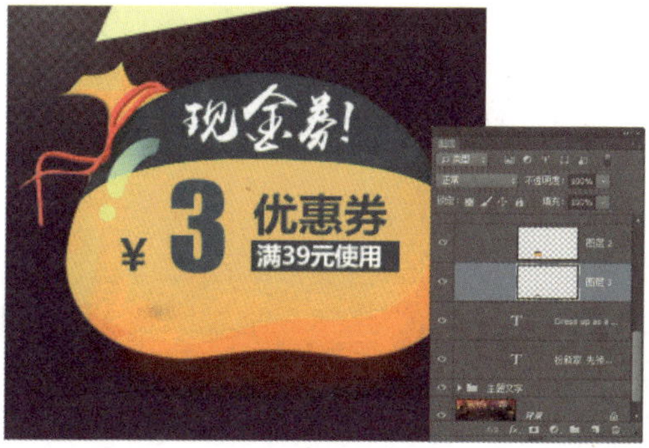

图4-109

步骤 10 使用相同的制作方法，完成相似图形效果的制作，如图4-110所示。

图4-110

步骤 11 完成该淘宝新年活动海报的设计制作，最终效果如图4-111所示。

图4-111

4.4 电商海报的设计表现形式

作为产品展示给浏览者的直接方式，海报设计在很大程度上决定了销售和传播的广度。在电商海报设计中，需要掌握一些平面设计的规律，并能够灵活运用，才可以设计出精美的电商海报。本节将向读者介绍电商海报中的设计表现方式，使大家能够更好地理解电商海报设计。

4.4.1 直接展示

这是一种最常见、运用十分广泛的表现手法。它将某产品或主题直接地展示在海报画面中，充分运用摄影或绘画等技巧的写实表现能力，细致刻画并着力渲染产品的质感、形态和功能用途，将产品精美的质地引人入胜地呈现出来，给人以逼真的现实感，使消费者对所宣传的产品产生一种亲切感和信任感。如图4-112所示为使用直接展示表现方法的电商海报。

直接对商品进行展示，能够给消费者一种直接的印象。

图4-112

这种手法由于是直接将产品推向消费者面前，所以要十分注意画面上产品的组合和展示角度，应突出产品的品牌和产品本身最容易打动人心的部位，运用色光和背景进行烘托，使产品置身于一个具有感染力的空间，这样才能增强广告画面的视觉冲击力。

4.4.2 突出特点

运用各种方式抓住和强调产品或主题本身与众不同的特点，并把它鲜明地表现出来，将这些特点置于海报画面的主要视觉部位，或加以烘托处理，使浏览者在接触画面的瞬间立即感受到，并对其产生兴趣，从而达到刺激购买欲望的促销目的。如图4-113所示为使用突出特点表现方法的电商海报。

将产品与大自然相结合，突出表现产品的纯天然、绿色和健康概念。

图4-113

4.4.3 对比衬托

对比是一种趋向于对立冲突艺术美中最突出的表现手法。它把作品中所描绘事物的性质和特点放在鲜明对照和直接对比中来表现，借彼显此，互比互衬，从对比所呈现的差别中，达到集中、简洁、曲折变化的表现。如图4-114所示为使用对比衬托表现方法的电商海报。

应用对比衬托手法表现出产品的特点。

图4-114

通过这种手法更鲜明地强调或提示产品的性能和特点，给消费者深刻的视觉感受，是一种常见且行之有效的表现手法。

4.4.4 以小见大

在海报设计中对立体形象进行强调、取舍和浓缩，以独到的想象抓住一点或一个局部加以集中描写或延伸放大，以更充分地表达主题思想。这种表现手法，给设计师带来了很大的灵活性和无限的表现力，同时为浏览者提供了广阔的想象空间，获得赏心悦目的情趣和丰富的联想。如图4-115所示为使用以小见大表现方法的电商海报。

运用夸张的手法将产品与人物相搭配，从而衬托产品效果的表现。

图4-115

以小见大中的“小”，是海报画面描写的焦点和视觉的兴趣中心，它既是海报创意的浓缩和升华，也是设计师独特的安排。

4.4.5 联想

在审美的过程中通过丰富的联想，能突破时空的界限，扩大艺术形象的容量，加深画面的意境。通过联想，美感往往显得特别强烈，从而使审美对象与审美者融合为一体，在产生联想的过程中引发了美感共鸣，其感情的强度总是激烈的、丰富的。如图4-116所示为使用联想表现方法的电商海报。

运用联想的手法，将海报处理为穿越回古代的效果，非常具有表现力。

图4-116

4.4.6 夸张

对海报中所宣传的对象品质或特性在某个方面进行适当的夸张处理，从而加深或扩大浏览者对产品特点的认识。通过这种手法能够更鲜明地强调或揭示产品的特点，加强作品的艺术效果。

通过夸张手法的运用，为广告的艺术美注入了浓郁的感情色彩，使产品的特征性鲜明、突出、动人。如图4-117所示为使用夸张表现方法的电商海报。

运用夸张的表现手法，将人物与大地相结合，表现出产品的天然、健康。

图4-117

4.4.7 幽默

幽默的表现手法，往往运用有趣的情节、巧妙的安排，把某种需要肯定的事物，无限延伸到漫画的程度，营造出一种充满情趣、引人发笑而又耐人寻味的幽默意境。如图4-118所示为使用幽默表现方法的电商海报。

运用幽默的文案与图像效果表现海报的主题，让人觉得很有趣。

图4-118

幽默的矛盾冲突可以达到出乎意料，又在情理之中的艺术效果，勾起浏览者会心的微笑，以别具一格的方式，发挥艺术感染力的作用。

4.4.8 以情托物

艺术的感染力最有直接作用的是感情因素，审美就是主体与美的对象不断交流感情产生共鸣的过程。

设计师可以借用美好的感情来烘托主题，真实而生动地反映这种审美感情就能获得以情动人、发挥艺术感染力的力量，这是现代广告设计中文学侧重和美的意境与情趣的追求。如图4-119所示为使用以情托物表现方法的电商海报。

运用欢乐、运动、激情的场景来烘托产品的健康生活理念。

图4-119

案例分析 | 母亲节活动海报设计分析

5.10母亲节
你的关心，妈妈最开心！
选购母亲节礼物，免费定制爱的叮咛
开始测量
iHealth

整体评价：将商品和主题直接展示在海报画面中，将产品引人入胜地呈现出来，让浏览者感受到母亲节礼物的新意，对所宣传的产品产生一种强烈的好奇感。

简单的广告标题，说出浏览者的心声。
5.10母亲节
你的关心，妈妈最开心！
选购母亲节礼物，免费定制爱的叮咛
iHealth
直接对商品进行展示，能够给浏览者一种直观的印象。

构图分析：将商品放置在最显眼的部分，直接进入浏览者的眼球，主题文字放在商品的上方，突出该海报的内容，使浏览者直观地了解海报主题。

配色方案：该活动海报使用玫瑰红作为主体颜色，烘托出温馨的气氛，搭配红色的爱心，带给浏览者暖心的感受，白色的文字让海报主题更加突出。

主色：温馨　　辅色：暖心　　辅色：沉稳　　文字颜色：清晰

实战案例 | 设计五一促销活动海报

源文件：光盘\源文件\第4章\五一促销活动海报.psd　　视　频：光盘\视频\第4章\五一促销活动海报.swf

● **案例分析**

案例特点：本案例设计一款五一促销活动海报。五月正值春意盎然，运用蓝天、白云、草地等素材构成一幅大自然的场景，而海报的主题部分则通过一个正圆形巧妙地组织在一起，有效地突出主题。

制作思路与要点：不同的节日促销海报需要体现出不同节日的特点，本案例的五一促销活动海报充分突出春天的欢乐气息，而在海报主题的处理上，使用正圆形来组织海报主题内容，文字与素材合理搭配，使整个海报看起来清新、自然，主题突出。

● **色彩分析**

本案例的五一促销活动海报使用蓝色和绿色作为主色调，突出大自然的美好感受，搭配红色的飘带和绿色的文字内容，有效地突出主题文字的显示效果，整个海报画面显得自然、和谐。

绿色　红色　白色

● **制作步骤**

步骤 01 执行“文件>打开”命令，打开素材图像“光盘\源文件\第4章\素材\401.jpg”，效果如图4-120所示。打开并拖入素材图像“光盘\源文件\第4章\素材\402.png”，效果如图4-121所示。

图4-120

图4-121

步骤02 使用相同的制作方法，分别拖入相应的素材图像，效果如图4-122所示。新建名称为“圆”的图层组，使用“椭圆工具”，在画布中绘制一个白色正圆形，效果如图4-123所示。

图4-122

图4-123

步骤03 为该图层添加“投影”图层样式，对相关选项进行设置，如图4-124所示。单击“确定”按钮，完成“图层样式”对话框的设置，效果如图4-125所示。

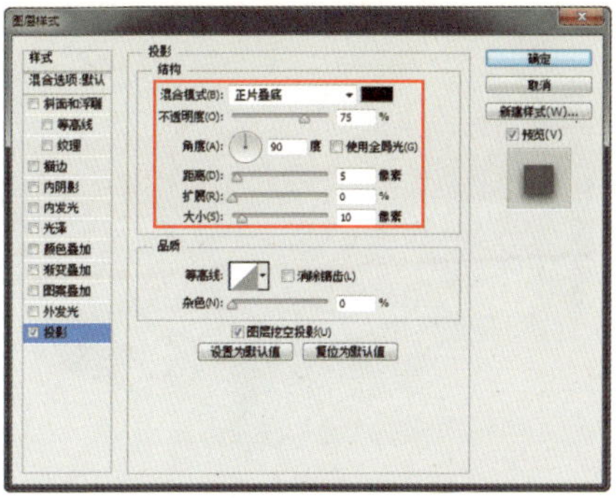

图4-124

图4-125

步骤 04 打开并拖入素材图像“光盘\源文件\第4章\素材\401.jpg”，将其调整到合适的大小和位置，为该图层创建剪贴蒙版，效果如图4-126所示。执行“滤镜>模糊>高斯模糊”命令，弹出“高斯模糊”对话框，参数设置如图4-127所示。

图4-126

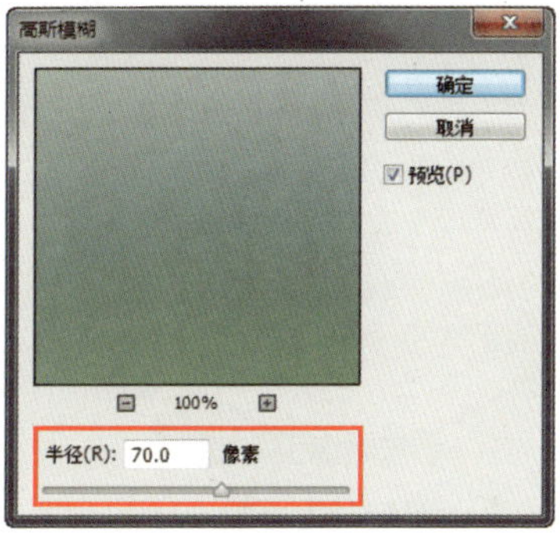

图4-127

步骤 05 单击“确定”按钮，完成“图层样式”对话框的设置，设置该图层的“填充”为50%，效果如图4-128所示。打开并拖入素材图像“光盘\源文件\第4章\素材\405.png”，效果如图4-129所示。

图4-128

图4-129

步骤 06 为该图层添加“投影”图层样式，对相关选项进行设置，如图4-130所示。单击“确定”按钮，完成“图层样式”对话框的设置，效果如图4-131所示。

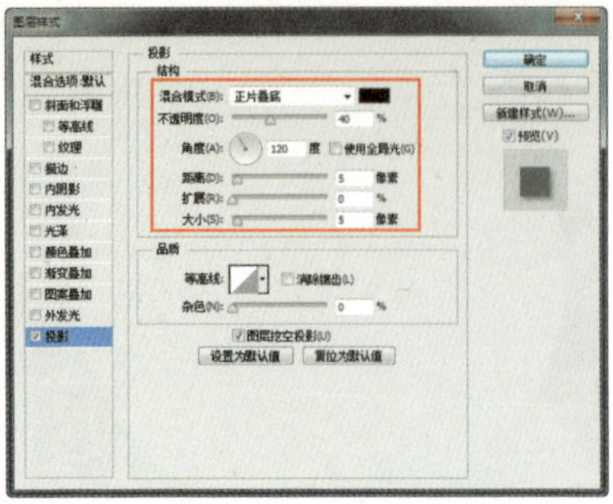

图4-130

图4-131

步骤07 复制“椭圆1”得到“椭圆1拷贝”图层，清除该图层的图层样式，将该图层移至“图层5”上方，效果如图4-132所示。使用“钢笔工具”，在“选项”栏上设置“路径形状”为“减去顶层形状”，在该正圆形中减去相应的图形，得到需要的图形，效果如图4-133所示。

图4-132

图4-133

步骤08 使用“钢笔工具”，在“选项”栏上设置“工具模式”为“路径”，在画布中绘制曲线路径，如图4-134所示。使用“横排文字工具”，在“字符”面板中设置相关选项，将光标移至路径上单击输入路径文字，效果如图4-135所示。

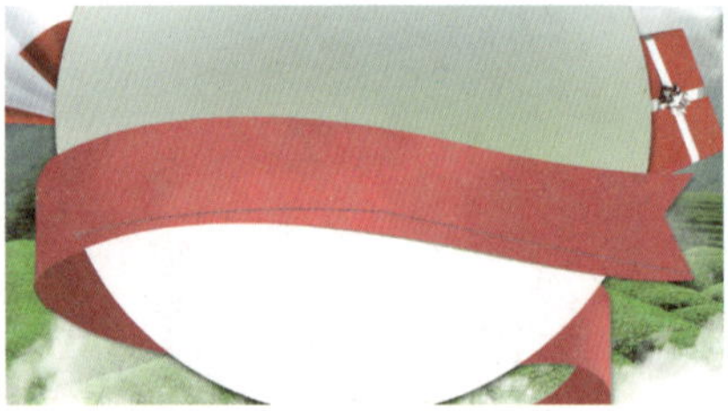

图4-134

图4-135

TIPS

如果需要移动路径文字，可以使用“直接选择工具”或“路径选择工具”，将光标定位到文字上，光标指针会变为状，单击并沿着路径拖动鼠标可以移动路径文字。

步骤 09 为该文字图层添加“投影”图层样式，对相关选项进行设置，如图4-136所示。单击“确定”按钮，完成“图层样式”对话框的设置，效果如图4-137所示。

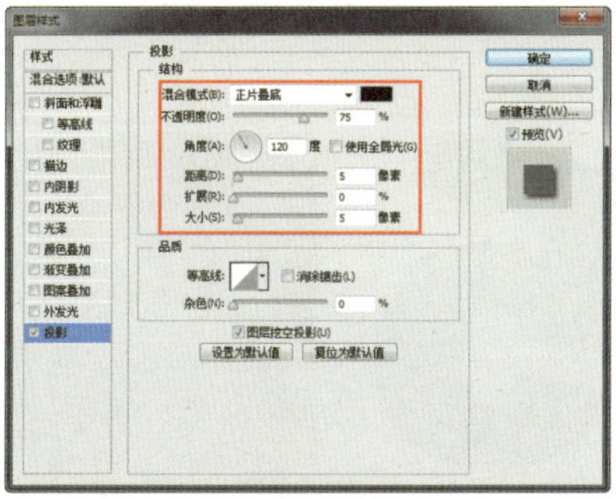

图4-136

图4-137

步骤 10 使用相同的制作方法，拖入相应的素材图像，效果如图4-138所示。新建名称为“五一”的图层组，使用“横排文字工具”，在“字符”面板中设置相关选项，在画布中输入文字，并将文字进行旋转操作，效果如图4-139所示。

图4-138

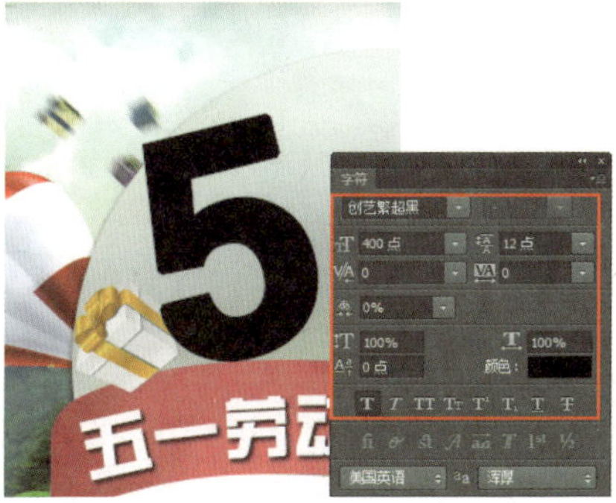

图4-139

步骤 11 为该文字图层添加“内阴影”图层样式，对相关选项进行设置，如图4-140所示。继续添加“渐变叠加”图层样式，对相关选项进行设置，如图4-141所示。

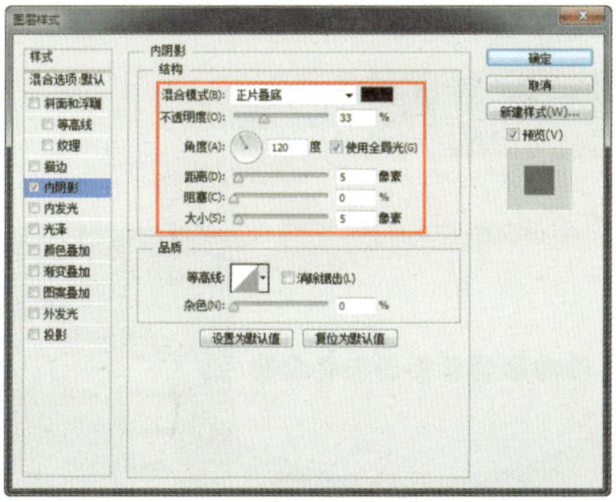

图4-140

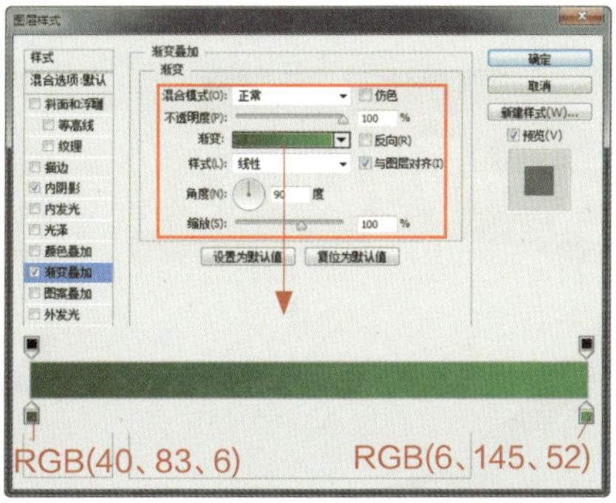

图4-141

步骤 12 单击“确定”按钮，完成“图层样式”对话框的设置，效果如图4-142所示。复制该文字图层，将复制得到的文字分别向下和向右移动1像素，使用相同的制作方法，多次复制该文字图层，并依次进行调整，效果如图4-143所示。

图4-142

图4-143

步骤 13 使用相同的制作方法，完成其他文字效果的制作，效果如图4-144所示。打开并拖入素材图像“光盘\源文件\第4章\素材\407.png”，调整到合适的位置，效果如图4-145所示。

图4-144

图4-145

步骤 14 新建名称为“打折”的图层组，使用“椭圆工具”，设置“填充”为RGB（43、110、43），在画布中绘制正圆形，如图4-146所示。多次复制该正圆形，并将复制得到的正圆形调整到合适的位置，效果如图4-147所示。

图4-146

图4-147

步骤 15 使用“横排文字工具”，在“字符”面板中设置相关选项，在画布中输入文字，效果如图4-148所示。使用“直线工具”，设置“填充”为RGB（43、110、43），“粗细”为1像素，在画布中绘制直线，效果如图4-149所示。

图4-148

图4-149

步骤 16 复制刚绘制的直线，将复制得到的直线向下移动，效果如图4-150所示。新建名称为“光”的图层组，在该图层组中新建图层，为该图层填充黑色，如图4-151所示。

图4-150

图4-151

步骤 17 执行“滤镜>渲染>镜头光晕”命令，弹出“镜头光晕”对话框，参数设置如图4-152所示。单击“确定”按钮，完成“镜头光晕”对话框的设置，设置该图层的“混合模式”为“滤色”，将图形等比例缩小，调整到合适的位置，效果如图4-153所示。

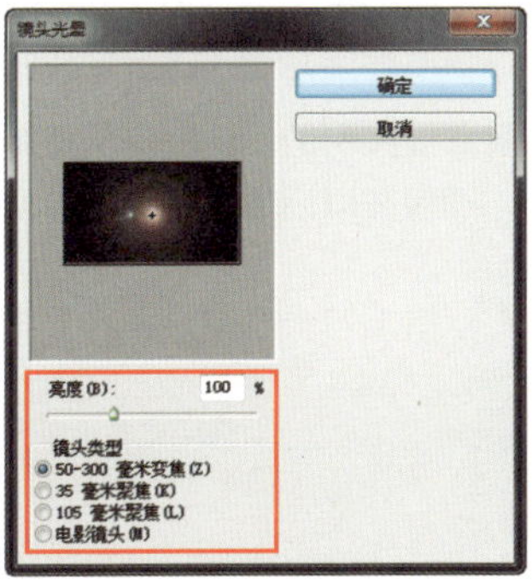

图4-152

图4-153

步骤 18 多次复制该图层，分别将复制得到的图像调整到合适的大小和位置，效果如图4-154所示。新建名称为“树叶”的图层组，使用相同的制作方法，完成树叶素材的添加，效果如图4-155所示。

图4-154

图4-155

步骤 19 完成该五一促销活动海报的设计制作，最终效果如图4-156所示。

图4-156

4.5 本章小结

本章详细介绍了电商海报的表现形式和配色技巧，并通过电商海报实例的设计制作，使读者能够在理解电商海报设计理论的基础上掌握电商海报的设计表现方法，确保在以后的工作中设计出精美的电商海报。

05

Chapter

电商页面构图设计

电商页面的构图对于页面中的分类展示、内容的结构化起到非常大的作用。良好的页面构图可以使消费者更加方便、快捷地找到需要的产品和信息，可以使页面更加出彩，也能够让设计师在设计页面时事半功倍。本章将重点向读者介绍有关电商页面构图的方法和技巧。

5.1 了解电商页面的构图

在电商页面中，构图好比是超市里各种商品的摆放方式。在超市里我们经常看到按照不同的种类、价位将琳琅满目的商品进行摆放，这种常见的商品摆放方式有助于消费者方便、快捷地选购自己想要的商品，另外这种整齐一致的商品摆放方式还能够给消费者带来强烈的视觉冲击，激发消费者的购买欲望。

5.1.1 为什么要对电商页面进行构图

一个成功的电商页面，大部分会具有以下几个出彩的要素：色彩、构图、风格创意、细节等。一个页面从无到有，设计师需要对整个页面有全盘的设计和把控，良好的画面分割能够让消费者第一眼看到这个页面就能被视觉吸引，甚至不用浏览具体内容就能了解这个页面的很多信息。

同样的素材，同样的配色，不同的构图能够让页面出来的效果有天壤之别。现在的电商页面设计越来越具有整体画面感，看上去不像网站，更像是精美的杂志或者是精彩的平面设计作品。如图5-1所示为设计精美的电商网站页面。

图5-1

5.1.2 电商页面构图标准

电商页面构图的原则标准和目的大致可以分为两类：一种是对产品进行分类，使其系统化、结构化，以便于浏览者简捷、快速地找到自己需要的商品；另一种是重点推荐的商品着重展示，也就是说按照不同的时机着重提供可以吸引浏览者注意力的产品，从而引起浏览者的关注，提升转化率，如图5-2所示的电商页面。

所以，必须要规整、适当地传达电商网页中的产品信息，而且还要按照产品的重要程度尽量向浏览者提供最具有吸引力的产品，电商页面构图的具体内容和操作顺序可以分为以下几点。

- 整理消费者和浏览者的观点、意见；
- 着手分析浏览者的综合特性，划分浏览者类别并确定目标消费人群；
- 确立该网店的主营产品、规划以及未来的发展方向；
- 整理网店的产品信息并使其系统化，定义网站的产品结构；
- 确定该电商网页的有效标记体系；
- 不同的页面放置不同的页面元素、构建不同的内容。

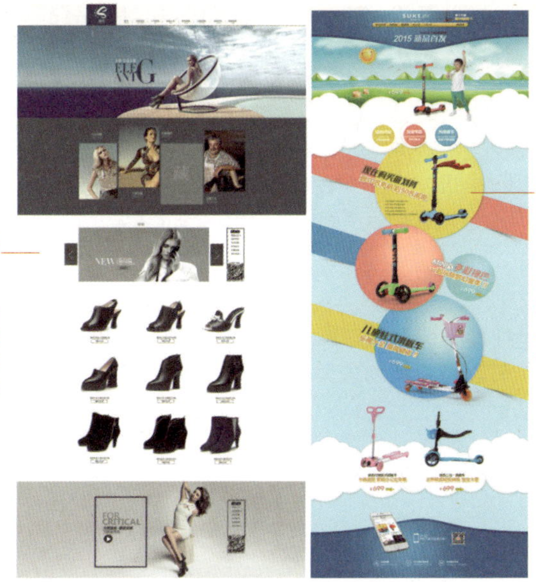

运用简约的商品展示方法，整齐、规范地展示商品，并且页面中并没有使用任何的背景色和背景图像，在纯白色背景上的商品非常醒目。

运用不同颜色的图形来展示重点商品，使页面中的商品重点突出，能够有效地引起消费者的注意，从而达到促进购买的目的。

图5-2

综上所述，电商网页构图是以消费者和浏览者的要求或意见为基准，搜集、整理并加工内容的阶段，强调能够简单、明了并且有效地向浏览者传递商品信息。因此，在进行电商网页构图时最重要的是要参考浏览者和消费者的观点，这也就要求设计师需要站在消费者的立场上审视一般情况下浏览者最容易反映出的实用性，并且将其运用到电商网页的设计中，如图5-3所示的电商页面。

采用传统的网店构图表现形式，将店铺中的商品进行清晰的分类，在页面中使用传统的构图方式对网店中的商品进行分类展示。这种构图方式的优势是结构清晰、分类明确，消费者很容易找到自己感兴趣的商品。

该网店的构图设计突破常规的表现方式，将网店页面设计得更像是一本精美的杂志，在画面中合理的部分去展示商品，画面很吸引人。这种构图展示方式比较适合促销活动页面和商品较少的网店页面，通过精美的画面来吸引消费者。

图5-3

5.2 页面几何切割的构图方式

在现实生活中，我们随处可见几何图形的存在，简单的三角形、正方形、长方形和圆形，甚至几根线条就可以组成很多有趣的图形，也很符合现代审美需求。适当的画面切割能够给页面带来动感与节奏感。加入几根线条、几个色块就能令页面起到意想不到的效果。

5.2.1 简单切割

简单切割是指使用一种形状或者素材图像对整个页面进行切割，例如如图5-4所示的页面切割方式。通过简单切割，可以有效地划分页面中的内容区域，并且能够使整个页面顿时变得生动有趣。

图5-4

简单切割的页面构图对于页面中的内容并没有过多的要求，设计师可以根据自己的需要进行安排。具体的页面内容，排版可以根据实际情况来处理。简单切割的页面构图方式是目前电商页面中最常见的一种构图方式，特别是在电商活动页面中。如图5-5所示为使用简单切割方式进行构图的电商页面。

页面顶部运用简单的弧形区域色块对页面进行分割，有效地突出页面的主题，并且与页面的内容信息部分相互关联。

页面头部运用棱角分明的几何色块图形对页面进行分割，与变形的主题文字相结合，有效地突出主题。
内容区域部分使用与头部相同色调的矩形区域来划分各版块内容，版块区分明确，并且能够与头部色调相呼应。
运用弧形区域在页面头部进行分割，划分页面中的内容区域与主题区域，并且主题部分使用对比色进行搭配，非常突出。
12.3
越聚越划算
SLUGGER
6TH
ANNIVERSARY

图5-5

5.2.2 对称切割

对称切割是指将页面一分为二，页面中的内容划分明确，并且具有很强的视觉冲击力，如图5-6所示。

图5-6

采用对称切割构图方式的网页通常都有一个前提，就是网页中的内容可以明确地区分为几个部分，并且这几个部分可以形成对立的关系，例如男女、冷热、对战等。如图5-7所示为使用对称切割方式进行构图的电商页面。

页面头部区域采用对称分割的构图方式，使页面头部产生对比效果。
贵就赔
放心购
光棍节俊男美女
大派对
整个页面从上至下采用对称切割的页面构图方式，分别显示针对男性和女性的相关产品，区分明确，视觉效果突出。

图5-7

5.2.3 组合切割

组合切割是指使用多个有规律的几何形状进行组合排列，从整体上抓住消费者的视觉，如图5-8所示。

图5-8

组合切割的构图方式比较适合每个区块中的内容属于平级关系的内容，在电商页面中采用这种构图方式，可以使页面的内容更加富有创意。通常情况下，只会在电商页面的局部运用组合切割的构图方式。如图5-9所示为使用组合切割方式进行构图的电商页面。

运用多个矩形和六边形进行组合切割，丰富页面的构图。
启程
以梦为马
POPULAR WORLD
使用多个六边形组合构成组合切割的构图方式，集中展示产品信息。
使用矩形色块对页面背景进行简单切割，丰富页面背景效果。

图5-9

5.2.4 多重切割

多重切割是指在页面中使用多种不同的形状和排列方式进行构图，使页面呈现出活跃、时尚的视觉效果，如图5-10所示。

图5-10

多重切割的构图方式，稳定而锐利，易于识别，不规则的构图方式避免了画面生硬，不易产生审美疲劳。多重切割的构图方式比较适合表现时装、家电以及战斗游戏相关的电商页面，可以很好地体现页面的时尚感和科技感。如图5-11所示为使用多重切割方式进行构图的电商页面。

使用多重切割的构图方式来展示产品，使页面具有很强的科技感。

运用多重切割的方式展示服装，页面看似很杂乱，实际上却具有很强的时尚感。

图5-11

案例分析 | 化妆品网店活动页面设计分析

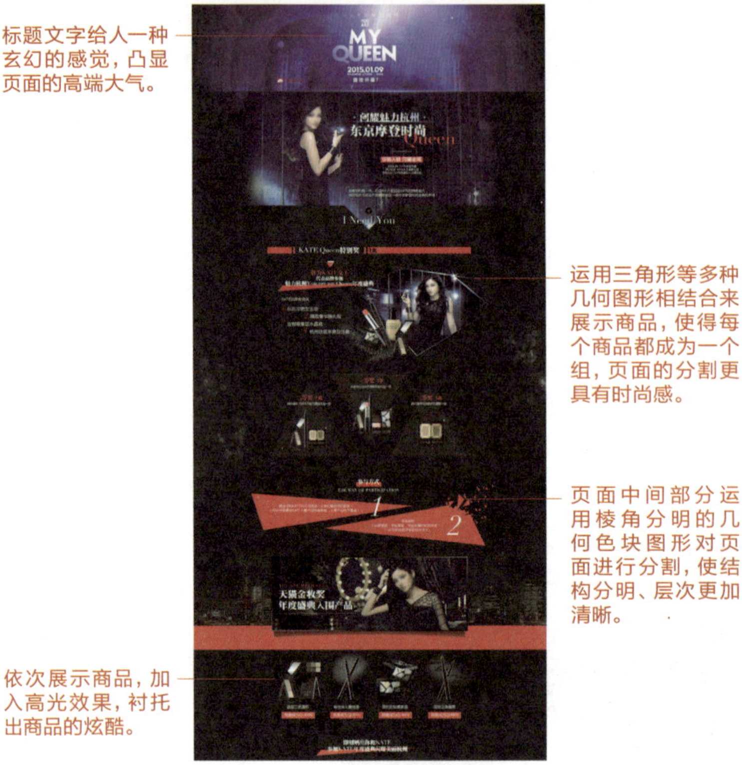
标题文字给人一种玄幻的感觉，凸显页面的高端大气。
MY QUEEN
2015.01.09
东京摩登时尚
I Need You
运用三角形等多种几何图形相结合来展示商品，使得每个商品都成为一个组，页面的分割更具有时尚感。
页面中间部分运用棱角分明的几何色块图形对页面进行分割，使结构分明、层次更加清晰。
天猫金妆奖
年度盛典入围产品
依次展示商品，加入高光效果，衬托出商品的炫酷。

整体评价：该电商页面使用棱角分明的几何图形划分结构，使页面具有强烈的层次感，整个页面给人一种炫酷和时尚的感觉。放置艳丽的模特，突出产品的神奇和品质。

构图分析：该电商页面主题内容放置于顶部，使浏览者更加容易记住。利用棱角分明的几何图形来区分板块，让浏览者能够准确快速地捕捉到想要的信息。首先单个介绍产品，最后逐一展示产品，思路清晰，层次分明。

配色方案：该化妆品电商页面以黑色为主体颜色，添加紫色的光束，烘托出神秘炫酷的氛围。使用红色的棱角图形，给人一种热情的感受，体现出女生艳丽的一面。

主色：炫酷　　辅色：神秘　　辅色：激情　　文字颜色：清晰

实战案例 | 设计运动服装网店页面

源文件：光盘\源文件\第5章\运动服装网店页面.psd　　视　频：光盘\视频\第5章\运动服装网店页面.swf

● **案例分析**

案例特点：本案例设计一幅运动服装网店页面，运用多重切割的页面构图方式对该网页进行构图，不规则的图形使得画面多变，与该网店的产品风格相符合。

制作思路与要点：根据网店的产品类型来选择合适的网店页面构图形式非常重要。本案例所设计的运动服装网店页面，使用不规则的多重切割构图方式，使得页面看起来既时尚又富有动感。产品的不规则排版布局，使得页面更像是一本运动时尚杂志，非常具有视觉表现力。

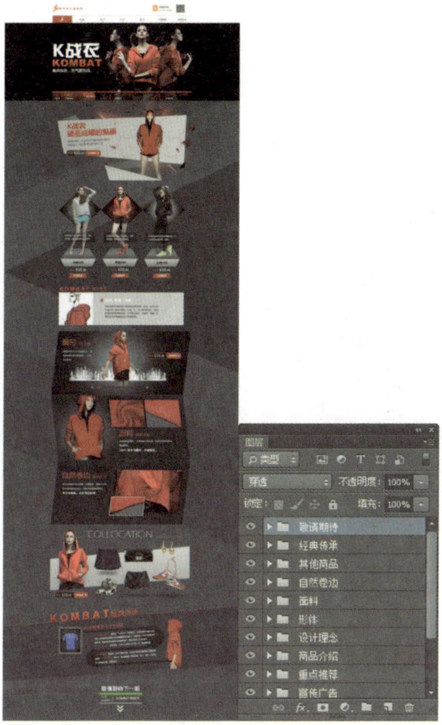

色彩分析

深灰色是明度较暗的颜色，作为背景色可以突出重要内容的色彩，与浅灰色搭配，可以很好地体现出色彩的层次感和质感。红色是喜庆的颜色，代表激情，使用红色的产品图片搭配红色的文字，能够很好地在页面中凸显出来，视觉效果非常明显。

深灰　　白色　　红色

● **制作步骤**

步骤 01 执行“文件>新建”命令，新建一个空白文档，如图5-12所示。设置“前景色”为RGB（56、61、68），为画布填充前景色，效果如图5-13所示。

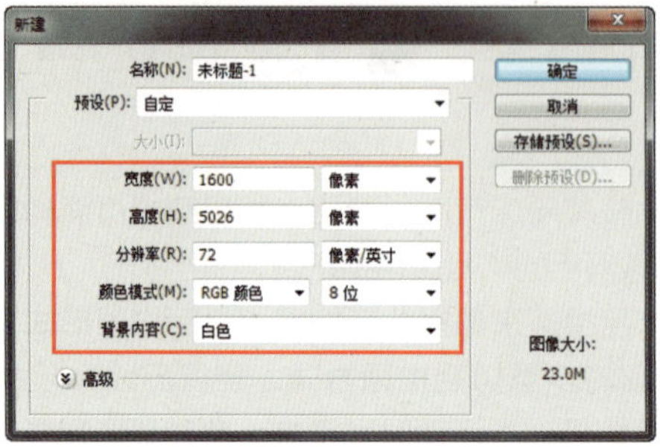

图5-12

图5-13

步骤 02 新建名称为“导航菜单”的图层组，使用“矩形工具”，设置“填充”为RGB（49、54、60），在画布中绘制矩形，对矩形进行旋转操作，效果如图5-14所示。使用“矩形工具”，在画布中绘制白色矩形，效果如图5-15所示。

图5-14

图5-15

步骤 03 打开素材图像“光盘\源文件\第5章\素材\101.jpg”，效果如图5-16所示。使用“魔棒工具”，在图像白色背景部分单击，创建选区，执行“选择>反向”命令，反向选择选区，如图5-17所示。

图5-16

图5-17

步骤04 将选区中的图像拖入到设计文档中，效果如图5-18所示。使用“横排文字工具”，在“字符”面板上对相关选项进行设置，在画布中输入文字，如图5-19所示。

图5-18

图5-19

步骤05 使用“矩形工具”，设置“填充”为RGB（247、146、68），在画布中绘制矩形，如图5-20所示。使用“直接选择工具”，对相应的锚点进行调整，得到需要的图形，如图5-21所示。

图5-20

图5-21

步骤06 使用相同的制作方法，完成相似图形的绘制，如图5-22所示。使用“自定形状工具”在“选项”栏上的“形状”下拉面板中选择合适的形状，在画布中绘制形状图形，如图5-23所示。

图5-22

图5-23

步骤07 使用相同的制作方法，输入相应的文字并拖入素材图像，效果如图5-24所示。使用“直线工具”，设置“填充”为RGB（236、236、236），“粗细”为2像素，在画布中绘制直线，如图5-25所示。

图5-24

图5-25

步骤08 使用相同的制作方法，完成该页面导航菜单的设计制作，效果如图5-26所示。新建名称为“宣传广告”的图层组，使用“矩形工具”，在画布中绘制黑色矩形，效果如图5-27所示。

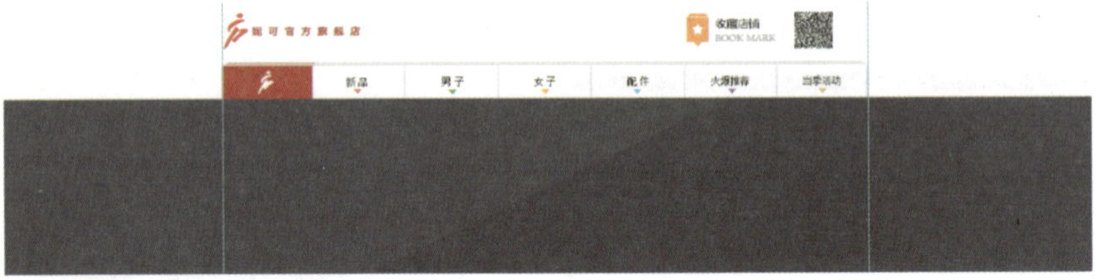

图5-26

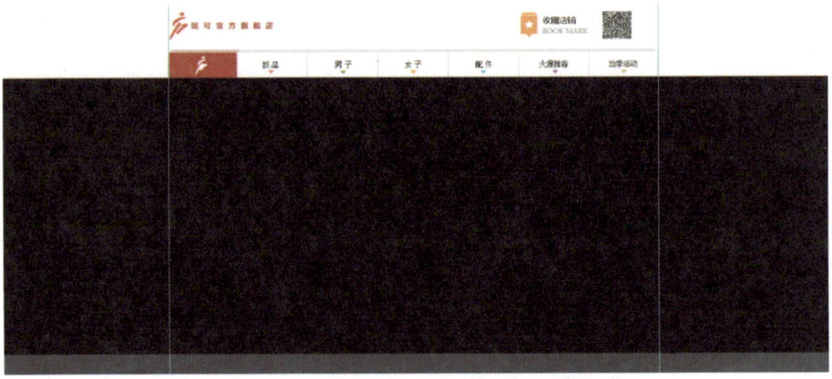

图5-27

TIPS

无论是合并图层还是盖印图层都会对文档中的原图层产生影响。使用图层组可以将不同的图层分类放置，这样既便于管理，又不会对原图层产生影响。

步骤09 打开并拖入素材图像“光盘\源文件\第5章\素材\103.jpg”，效果如图5-28所示。为该图层添加图层蒙版，使用“矩形选框工具”，在画布中绘制矩形选区，为选区填充黑色，效果如图5-29所示。

图5-28

图5-29

TIPS

在对图层蒙版进行操作时需要注意，必须单击图层蒙版缩览图，选中需要操作的图层蒙版，才能够针对图层蒙版进行操作。

步骤 10 使用“横排文字工具”，在“字符”面板上对相关选项进行设置，在画布中输入文字，如图5-30所示。为该图层添加“渐变叠加”图层样式，对相关选项进行设置，如图5-31所示。

图5-30

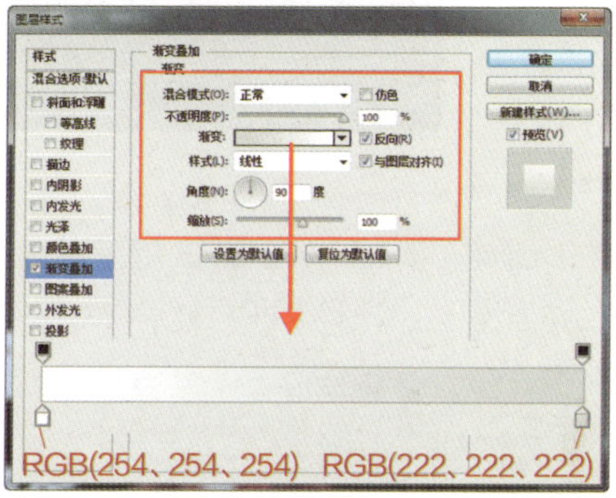

图5-31

步骤 11 单击“确定”按钮，完成“图层样式”对话框的设置，效果如图5-32所示。使用相同的制作方法，完成其他文字效果的制作，如图5-33所示。

图5-32

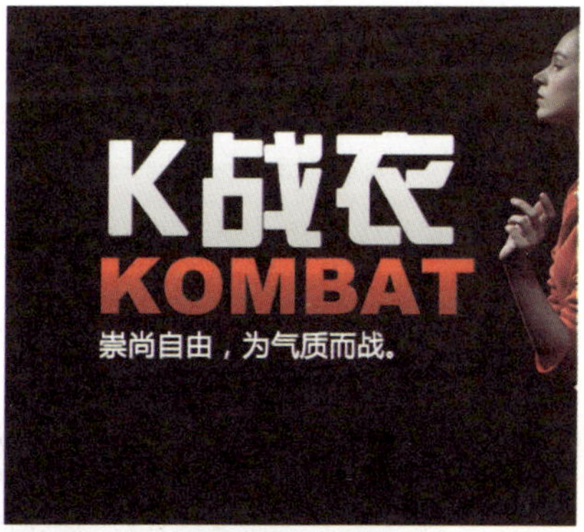

图5-33

步骤 12 在该图形组中新建名称为“菜单”的图层组，使用“矩形工具”，在画布中绘制黑色矩形，设置该图层的“填充”为75%，效果如图5-34所示。使用相同的制作方法，在画布中绘制矩形，如图5-35所示。

图5-34

图5-35

步骤 13 为该矩形添加“渐变叠加”图层样式，对相关选项进行设置，如图5-36所示。继续添加“外发光”图层样式，对相关选项进行设置，如图5-37所示。

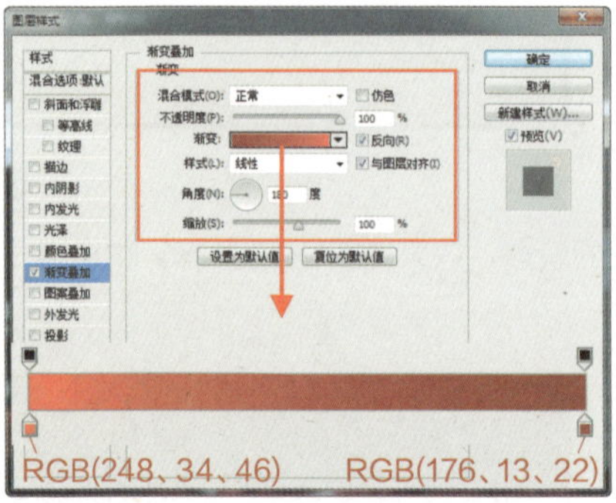

图5-36

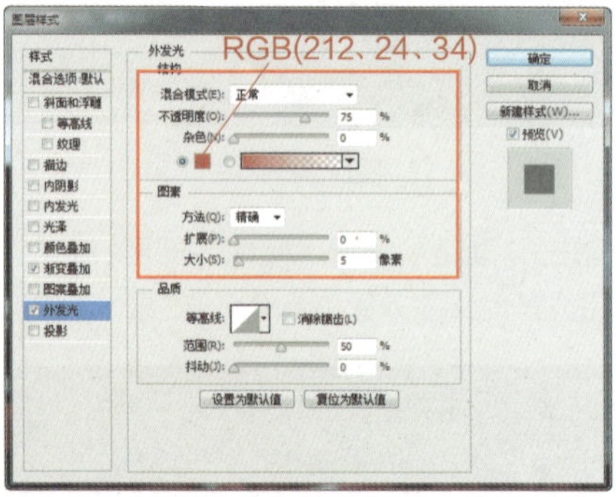

图5-37

步骤 14 单击“确定”按钮，完成“图层样式”对话框的设置，效果如图5-38所示。

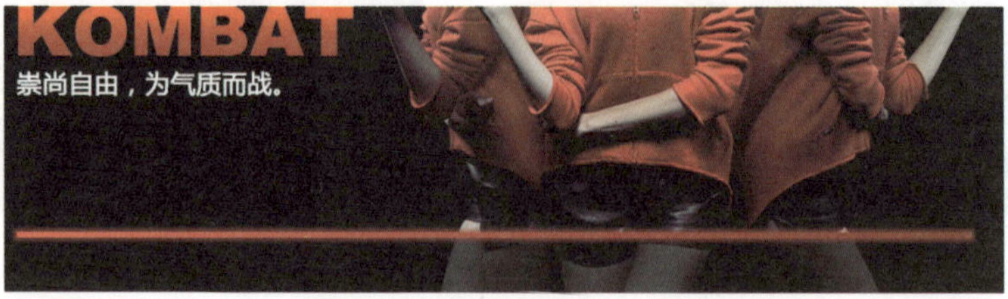

图5-38

步骤 15 使用“直线工具”，设置“填充”为RGB（181、181、181），在画布中绘制直线，设置该图层的“填充”为41%，效果如图5-39所示。使用“矩形工具”，设置“填充”为RGB（134、13、18），在画布中绘制矩形，如图5-40所示。

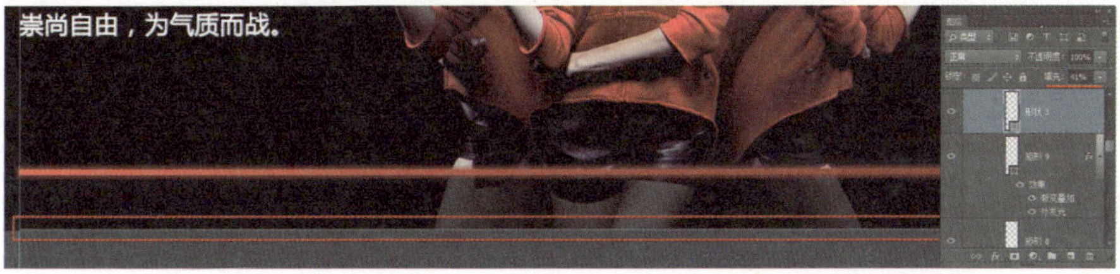

图5-39

图5-40

步骤 16 使用“添加锚点工具”，在刚绘制的矩形上添加锚点，如图5-41所示。使用“直接选择工具”，选中添加的锚点，拖动锚点调整图形效果，如图5-42所示。

图5-41

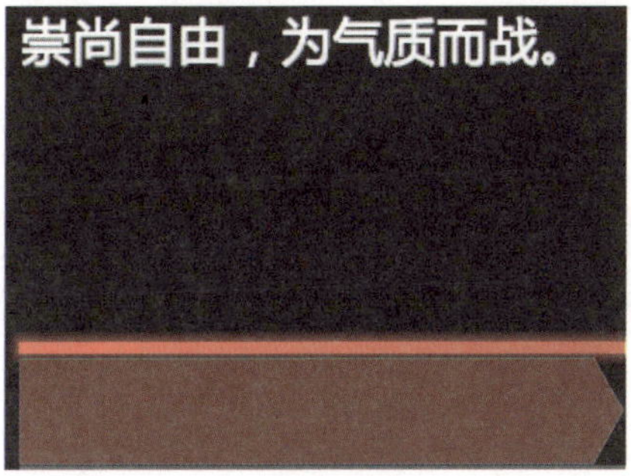

图5-42

TIPS

使用“添加锚点工具”，将鼠标光标放置在路径上。当鼠标光标变为✒₊形状时，单击即可添加一个锚点。如果单击并拖动鼠标光标，则可以添加一个平滑点。

步骤 17 使用相同的制作方法，完成相似图形的绘制，如图5-43所示。复制“矩形10”得到“矩形10拷贝3”图层，修改填充颜色为白色，使用“矩形工具”，设置“路径操作”为“减去顶层形状”，在该图形上减去相应的矩形，得到需要的图形。设置该图层的“混合模式”为“叠加”，“不透明度”为50%，效果如图5-44所示。

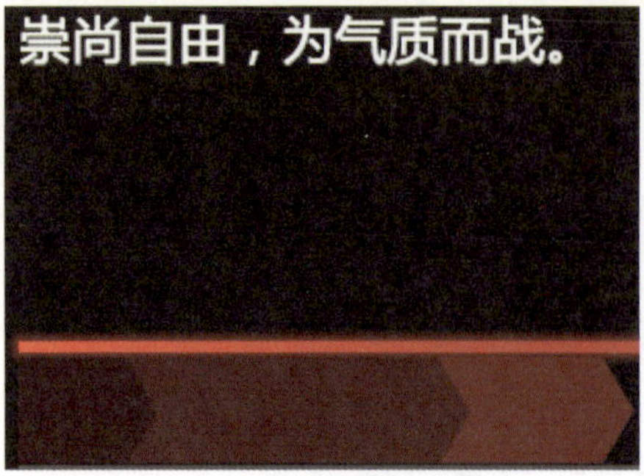

图5-43

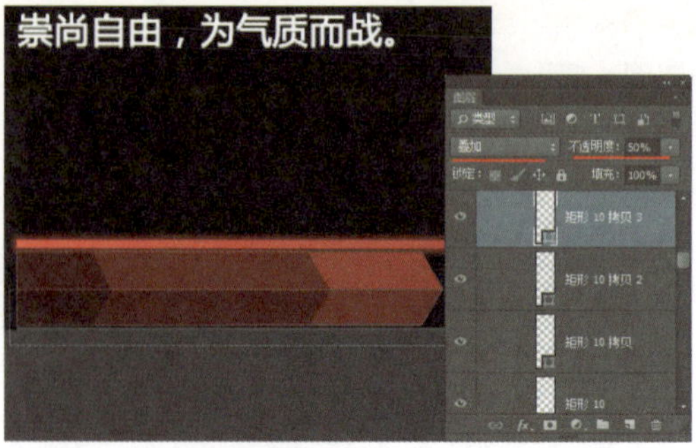

图5-44

步骤 18 使用相同的制作方法，完成该部分内容的制作，效果如图5-45所示。新建名称为“重点推荐”的图层组，打开并拖入素材图像“光盘\源文件\第5章\素材\104.png”。设置该图层的“混合模式”为“变亮”，效果如图5-46所示。

图5-45

图5-46

TIPS

设置“混合模式”为“变亮”，可以使用当前图层中较亮的区域将以下较暗的区域替换。

步骤19 使用“钢笔工具”，在画布中绘制任意颜色的形状图形，如图5-47所示。为该图层添加“渐变叠加”图层样式，对相关选项进行设置，如图5-48所示。

图5-47

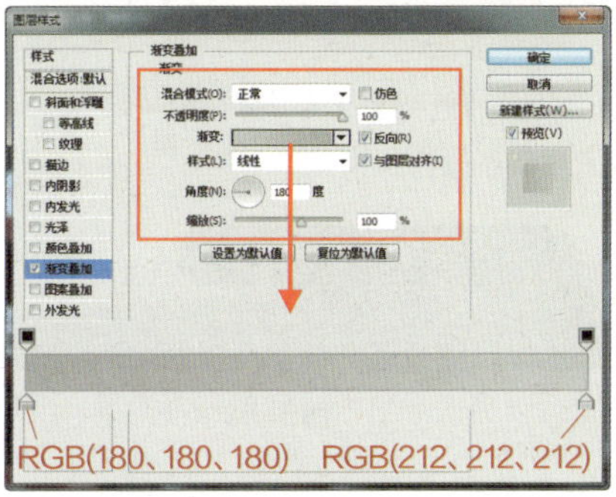

图5-48

步骤20 单击“确定”按钮，完成“图层样式”对话框的设置，效果如图5-49所示。使用相同的制作方法，完成相似图形的绘制，如图5-50所示。

图5-49

图5-50

步骤21 使用相同的制作方法，拖入相应的素材图像，效果如图5-51所示。使用“横排文字工具”，在“字符”面板中对相关选项进行设置，在画布中输入文字，效果如图5-52所示。

图5-51

图5-52

步骤22 在该图层组中新建名称为“组1”的图层组，使用“圆角矩形工具”，设置“填充”为RGB（23、23、23），“半径”为30像素，在画布中绘制圆角矩形，如图5-53所示。为该图层添加“描边”图层样式，对相关选项进行设置，如图5-54所示。

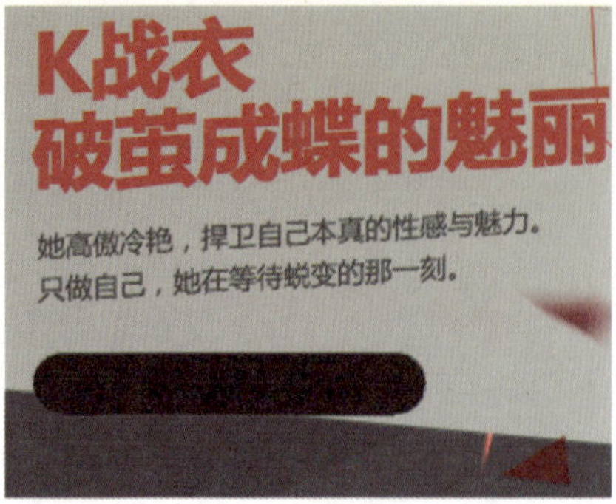

图5-53

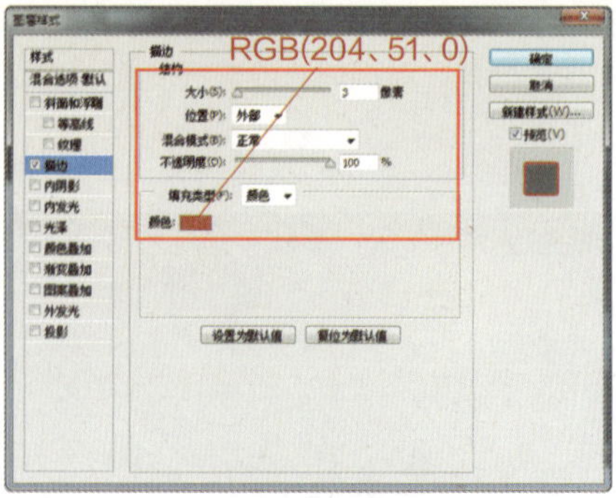

图5-54

步骤23 单击“确定”按钮，完成“图层样式”对话框的设置。设置该图层的“填充”为80%，效果如图5-55所示。使用相同的制作方法，完成相似图形的绘制，效果如图5-56所示。

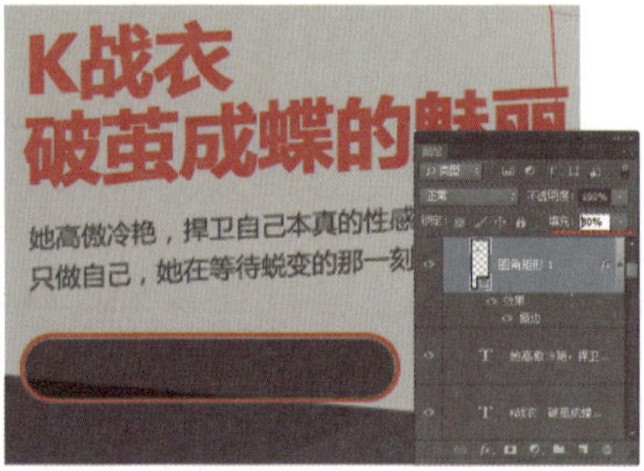

图5-55

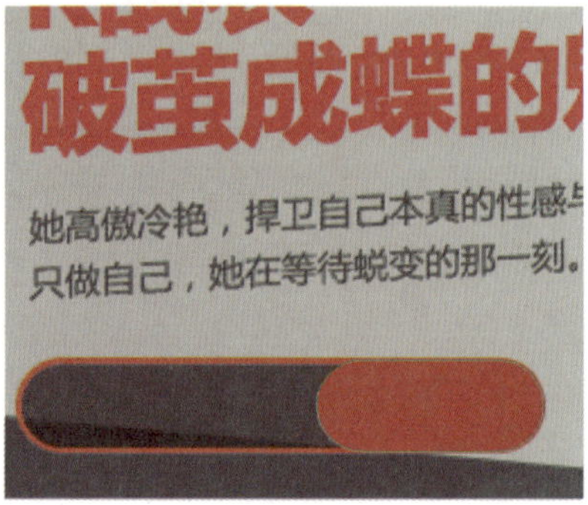

图5-56

TIPS

“填充”选项用于设置图层内部元素的不透明度，只对图层内部图像起作用，对图层附加的其他元素（如图层样式）不会起作用。

步骤24 使用“多边形工具”，在“选项”栏上设置“边”为3，在画布中绘制白色的三角形，如图5-57所示。使用“横排文字工具”，输入相应的文字，效果如图5-58所示。

图5-57

图5-58

步骤 25 新建名称为“商品介绍”的图层组，使用“钢笔工具”，在“选项”栏上设置“填充”为RGB（39、43、47），在画布中绘制形状图形，效果如图5-59所示。在该图层组中新建名称为“冷静105”的图层组，使用“矩形工具”，在画布中绘制任意颜色的矩形，如图5-60所示。

图5-59

图5-60

步骤 26 使用“直接选择工具”，对矩形相应的锚点进行调整，效果如图5-61所示。为该图层添加“渐变叠加”图层样式，对相关选项进行设置，如图5-62所示。

图5-61

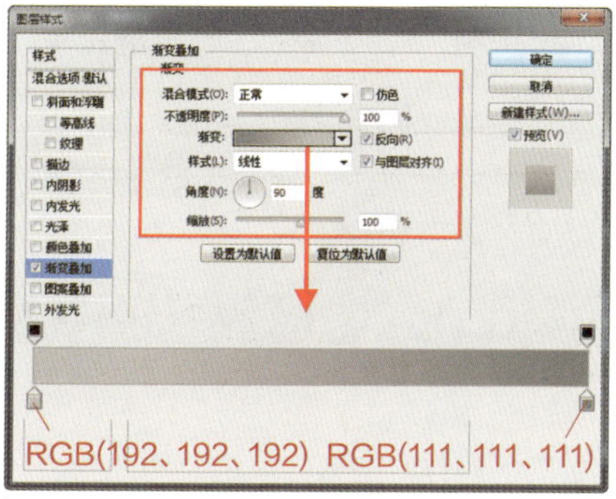

图5-62

步骤 27 单击“确定”按钮，完成“图层样式”对话框的设置，效果如图5-63所示。使用相同的制作方法，完成相似图形的绘制，如图5-64所示。

图5-63

图5-64

步骤28 新建图层，使用“钢笔工具”，在“选项”栏上设置“工具模式”为“路径”，在画布中绘制路径，按快捷键Ctrl+Enter，将路径转换为选区，如图5-65所示。使用“渐变工具”，打开“渐变编辑器”对话框，设置渐变颜色，如图5-66所示。

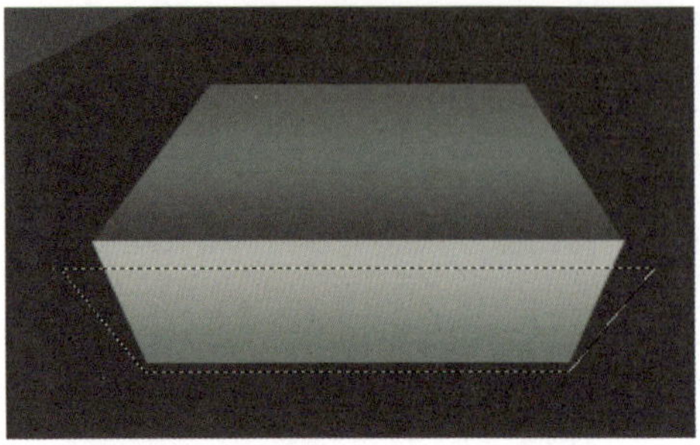

图5-65

图5-66

步骤29 单击“确定”按钮，完成渐变颜色的设置。在选区中填充线性渐变，调整图层叠放顺序，设置该图层的“填充”为50%，效果如图5-67所示。使用相同的制作方法，绘制相应的矩形并填充径向渐变，效果如图5-68所示。

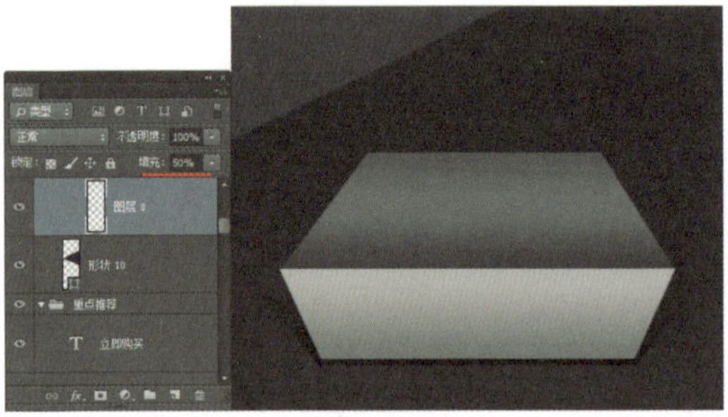

图5-67

图5-68

步骤30 使用相同的制作方法，完成相似图形的绘制和文字的输入，效果如图5-69所示。使用相同的制作方法，完成相似内容的制作，效果如图5-70所示。

图5-69

图5-70

步骤 31 使用相同的制作方法，完成页面中其他栏目的设计制作，效果如图5-71所示。完成该运动服装网店页面的设计制作，最终效果如图5-72所示。

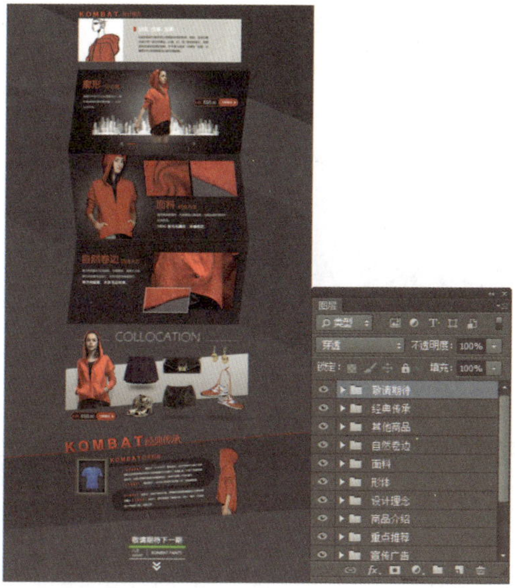

图5-71

图5-72

5.3 放射与透视状的页面构图

放射与透视状构图，可以使页面呈现立体与空间感，视觉焦点明确，画面冲击力强，富有动感。需要注意的是放射状的构图不太适合文字阅读，要注意文字排版。在电商页面中通常会在页面头部使用放射与透视状的构图来突出页面的主题和重点推荐产品。如图5-73所示为使用放射与透视状构图的电商页面。

在电商页面头部的设计中通过使用放射与透视状的构图方式，突出页面主题内容和产品的显示。

运用放射与透视状的构图方式，充分突出表现产品，似乎有无数的星光笼罩着产品，使得页面具有很强烈的空间感。

图5-73

5.4 整体和流程的页面构图

如果电商网页中的产品内容不是很多，需要突出页面的趣味性，从而避免消费者觉得页面千篇一律，可以通过在网页中搭建一个整体的场景，带动消费者的情绪，给消费者留下深刻的印象。

需要注意的是，电商页面中整体场景的设计对于素材的要求比较高，明暗、阴影，透视以及层次感都需要用心处理。在设计过程中，设计师的头脑中需要有画面感，先设计大的画面关系，再添加细节和内容，切记场景不要抢了产品和内容的视觉焦点。如图5-74所示为使用整体与流程进行构图的电商页面。

在该电商页面中，使用一朵绽放的玫瑰花来构成整个画面，每个叶子上放置相应的产品进行介绍，整个画面让人感觉非常具有整体感，富有新意，很能够吸引消费者。

在该电商页面中，通过一条河流将整个页面中的产品信息串联起来，各个节点以及整体流向展示清楚。配合图片展示，一个枯燥的流程瞬间变得个性十足，消费者在浏览的过程中简单明了，并且充满了趣味性。

图5-74

案例分析 | 护肤品店铺页面设计分析

蓝色的标题文字，与整个页面风格相统一。

将人物素材与整个大地相结合，作为整个页面的背景，使页面具有很强的整体感，并且素材的处理也非常具有新意，能够吸引浏览者的注意。

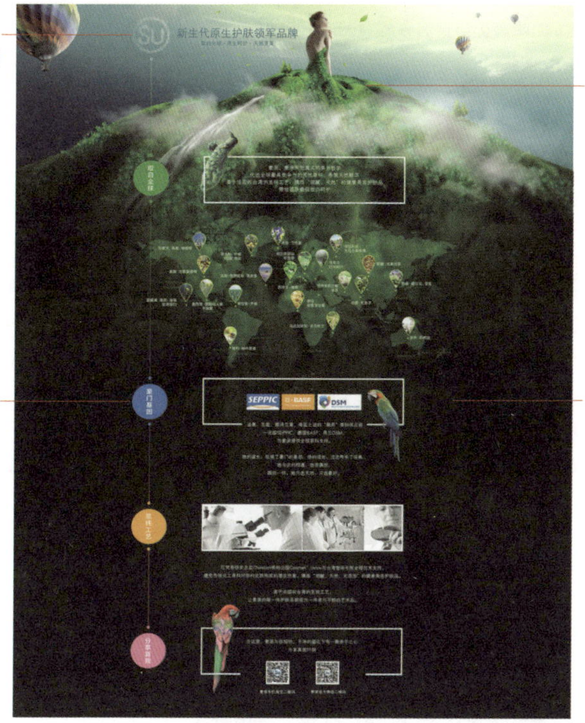

使用不同颜色的标签来区分页面中的不同内容，非常清晰、醒目。

商品相关信息介绍，全面地介绍了商品，使浏览者能够详细了解。

整体评价：该页面运用了夸张的表现手法，将人物与森林大地、广阔天空相结合，强调了产品的纯天然，使用半透明的框架，使界面更有穿透力，给浏览者一种神秘的视觉效果。

构图分析：该电商页面设计非常富有创意，使用透明框和项目图形，依次介绍商品的销售分布、成分等相关信息，标题放置于页面的头部是电商设计的一贯风格，容易吸引浏览者的眼球。

配色方案：大自然的颜色可以深刻地体现出页面的亲和力和真实感，使用绿色作为主体颜色，搭配蓝色的天空和通透的云朵，达到身临其境的效果，给人带来幽静、安逸的强烈感受。

主色：幽静　　辅色：沉稳　　辅色：突出　　文字颜色：清晰

实战案例 | 设计啤酒促销页面

源文件：光盘\源文件\第5章\啤酒促销页面.psd　　视　频：光盘\视频\第5章\啤酒促销页面.swf

● **案例分析**

案例特点：本案例设计一幅啤酒促销页面，运用海底的素材图像和放射与透视的构图方式对页面进行整体构图。结合相应的海底素材来表现产品，使得整个页面的整体性非常强，具有很好的视觉表现效果。

制作思路与要点：产品促销页面需要具有较强的视觉表现效果，这样才能够吸引浏览者的关注。本案例所设计的啤酒促销页面使用一张整体的海底素材图像作为页面背景，使页面具有很强的整体性。在产品表现的设计上，运用相应的素材图像与产品相结合，表现形式统一，使页面显得生动形象。

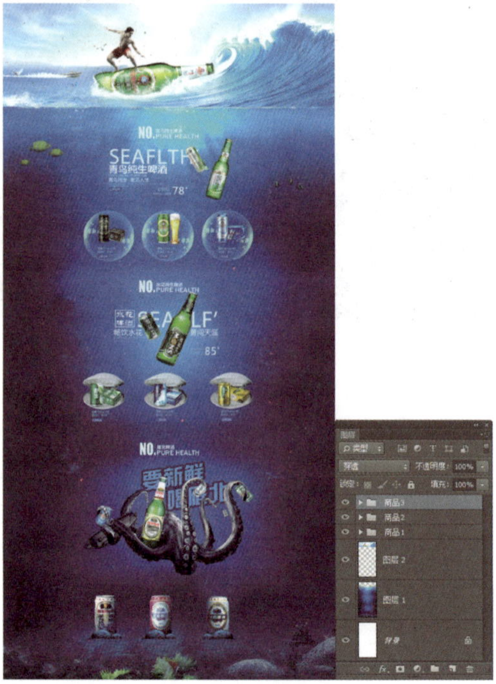

● **色彩分析**

本实例所设计的啤酒促销页面使用蓝色作为主色调，蓝色与深蓝色相结合的海底背景给人一种清凉、舒爽的感受。搭配浅蓝色与白色的文字，层次感明显，并且与页面的整体色调相统一，具有良好的视觉效果。

蓝色　　浅蓝色　　白色

● **制作步骤**

步骤 01 执行“文件>新建”命令，弹出“新建”对话框，新建一个空白文档，如图5-75所示。打开并拖入素材图像“光盘\源文件\第5章\素材\201.png”，效果如图5-76所示。

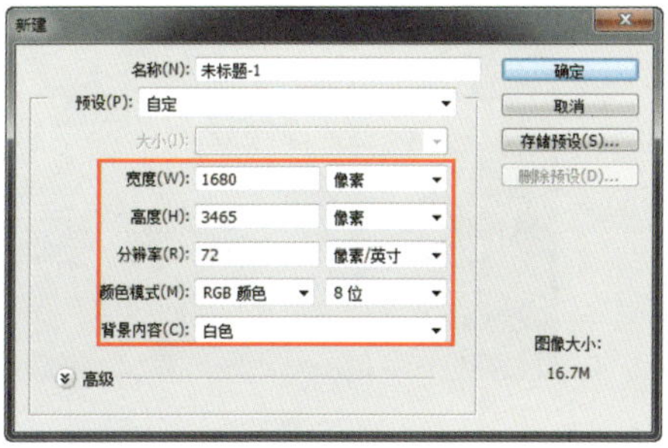

图5-75

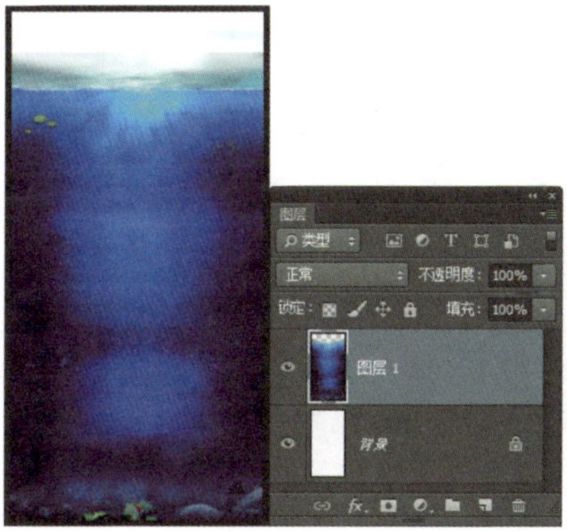

图5-76

步骤 02 打开并拖入素材图像“光盘\源文件\第5章\素材\202.png”，效果如图5-77所示。新建名称为“标题”的图层组，使用“横排文字工具”，在“字符”面板中设置相关选项，在画布中输入文字，如图5-78所示。

图5-77

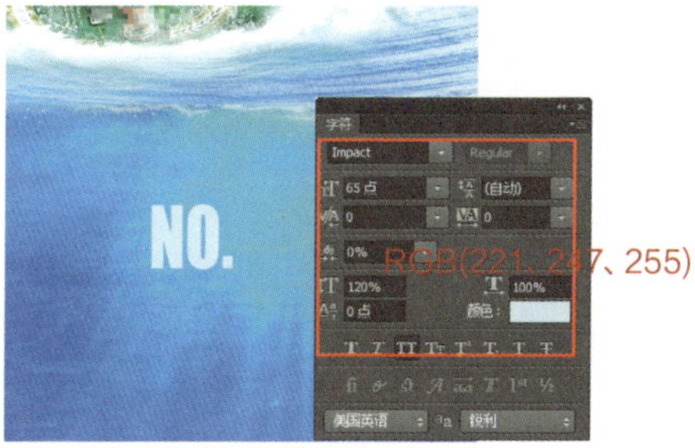

图5-78

步骤 03 使用相同的制作方法，在画布中输入相应的文字，并分别设置不透明度，效果如图5-79所示。使用“矩形工具”，设置“填充”为RGB（0、71、179），在画布中绘制矩形，如图5-80所示。

图5-79

图5-80

步骤 04 使用“横排文字工具”，在“字符”面板中设置相关选项，在画布中输入文字，如图5-81所示。打开并拖入相应的素材图像，并在画布中输入相应的文字，效果如图5-82所示。

图5-81

图5-82

步骤 05 新建名称为“泡泡”的图层组，使用“椭圆工具”，在画布中绘制一个白色正圆形，如图5-83所示。为该图层添加“内发光”图层样式，对相关选项进行设置，如图5-84所示。

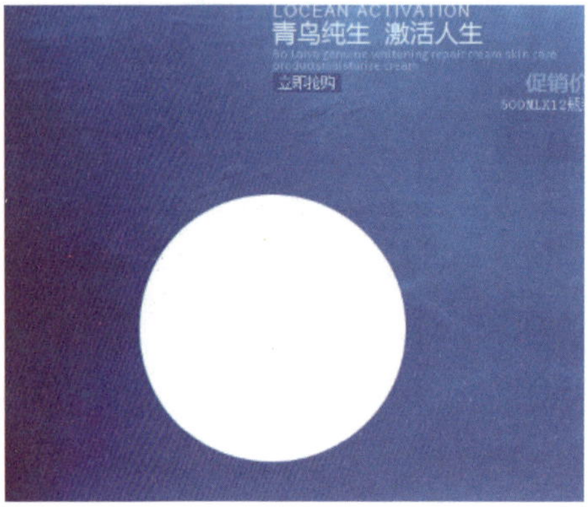

图5-83

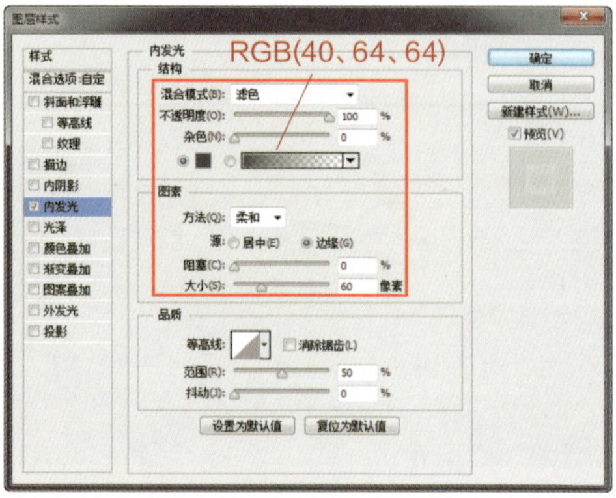

图5-84

TIPS

如果需要将多个图层放置在一个图层组中，可以在“图层”面板中选中所需要的图层，然后执行“图层>图层编组”命令，或按快捷键Ctrl+G，即可将选中的多个图层放置在一个图层组中。

步骤 06 单击“确定”按钮，完成“图层样式”对话框的设置。设置该图层的“填充”为0%，效果如图5-85所示。新建名称为“1”的图层组，使用“钢笔工具”，在“选项”栏上设置“工具模式”为“形状”，“填充”为RGB（130、210、210），在画布中绘制形状图形，效果如图5-86所示。

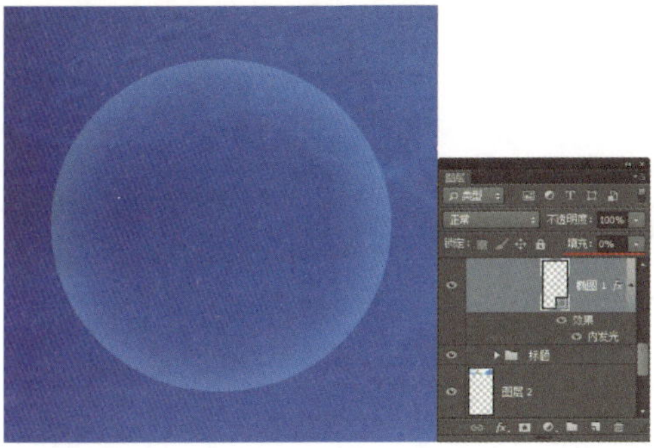

图5-85

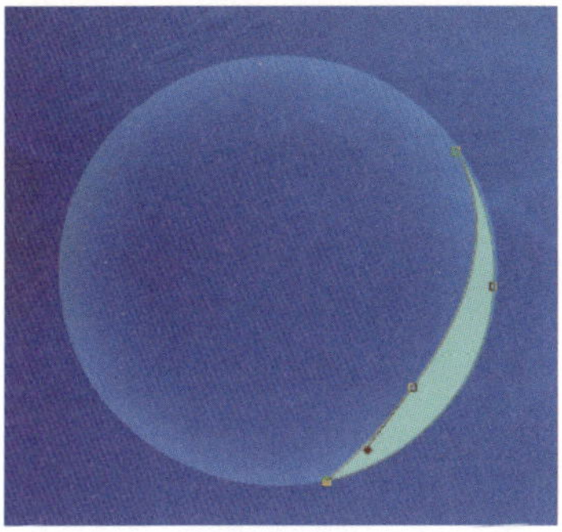

图5-86

步骤07 按快捷键Ctrl+Enter，得到该形状图形的选区，执行“选择>修改>羽化”命令，设置“羽化半径”为7像素，如图5-87所示。单击“确定”按钮，新建图层，设置“前景色”为RGB（130、210、210），并为选区填充前景色，取消选区，隐藏“形状1”图层，效果如图5-88所示。

图5-87

图5-88

步骤08 按住Ctrl键，单击“椭圆1”图层缩览图，载入选区，为该图层添加图层蒙版，效果如图5-89所示。使用相同的制作方法，完成相似图形效果的绘制，效果如图5-90所示。

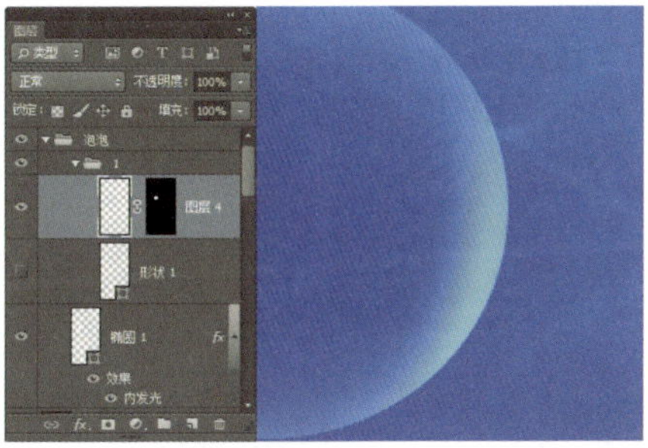

图5-89

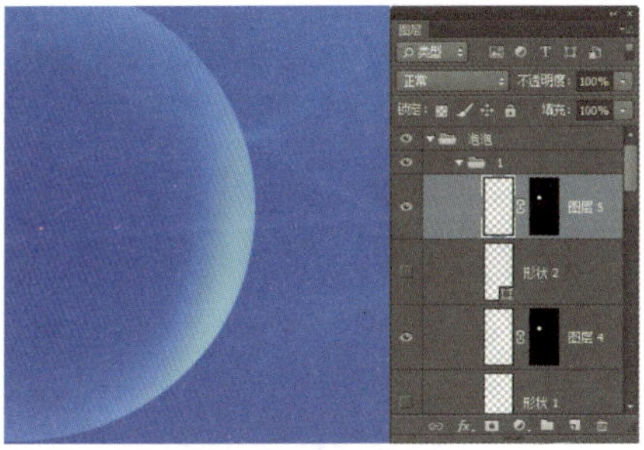

图5-90

TIPS

可以在“图层”面板中直接创建白色蒙版或黑色蒙版，还可以在存在选区的情况下创建图层蒙版。如果在有选区的情况下创建图层蒙版，则选区中的图像将会被显示，而选区以外的图像将会被隐藏。

步骤09 新建图层，使用“画笔工具”，设置“前景色”为RGB（132、215、228），在画布相应位置进行涂抹，效果如图5-91所示。使用相同的制作方法，绘制出其他高光图形，效果如图5-92所示。

图5-91

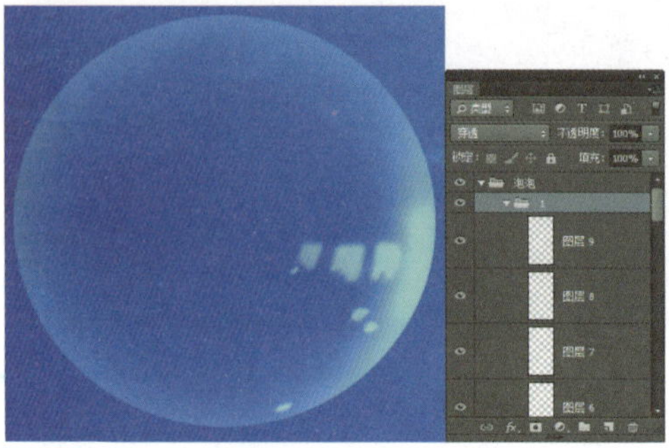

图5-92

步骤10 复制“1”图层组得到“1拷贝”图层组，将复制得到的图像进行旋转操作并调整到合适的位置，效果如图5-93所示。新建图层，使用“画笔工具”，设置“前景色”为白色，设置画笔的“不透明度”为5%，在画布相应位置涂抹，设置该图层的“不透明度”为60%，效果如图5-94所示。

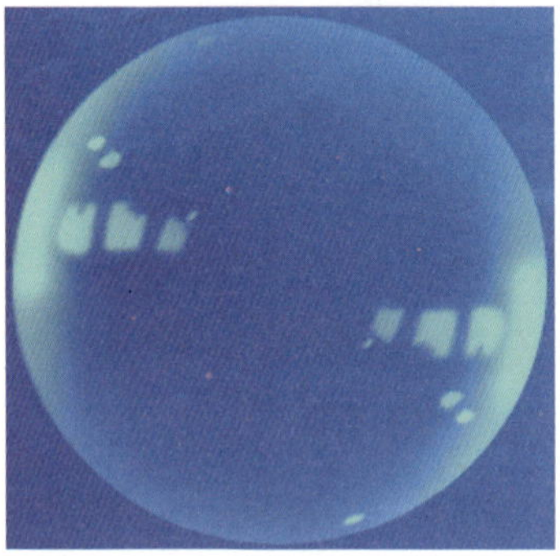

图5-93

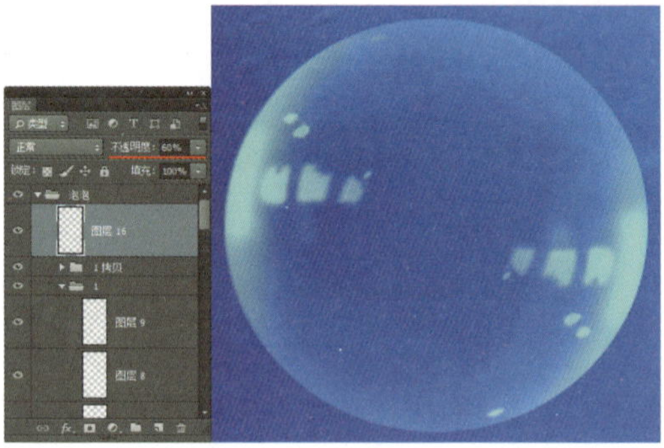

图5-94

步骤11 打开并拖入素材图像“光盘\源文件\第5章\素材\204.png”，效果如图5-95所示。新建名称为“详情”的图层组，使用“横排文字工具”，在“字符”面板中设置相关选项，在画布中输入文字，如图5-96所示。

图5-95

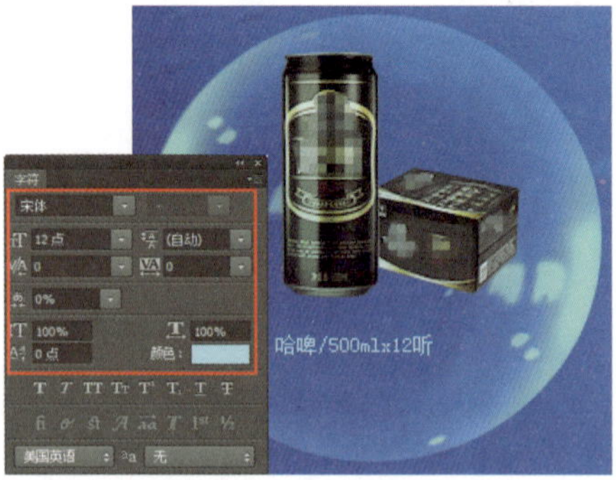

图5-96

步骤 12 使用“直线工具”，设置“填充”为RGB（114、184、216），“粗细”为1像素，在画布中绘制直线，效果如图5-97所示。使用相同的制作方法，完成该部分内容的制作，效果如图5-98所示。

图5-97

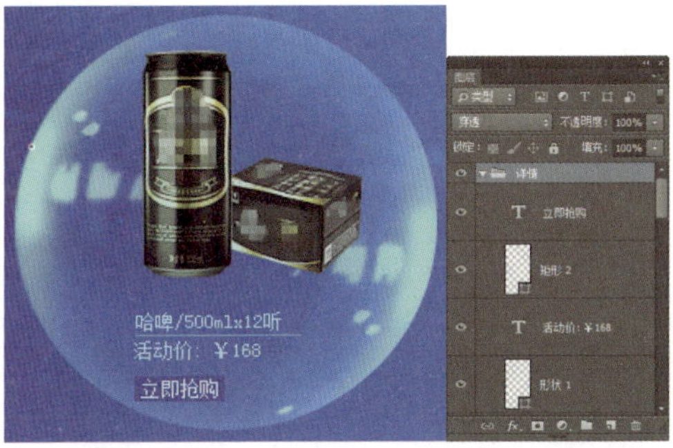

图5-98

步骤 13 选中“详情”图层组至“泡泡”图层组，按快捷键Ctrl+G，将其放置在一个图层组中，将该图层组重命名为“左边”，如图5-99所示。使用相同的制作方法，完成页面中相似内容的制作，效果如图5-100所示。

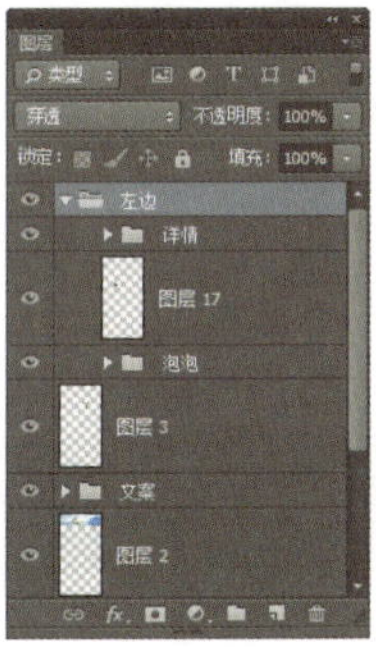

图5-99

图5-100

步骤 14 选中“右边”图层组至“标题”图层组，按快捷键Ctrl+G，将其放置在一个图层组中，将该图层组重命名为“商品1”，如图5-101所示。新建名称为“商品2”的图层组，使用相同的制作方法，完成该部分内容的制作，效果如图5-102所示。

图5-101

图5-102

步骤 15 使用相同的制作方法，完成该页面中其他部分内容的制作，效果如图5-103所示。完成该啤酒促销页面的设计制作，最终效果如图5-104所示。

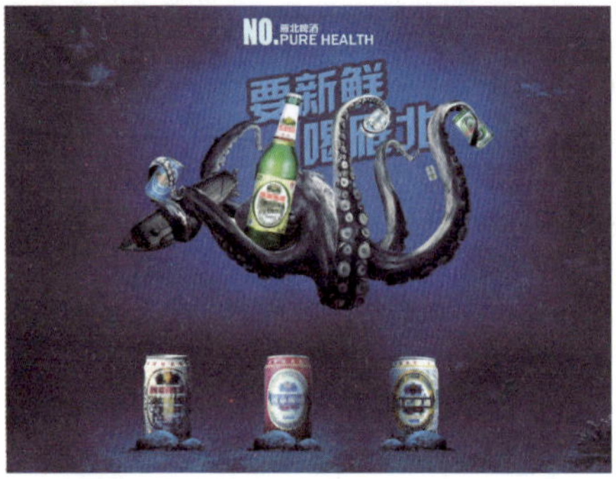

图5-103

图5-104

5.5 根据图像轮廓联想的方式构图

设计师在了解了电商页面的设计需求后，提取出重要的信息，从中挑选出一些合适的元素，寻找相关的素材图像，通过对素材图像轮廓的联想来激发页面的构图创意。

根据图像轮廓联想的方式进行页面构图，适合那种主体内容比较明确或者比较具象，能够使用物品或轮廓直接代表主题的页面。例如端午节相关的页面可以使用龙舟、粽子；中秋节相关的页面可以使用月饼、玉兔；会员相关的页面可以使用钻石、皇冠等。可以在设计的过程中根据具体的内容来进行尝试。

根据页面的主要内容，首先从页面整体上构建所联想物体的边界或外形线，形成一个大的形状轮廓，将页面内容巧妙地安排到该形状轮廓中。这种处理方式能够让消费者一眼就能了解到一些信息，并且能够使页面更具有设计感，生动且活泼。

如图5-105所示为一些根据图像轮廓联想方式进行构图设计的页面。

通过对灯笼图形进行联想而设计的网页，这种页面比较适合电商活动页面构图，并且具有很强烈的节日氛围。

通过对福袋图形进行联想而设计网页，这种页面构图方式适合节日活动主题的电商页面。

通过对小船图形进行联想而设计的网页，这种页面的构图方式适合电商端午节活动页面。

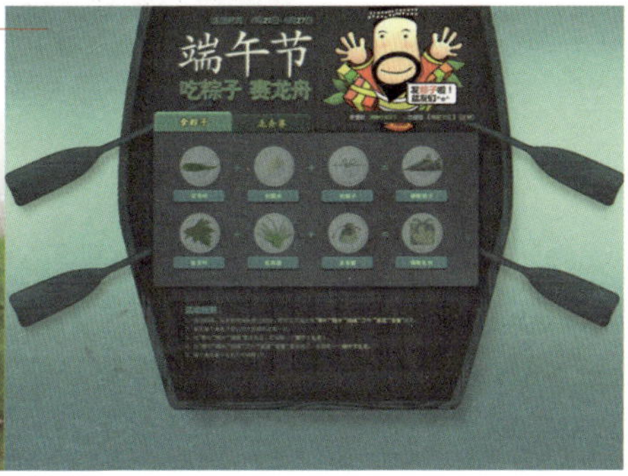

图5-105

案例分析 | 赛车票务电商页面设计分析

整体评价： 该电商页面层次分明，结构清晰，页面被赛车有关图像布满，强烈呼应页面的主题，给浏览者一种激情四射的感受，与赛车炫酷激情的风格相统一。

构图分析： 利用简单的图形分割整个页面，头部简单介绍该电商主题内容，下面依次展开介绍详细的内容，增强浏览者的兴趣，提升浏览者的消费欲望。

使用简单形状分割页面，使其具有强烈的层次感。

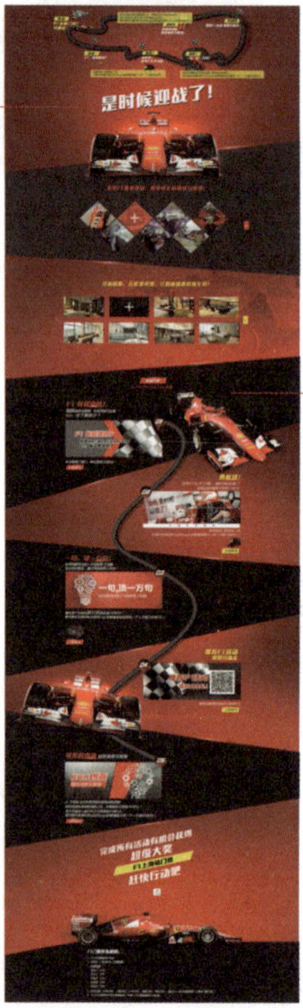

运用了赛车和赛道图像，突出节目的精彩，提升浏览者购买商品的欲望。

配色方案： 电商网站常使用红色、橙色或白色作为搭配颜色，红色是热血沸腾的代表颜色，可以激发客户的购买欲，白色可以将文字内容表现得更加清晰。该页面用红色和黑色相互交错作为主体颜色，使页面结构层次分明。

主色：热情　　辅色：炫酷　　辅色：突出　　文字颜色：清晰

实战案例 | 设计古典风格网店页面

源文件：光盘\源文件\第5章\古典风格网店页面.psd　　视　频：光盘\视频\第5章\古典风格网店页面.swf

- **案例分析**

案例特点：本案例设计一幅古典风格的网店页面，页面中采用传统元素的素材图像与产品相搭配，从而凸显出产品的古典气质，仿佛每种产品都是一件传世的艺术品。

制作思路与要点：本案例所设计的古典风格网店页面，使用简单的几何图形对页面进行切割构图，运用多种传统风格的素材图像与产品相结合来突出表现产品的古典气质，并且使用了传统的书法字体来表现主题文字，页面的整体表现古典、唯美，给人留下深刻的印象。

- **色彩分析**

本实例所设计的古典风格电商页面，使用桃红色作为页面主体色调，给人一种美好、不张扬的印象。搭配纯度不高的浅黄色和浅灰色图形，使得页面表现非常舒服，也使得页面中的文字内容更加清晰。页面的整体色调让人感觉温馨、舒适、美好。

红色　　浅黄色　　浅灰色

● **制作步骤**

步骤 01 执行“文件>新建”命令，弹出“新建”对话框，新建一个空白文档，如图5-106所示。设置“前景色”为RGB（207、80、91），为画布填充前景色，如图5-107所示。

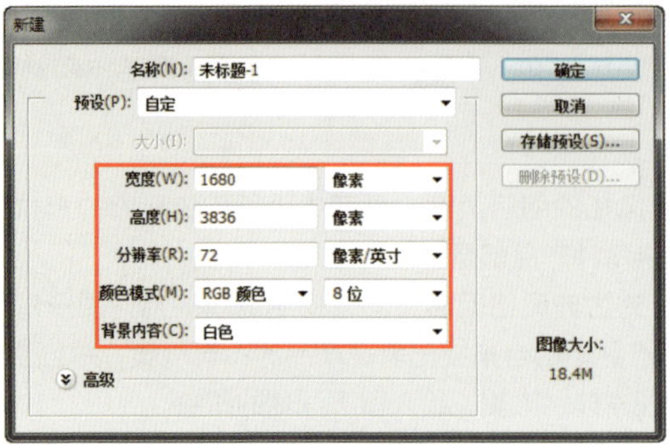

图5-106

图5-107

步骤 02 新建名称为“顶层”的图层组，使用“钢笔工具”，在“选项”栏上设置“工具模式”为“形状”，“填充”为RGB（255、253、203），在画布中绘制形状图形，效果如图5-108所示。为该图层添加“描边”图层样式，对相关选项进行设置，如图5-109所示。

图5-108

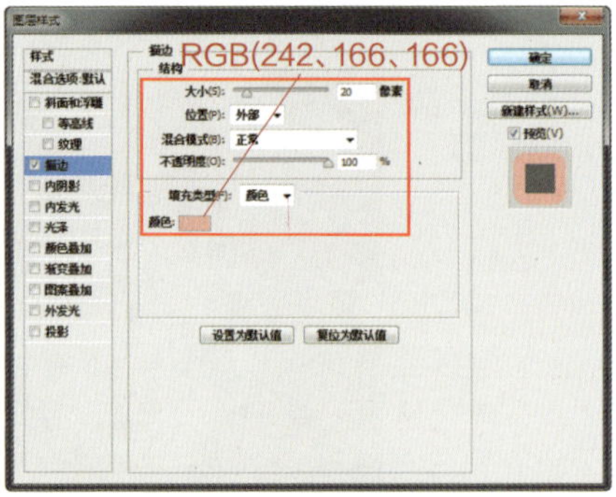

图5-109

步骤 03 单击“确定”按钮，完成“图层样式”对话框的设置，效果如图5-110所示。新建“图层1”，使用“画笔工具”，设置“前景色”为白色，选择合适的柔角笔触，在画布中相应的位置进行涂抹，效果如图5-111所示。

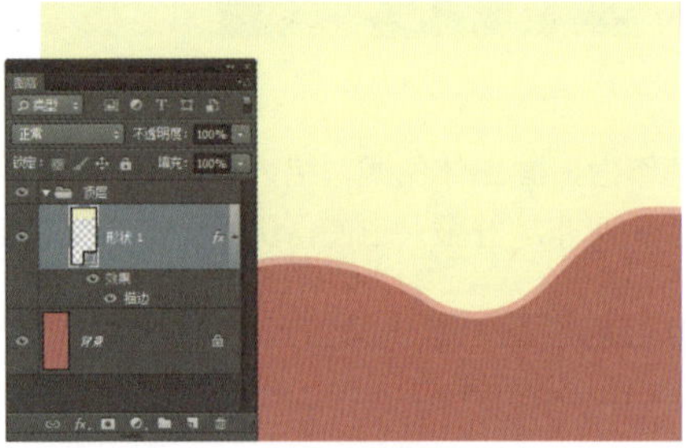

图5-110

图5-111

步骤04 执行“图层>创建剪贴蒙版”命令，将“图层1”创建剪贴蒙版，设置该图层的“不透明度”为80%，效果如图5-112所示。打开并拖入素材图像“光盘\源文件\第5章\素材\301.png”，效果如图5-113所示。

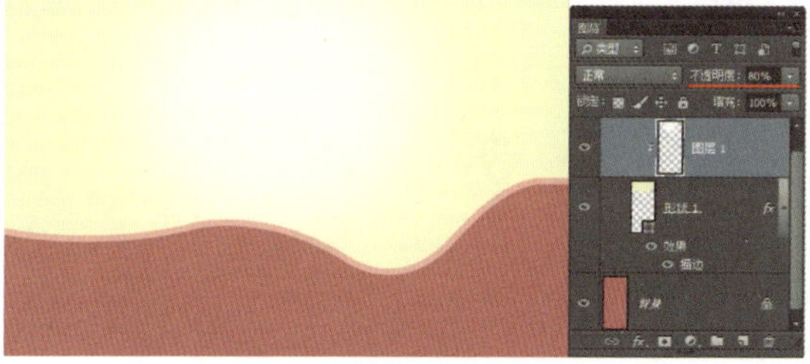

图5-112

图5-113

TIPS

在剪贴蒙版中，下方的图层称为基底图层，基底图层中包含像素的区域决定了内容图层的显示范围，移动基底图层或内容图层都可以改变内容图层的显示区域。

步骤05 使用相同的制作方法，拖入其他素材图像，效果如图5-114所示。为“图层4”添加图层蒙版，使用“画笔工具”，设置“前景色”为黑色，在蒙版中涂抹，并设置该图层的“混合模式”为“正片叠底”，“不透明度”为72%，效果如图5-115所示。

图5-114

图5-115

步骤06 使用相同的制作方法，拖入其他素材图像并分别进行设置，效果如图5-116所示。新建名称为“文案”的图层组，使用“直排文字工具”，在“字符”面板中设置相关选项，在画布中输入文字，如图5-117所示。

图5-116

图5-117

步骤 07 为该文字图层添加“渐变叠加”图层蒙版，对相关选项进行设置，如图5-118所示。单击“确定”按钮，完成“图层样式”对话框的设置，效果如图5-119所示。

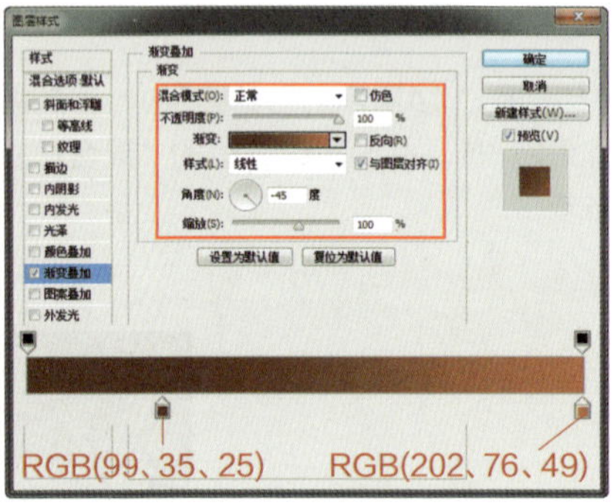

图5-118

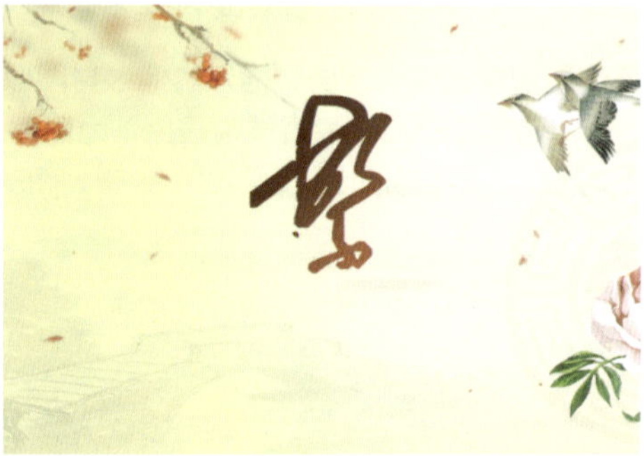

图5-119

步骤 08 使用相同的制作方法，完成相似文字效果的制作并拖入相应的素材图像，效果如图5-120所示。使用“椭圆工具”，设置“填充”为RGB（87、38、28），在画布中绘制正圆形，效果如图5-121所示。

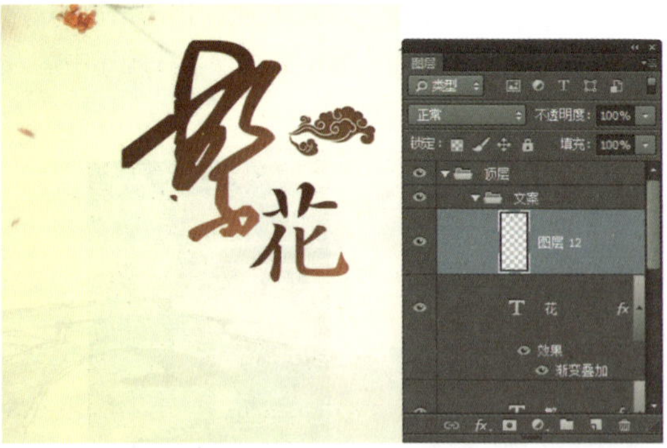

图5-120

图5-121

步骤 09 使用相同的制作方法，完成该部分产品文案的制作，效果如图5-122所示。新建名称为“商品”的图层组，打开并拖入素材图像“光盘\源文件\第5章\素材\314.png”，效果如图5-123所示。

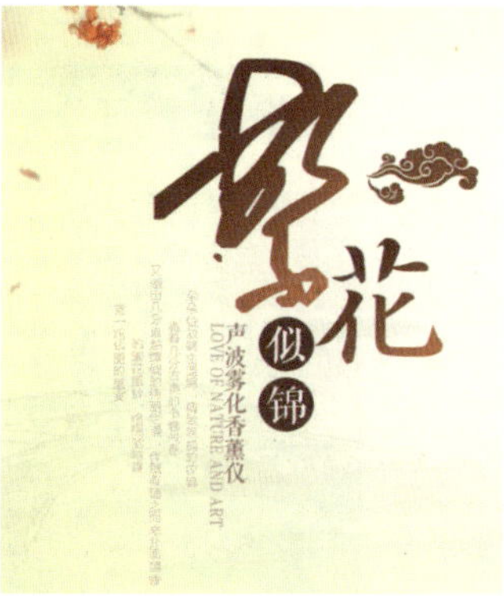

图5-122

图5-123

步骤 10 添加“曲线”调整图层，在“属性”面板中对曲线进行设置，如图5-124所示。添加“亮度/对比度”调整图层，在“属性”面板中对相关选项进行设置，如图5-125所示。

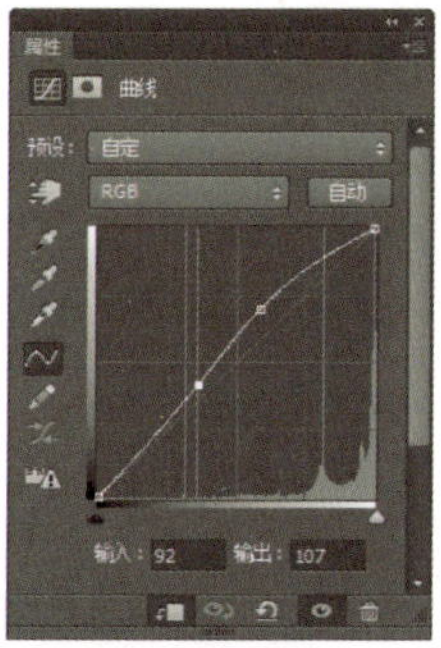

图5-124

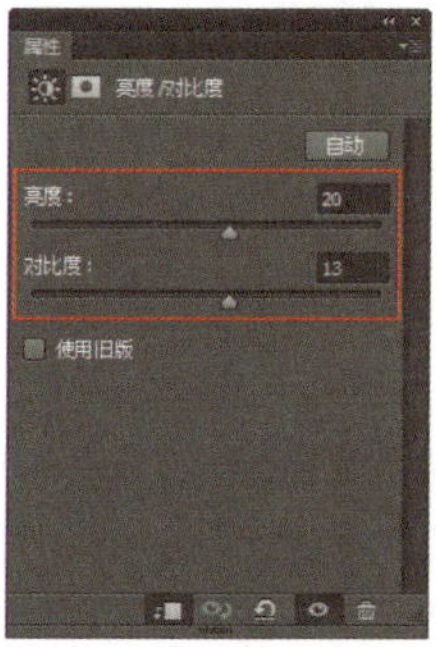

图5-125

步骤 11 将刚添加的“曲线”和“亮度/对比度”调整图层创建为剪贴蒙版，效果如图5-126所示。新建图层，使用“椭圆选框工具”，在画布中绘制椭圆选区，执行“选择>修改>羽化”命令，参数设置如图5-127所示。

图5-126

图5-127

步骤 12 单击“确定”按钮，为选区填充黑色，取消选区，设置该图层的“不透明度”为60%，调整图层叠放顺序，效果如图5-128所示。在“商品”图层组上方添加“曲线”调整图层，在“属性”面板中对曲线进行设置，如图5-129所示。

图5-128

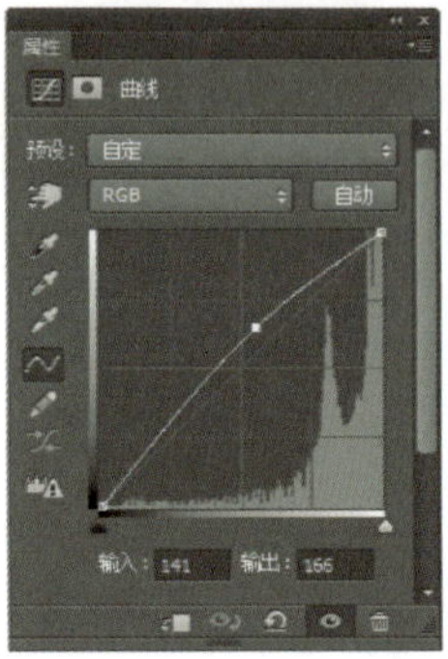

图5-129

步骤 13 完成“曲线”调整图层的添加，按住Ctrl键，单击“形状1”图层缩览图，载入选区，为“曲线2”调整图层添加图层蒙版，效果如图5-130所示。新建名称为“商品1”的图层组，使用“椭圆工具”，在画布中绘制正圆形，效果如图5-131所示。

图5-130

图5-131

步骤 14 使用“椭圆工具”，设置“路径操作”为“减去顶层形状”，在刚绘制的正圆形上减去一个圆形，效果如图5-132所示。打开并拖入素材图像“光盘\源文件\第5章\素材\312.png”，并为该图层创建剪贴蒙版，效果如图5-133所示。

图5-132

图5-133

步骤 15 使用“多边形工具”，设置“填充”为无，“描边”为RGB（78、89、63），“描边宽度”为30点，“边数”为10，在“设置”下拉面板中设置相关选项，在画布中绘制图形，为该图层创建剪贴蒙版，效果如图5-134所示。设置该图层的“混合模式”为“颜色加深”，“不透明度”为15%，效果如图5-135所示。

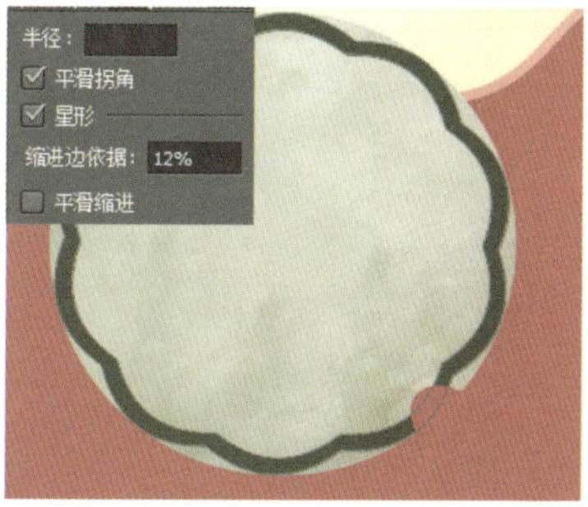

图5-134

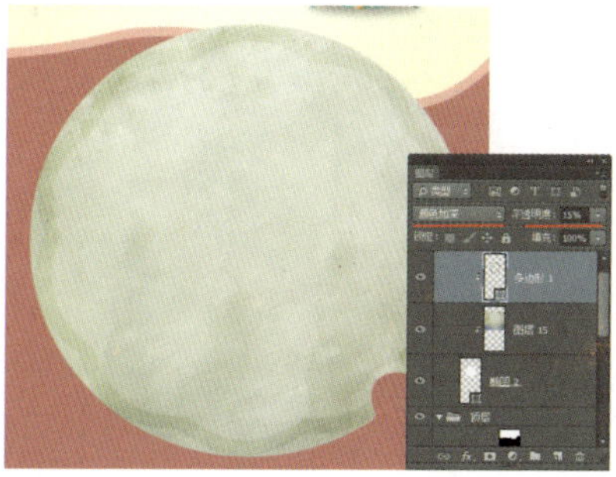

图5-135

步骤 16 使用相同的制作方法，添加“曲线”和“色彩平衡”调整图层，效果如图5-136所示。拖入相应的素材图像进行设置，并调整图层的叠放顺序，效果如图5-137所示。

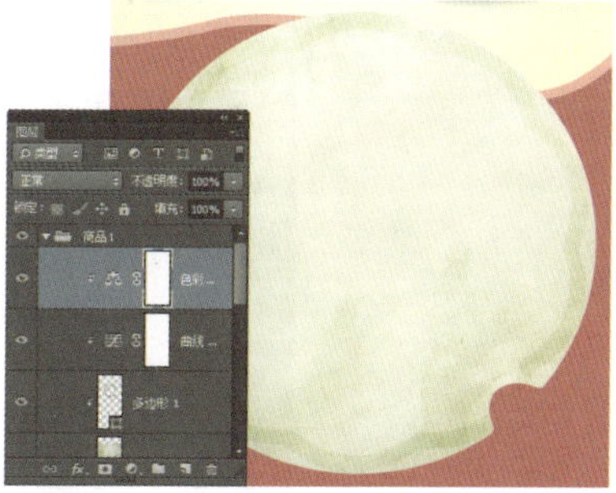

图5-136

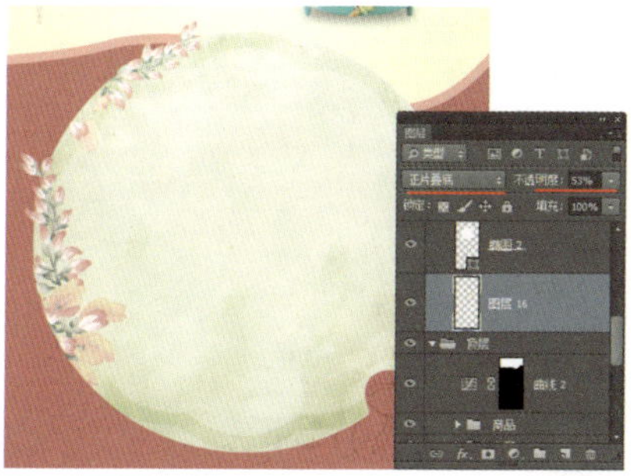

图5-137

步骤 17 新建名称为“文字”的图层组，使用相同的制作方法，完成文字效果的制作，效果如图5-138所示。在“商品1”图层组中新建名称为1的图层组，拖入相应的素材图像并调整到合适的位置，效果如图5-139所示。

图5-138

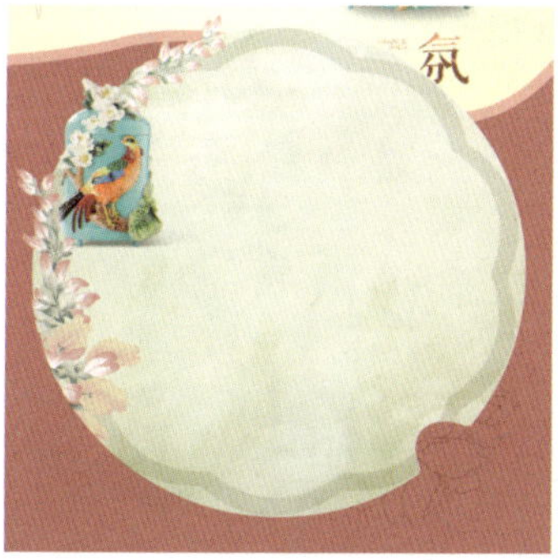

图5-139

步骤 18 使用“横排文字工具”，在“字符”面板中设置相关选项，在画布中输入文字，效果如图5-140所示。使用“矩形工具”，设置“填充”为RGB（184、93、25），在画布中绘制一个矩形，如图5-141所示。

图5-140

图5-141

步骤 19 使用“直线工具”，设置“填充”为RGB（237、217、197），“粗细”为1像素，在画布中绘制一条直线，如图5-142所示。多次复制该图层，分别调整复制得到的直线到合适的大小和位置，效果如图5-143所示。

图5-142

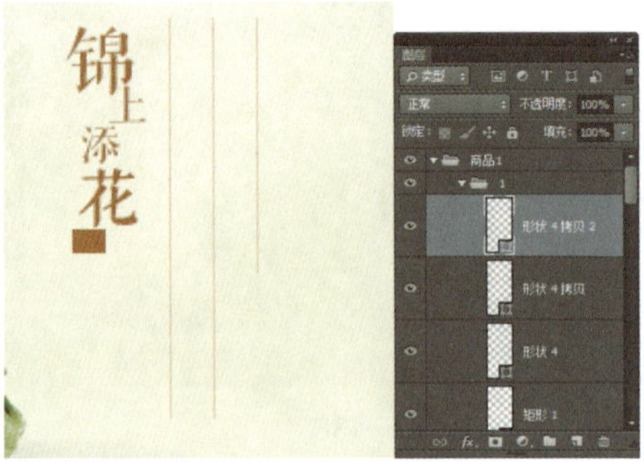

图5-143

步骤 20 使用“直排文字工具”，在画布中输入相应的文字，效果如图5-144所示。使用“椭圆工具”，设置“填充”为RGB（190、109、48），在画布中绘制正圆形，并复制刚绘制的正圆形，效果如图5-145所示。

图5-144

图5-145

步骤21 使用“直排文字工具”，在画布中输入相应的文字，效果如图5-146所示。使用“矩形工具”，设置“填充”为RGB（241、188、139），在画布中绘制矩形，如图5-147所示。

图5-146

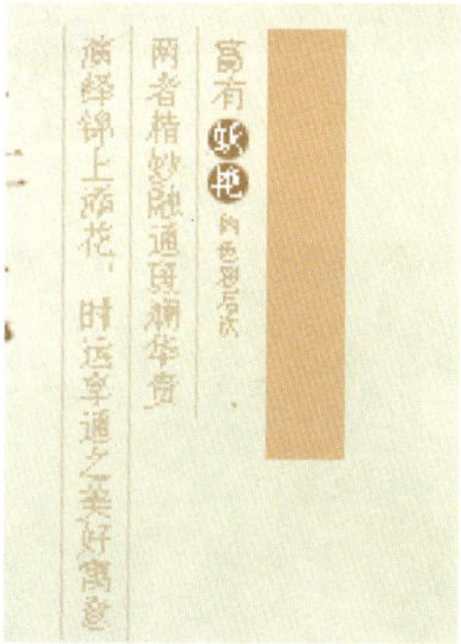

图5-147

步骤22 将该图层栅格化为普通图层，执行“滤镜>模糊>高斯模糊”命令，弹出“高斯模糊”对话框，参数设置如图5-148所示。单击“确定”按钮，应用“高斯模糊”滤镜。使用“橡皮擦工具”，选择合适的笔触，对矩形相应部分进行擦除操作，效果如图5-149所示。

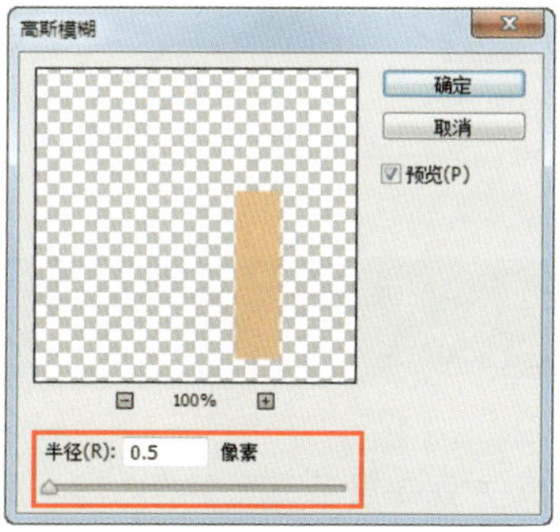

图5-148

图5-149

步骤23 使用“直排文字工具”，在“字符”面板中设置相关选项，在画布中输入文字，效果如图5-150所示。使用相同的制作方法，完成其他内容的制作，效果如图5-151所示。

图5-150

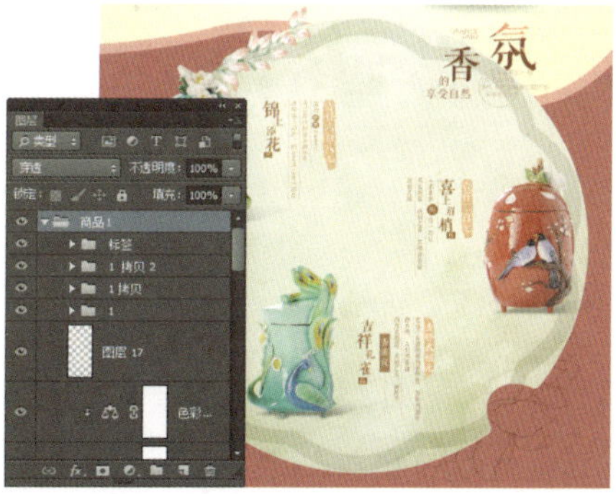

图5-151

步骤 24 使用相同的制作方法，完成页面中其他部分内容的制作，效果如图5-152所示。完成该古典风格网店页面的设计制作，最终效果如图5-153所示。

图5-152

图5-153

5.6 本章小结

在电商页面设计过程中需要通过页面分割的构图方法来展示页面中的内容。本章重点向读者介绍了电商页面构图的标准和常用方法，并通过电商页面的设计制作向读者介绍了页面构图的处理和表现方法。通过本章内容的学习，希望读者能够很好地理解并掌握电商页面的构图设计。

06

Chapter

电商页面布局设计

电商网站页面的布局设计和视觉风格构思在整个页面中占的比重较大。根据网店中主营商品的不同性质规划不同的页面布局结构，不但能够改变整个页面的视觉效果，而且还能够加深浏览者对该页面的第一印象，增强页面的宣传力度。

6.1 电商页面首屏布局设计要点

一个能引人驻足停留的首屏一定会为网站带来更多的客户和利益。在电子商务网站中，用户最急切需要获得的不外乎两点：吸引人的商品或店铺，以及网站能够给予用户的信任感。信任需要积累，因此，各类宣传推广信息就成了电商网站首屏所需要展示的内容。

6.1.1 确定页面首屏可视范围

根据调查显示，目前使用率最高的显示器屏幕分辨率为1 366像素×768像素。以该屏幕分辨率为例，浏览器窗口边框的宽度大多数为21像素左右，所以网页首屏在正常情况下的可视宽度为1 345像素。屏幕总高度为768像素，去除浏览器窗口中菜单栏、地址栏、任务栏以及电商网页头部的店招的高度，初步估算首屏高度控制在435像素左右比较合适。因此可以得出，最符合时下趋势的首屏设计宽度和高度范围是1 345像素×435像素，重要的内容尽量放置在这个区间中，如图6-1所示。

大多数的浏览者在进入电商网页中时都能够正常看到首屏部分的内容，所以在首屏部分经常用于放置宣传广告、页面主题以及重点推荐产品的展示，便于浏览者在进入该电商页面时就能够被首屏的信息所吸引。

图6-1

6.1.2 展示吸引用户的信息

页面首屏位置在整个网站中起着非常重要的宣传展示作用，此处所设计的宣传展示内容，文字应该短小精悍，尽可能用最少的篇幅把主题信息表达清楚。标题性文字更应该把商家的商业诉求清晰直接地表达出来，在这类文字的策划上需要注意符合网站的整体风格。如图6-2所示为电商网页首屏所展示的信息。

页面首屏使用具有代表性的儿童大图作为背景图，特别具有吸引力，搭配宣传主题文字，很好地突出了页面的活动主题。

图6-2

6.1.3 明确清晰的视觉焦点

大多数消费者在浏览网店时都是走马观花式的，从如今国内电商网站普遍的布局风格来看，浏览者在进入电商页面第一屏的视觉焦点基本上是以Banner宣传广告和导航为主。因此，其中无论表现的是文字还是宣传广告，都应该让浏览者一眼看清内容，减少其思考的时间。设计师在设计过程中可以通过为页面“去色”的方法来验证页面首屏中的视觉焦点是否显眼。如图6-3所示为电商页面首屏中清晰显眼的视觉焦点。

对比该电商页面首屏去色前后的效果，可以看出，首屏中的主题文字和优惠券信息非常显眼，即使在对页面去色后，因主题文字使用了较大的字体，依然可以一眼看清主题文字和优惠券信息。

图6-3

6.1.4 运用图片便于理解

要让浏览者在短短的几秒钟之内了解网站或商家发布的一系列信息，单凭简短的文字是远远不够的，必须借助图像才能够更好地衬托和表现主题。当然，在图片素材的选择上需要保证对主题的表达有所帮助，并且在设计上需要保持页面视觉风格的统一。如图6-4所示为使用图片素材帮助表达主题。

该电商页面采用简约的设计风格，没有什么修饰，让用户专注于商品本身。配图没有把商品的全貌都展现出来，但在简约的风格下，也能增强用户的点击欲。

图6-4

6.1.5 首屏要强调主题

电商网页首屏的风格是根据目的来决定的，在设计之前，必须了解这个首屏究竟在整个网页中会起到什么样的作用。一般情况下，电商网页的首页首屏会用来进行推广宣传，例如产品宣传、店铺推广和促销活动宣传等。如图6-5所示为产品推广宣传的首屏设计，如图6-6所示为促销活动宣传的首屏设计。

以产品推广作为主题的首屏一般会使用产品的卖点、优惠等信息组成文案，再搭配产品推广的主题图片。

图6-5

活动宣传很难使用简单的文案在首屏中描述清楚，所以要尽量使用富有视觉冲击力的字词来吸引浏览者。

图6-6

6.1.6 适当添加交互效果

在网站用户体验比较流畅的基础上，在首屏中可以适当加入一些鼠标交互动画效果。例如常见的滚动焦点图等，可以使页面看起来更生动，也能够同时展示多个宣传广告，吸引用户的注意力。如图6-7所示为交互动画效果在首屏中的应用。

该电商网页的首屏中通过交互滚动焦点图的方式来集中展示店铺中推荐的多款产品信息，可以实现自动定时轮换和浏览者单击左右箭头进行轮换。集中展示多款产品，又丰富了页面的交互效果。

图6-7

6.1.7 符合视觉习惯的图文混排

单一的文字或图片会让浏览者产生厌倦感，而图文混排能够很好地弥补这一点。图文混排的方式有很多，例如色彩上的对比、文字或图片的放大等，在布局上尽量做到错落有致，让用户的视线能够顺畅地转移。无论使用哪一种形式，都需要注意保证所展示内容的可读性。如图6-8所示为采用图文混排的电商网页首屏设计。

该网站首页产品推广展示采用图文相结合的方式，简单的大图和主题文字相辅相成，图片便于认识产品，文字内容主次分明。

图6-8

案例分析 | 时尚女包店铺页面设计分析

整体评价：该时尚女包店铺页面运用时尚的海报构图风格对页面进行设计，特别是在页面首屏，运用商品的模特展示图与街道合成出时尚大片的视觉效果，给人很强烈的视觉冲击力。

构图分析：该时尚女包店铺页面的布局比较清晰，在页面首屏部分通过合成设计出时尚海报的效果，充分吸引浏览者目光，接下来分类展示商品，各商品分类之间使用通栏的分类标题栏进行分隔，页面结构清晰、一目了然。

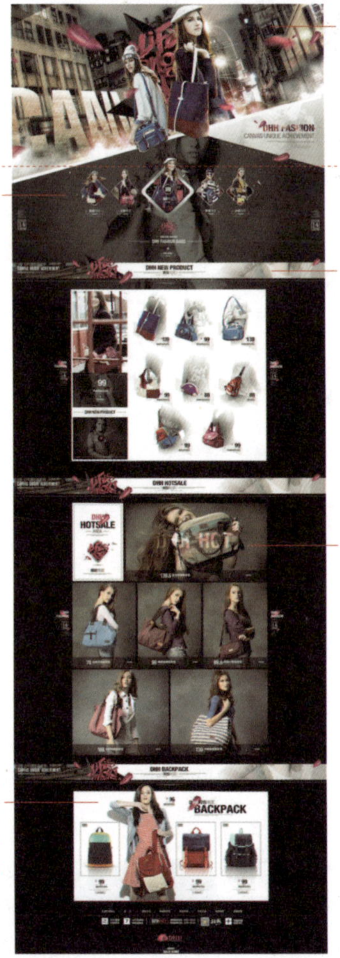

页面首屏部分是整个页面的设计重点，将产品融入到时尚海报中，给人很强烈的视觉冲击力。

首屏下方安排的是产品分类导航，运用菱形图案与模特展示相结合，标示出各产品分类，并使用模特大片作为背景，给浏览者很好的辨识度和时尚感。

运用通栏的产品分类标题，有效地区分产品类别。

使用突出重点的商品布局方式，有效地突出表现推荐商品。

每个产品分类栏目中的商品布局排列都采用了不同的方式，富于变化，能够给浏览者带来很好的视觉效果。

配色方案：该时尚女包店铺页面使用黑色作为页面的主色调，给人一种尊贵和高档感，与灰色进行搭配，并在页面的局部点缀洋红色。洋红色是比较女性化的色彩，整个页面的色彩搭配给人一种时尚、大气和高档的感觉。

主色：高档	辅色：大气	辅色：时尚	文字颜色：清晰

实战案例 | 设计化妆品网店首页

源文件：光盘\源文件\第6章\化妆品网店首页.psd　　视　频：光盘\视频\第6章\化妆品网店首页.swf

● **案例分析**

案例特点：本案例设计一个化妆品网店首页，将整个页面设计成类似产品架的效果，充分运用素材图像营造出一种自然、轻松的页面氛围。

制作思路与要点：本案例所设计的化妆品网店首页非常具有特色，使用木纹作为整个页面的背景，在页面首屏充分运用杂志广告的处理手法，突出表现产品，页面中各栏目的设计主要是通过素材图像来突出表现产品的效果，使页面看起来非常具有立体感。

● **色彩分析**

本案例所设计的化妆品网店首页充分运用大自然中的色彩进行配色，使用木纹的深褐色作为页面的主色调，搭配绿色的植物图形，营造出一种大自然的感觉，表现出产品的纯天然、绿色和健康。

深褐色　　绿色　　黄色

- **制作步骤**

步骤01 执行“文件>新建”命令，弹出“新建”对话框，新建一个空白文档，如图6-9所示。新建名称为“收藏本店”的图层组，打开并拖入素材图像“光盘\源文件\第6章\素材\101.png”，效果如图6-10所示。

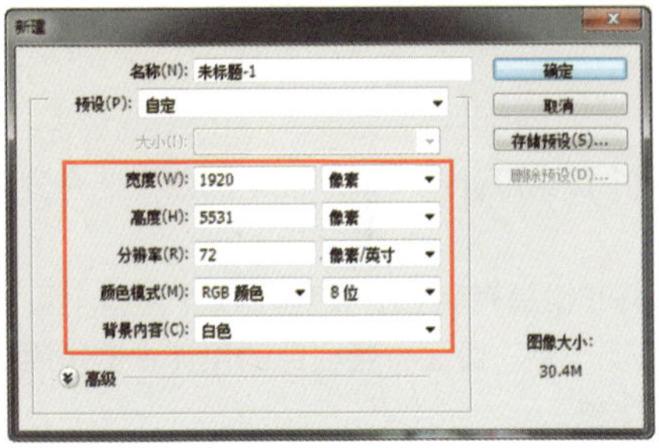

图6-9

图6-10

步骤02 打开并拖入素材图像“光盘\源文件\第6章\素材\102.png”，调整到合适的位置，如图6-11所示。为该图层添加“投影”图层样式，对相关选项进行设置，如图6-12所示。

图6-11

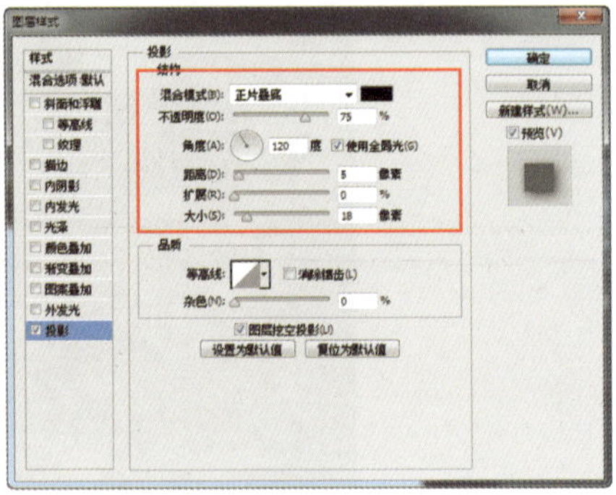

图6-12

步骤03 单击“确定”按钮，完成“图层样式”对话框的设置，效果如图6-13所示。使用相同的制作方法，拖入其他素材图像并分别进行处理，效果如图6-14所示。

图6-13

图6-14

步骤04 打开并拖入素材图像“光盘\源文件\第6章\素材\104.png”，调整到合适的位置，效果如图6-15所示。为该图层添加“内阴影”图层样式，对相关选项进行设置，如图6-16所示。

图6-15

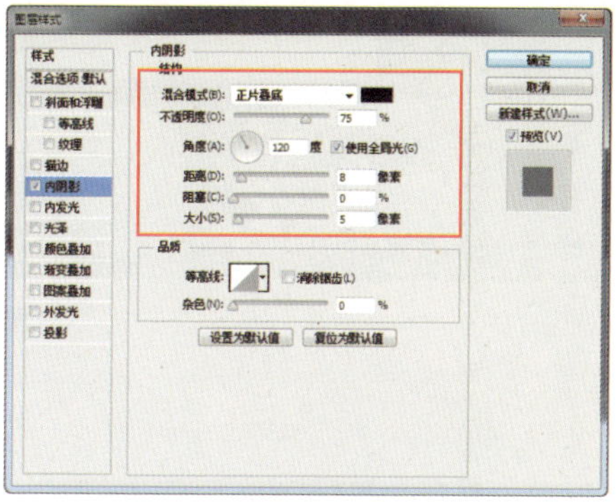

图6-16

TIPS

“内阴影”图层样式可以在仅靠图层内容的边缘内添加阴影，使图层内容产生凹陷效果。

步骤05 继续添加“内发光”图层样式，对相关选项进行设置，如图6-17所示。继续添加“光泽”图层样式，对相关选项进行设置，如图6-18所示。

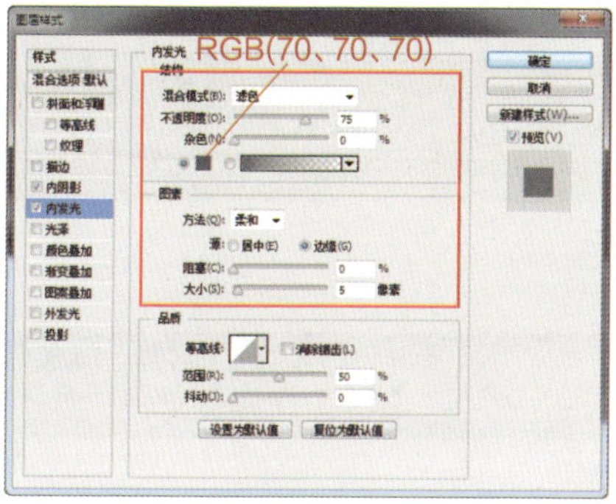

图6-17

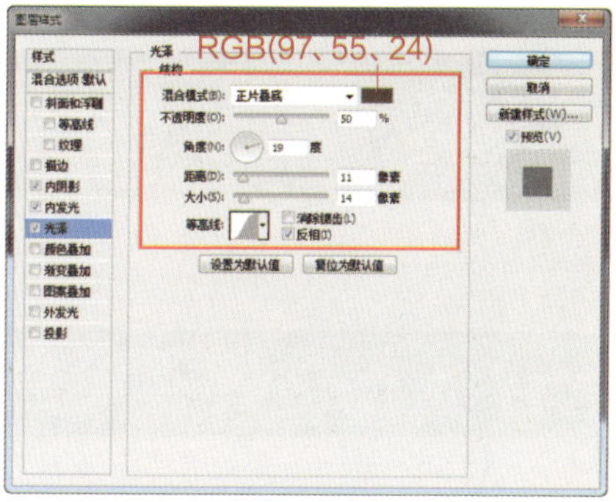

图6-18

步骤06 单击“确定”按钮，完成“图层样式”对话框的设置，效果如图6-19所示。使用相同的制作方法，拖入相应的素材图像并进行调整，效果如图6-20所示。

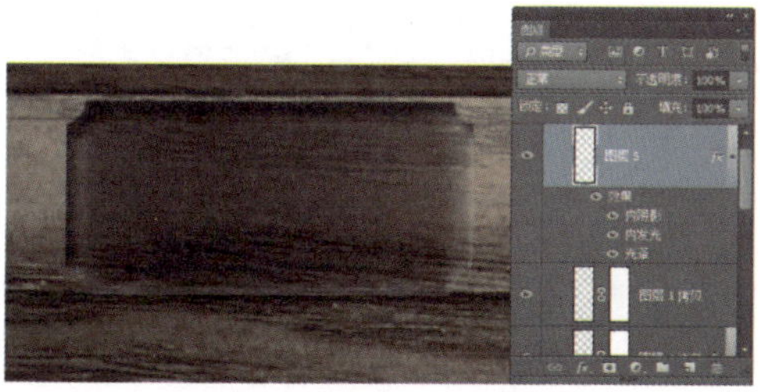

图6-19

图6-20

步骤07 使用“横排文字工具”，在“字符”面板上对相关选项进行设置，在画布中输入文字，如图6-21所示。为该文字图层添加相应的图层样式，效果如图6-22所示。

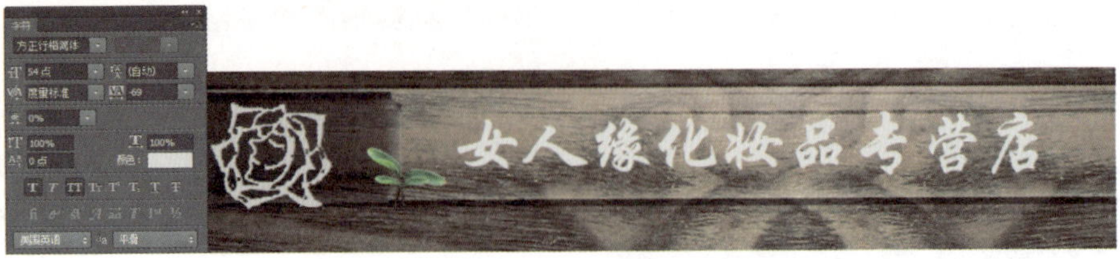

图6-21

图6-22

步骤08 使用相同的制作方法，完成页面顶部的店招内容制作，效果如图6-23所示。在该图层组中新建名称为“菜单”的图层组，使用“矩形工具”，在画布中绘制黑色矩形，如图6-24所示。

图6-23

图6-24

步骤09 使用相同的制作方法，完成页面导航菜单的制作，效果如图6-25所示。

图6-25

步骤10 新建名称为“自然”的图层组，打开并拖入素材图像“光盘\源文件\第6章\素材\113.png”，效果如图6-26所示。为该图层添加图层蒙版，使用“画笔工具”，设置“前景色”为黑色，在蒙版中进行涂抹，效果如图6-27所示。

图6-26

图6-27

TIPS

在图层蒙版上只可以使用黑色、白色和灰色3种颜色进行涂抹，黑色为遮住，白色为显示，灰色为半透明。

步骤 11 打开并拖入素材图像“光盘\源文件\第6章\素材\114.png”，调整至合适的位置，效果如图6-28所示。新建图层，使用“画笔工具”，设置“前景色”为RGB（255、175、16），在画布中相应的位置进行涂抹，设置该图层的“混合模式”为“叠加”，并为该图层创建剪贴蒙版，效果如图6-29所示。

图6-28

图6-29

步骤 12 使用相同的制作方法，完成其他图形的绘制并拖入其他素材图像进行处理，效果如图6-30所示。

图6-30

TIPS

在一组剪贴蒙版中只能有一个基底图层，可以有多个内容图层，但这些图层必须是相邻的图层。

步骤 13 新建图层，为画布填充黑色，执行“滤镜>渲染>镜头光晕”命令，弹出“镜头光晕”对话框，参数设置如图6-31所示。单击“确定”按钮，调整图形到合适的大小和位置，设置该图层的“混合模式”为“线性减淡（添加）”，并为该图层添加图层蒙版进行处理，效果如图6-32所示。

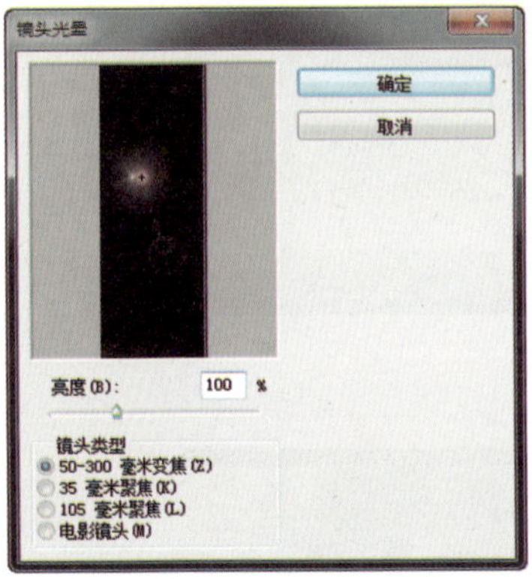

图6-31

图6-32

TIPS

“线性减淡（添加）”混合模式的效果与“线性加深”混合模式的效果相反，与“颜色减淡”混合模式的效果相近，但对比度差一些，它是通过亮度来减淡颜色，产生的亮化效果比“滤色”、“颜色减淡”模式都强烈。

步骤 14 使用相同的制作方法，拖入相应的素材图像并在画布中输入相应的文字，完成该部分宣传广告内容的制作，效果如图6-33所示。

图6-33

步骤 15 打开并拖入素材图像"光盘\源文件\第6章\素材\121.png"，调整到合适的位置。将该图层调整到"收藏本店"图层组下方，效果如图6-34所示。在"自然"图层组上方新建名称为"新品"的图层组，使用相同的制作方法，拖入相应的素材图像并分别进行处理，效果如图6-35所示。

图6-34

图6-35

步骤 16 新建图层，使用"钢笔工具"，在"选项"栏上设置"工具模式"为"路径"，在画布中绘制路径，按快捷键Ctrl+Enter，将路径转换为选区，如图6-36所示。使用"渐变工具"，打开"渐变编辑器"对话框，设置渐变颜色，如图6-37所示。

图6-36

图6-37

步骤 17 单击“确定”按钮，完成渐变颜色的设置，在选区中填充线性渐变，设置该图层的“不透明度”为50%，效果如图6-38所示。使用相同的制作方法，拖入相应的素材并输入相应文字，效果如图6-39所示。

图6-38

图6-39

步骤 18 在该图层组中新建名称为“组1”的图层组，打开并拖入素材图像“光盘\源文件\第6章\素材\129.png”，效果如图6-40所示。为该图层添加“投影”图层样式，对相关选项进行设置，如图6-41所示。

图6-40

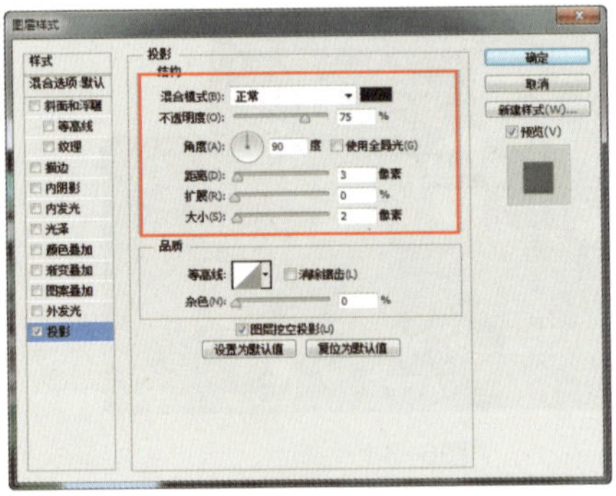

图6-41

步骤 19 单击“确定”按钮，完成“图层样式”对话框的设置，效果如图6-42所示。使用相同的制作方法，完成相似图形和文字的绘制，如图6-43所示。

图6-42

图6-43

步骤20 使用相同的制作方法，完成该部分内容的制作，效果如图6-44所示。新建名称为“热销宝贝”的图层组，使用相同的制作方法，完成该栏目中相应背景的制作，效果如图6-45所示。

图6-44

图6-45

步骤21 在该图层组中新建名称为“搜索框”的图层组，使用“矩形工具”，在“选项”栏上设置“填充”为RGB（124、142、43），在画布中绘制矩形，如图6-46所示。使用“矩形工具”，在画布中绘制白色矩形，效果如图6-47所示。

图6-46

图6-47

步骤22 使用“自定形状工具”，在“选项”栏上设置“填充”为RGB（198、219、137），在形状下拉面板中选择合适的形状，在画布中绘制形状图形，如图6-48所示。使用相同的制作方法，完成该部分内容的制作，效果如图6-49所示。

图6-48　　　　图6-49

TIPS

选择需要拖入图层组中的图层，将图层拖曳至图层组名称或图标上，即可将该图层移入图层组。选择需要移出图层组的图层，向图层组外侧拖动图层即可将图层移出图层组。

步骤23 使用相同的制作方法，完成该化妆品店铺首页的设计制作，效果如图6-50所示。

图6-50

6.2 商品列表页布局设计

商品列表页面也被称为商品聚合页，在该页面中为消费者提供更完善的商品种类选择。商品列表页面的最大特点就是信息量大、产品图片多，所以布局是否清晰合理是商品列表页面设计的重点。

6.2.1 商品列表形式

目前，电商网站中的商品列表页面常见的布局表现形式有3种，分别是“行列排列”“特别款突出”和“瀑布流”。这3种表现形式各有特点，设计师应该根据商品的特点选择最适合的表现形式。

如果商品的种类繁多，规整的“行列排列”方式更利于用户找到浏览规律，也是目前电商网站中最常见的一种商品列表形式，如图6-51所示。

图6-51

“特别款突出”的表现形式是在同一类产品中使用大图的方式来突出某一款产品的表现，常用于一些节日活动的宣传促销页面，如图6-52所示。

图6-52

“瀑布流”是近几年流行起来的一种产品列表形式，在流行时尚领域的电商网页中应用较多，如图6-53所示。

图6-53

6.2.2 展示有用的产品信息

商品列表页面相较于其他页面会显得有些拥挤，因此设计师更应该在有限的区域范围内将最有用的产品信息展示给浏览者。在浏览商品列表页面时，浏览者对于商品的细节描述并不是很在意，简单扼要的产品图片、产品名称，以及价格说明就已经能够满足该页面中产品信息的需求了。如图6-54所示的商品列表页面中主要展示了产品图片、产品名称和价格信息，内容简洁清晰。

图6-54

6.2.3 鼠标悬停时产生交互效果

很多电商网站的商品列表页面中都会有鼠标悬停在某个商品上时产生交互效果，虽然只是一个很小的效果，但是它却体现了网站与浏览者之间的互动与反馈。

如图6-55所示的为“天猫”网站的商品列表页面，当鼠标悬停在某个商品范围内时，该商品的边框会变成红色与其他商品以示区别，达到突出显示的作用。

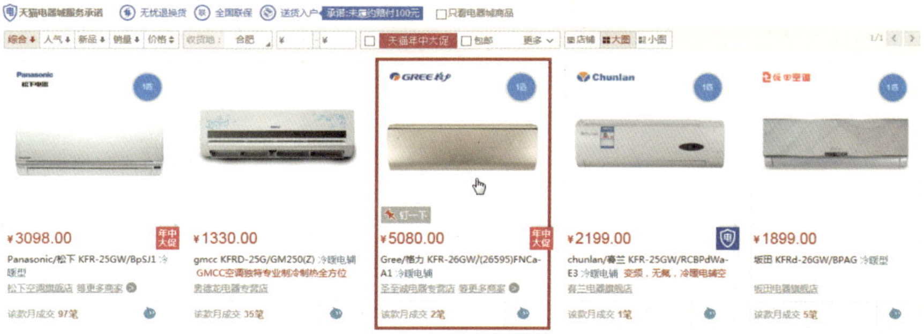

图6-55

6.2.4　出现适量的附加信息

商品列表页面应该尽量做到简洁清晰，但在此基础上适当地增加一些消费者在挑选商品时有帮助的附加信息，可以起到锦上添花的作用。

如图6-56所示的为“聚美优品”网站的商品列表页面，当浏览者将光标移至某个商品的范围内时，提供了该商品多角度的图片，用户无须进入到详情页就能够看到商品不同角度的图片。

图6-56

6.2.5　添加推荐商品刺激消费

推荐商品不仅可以放置在网站的页首中，虽然首页首屏是整个网站中最佳的黄金宣传位置，但所起到的效果却不一定是最理想的，可以根据商品的类型将推荐商品安排在商品列表页中，同样可以起到事半功倍的促销效果。

如图6-57所示的为“京东”网站的“平板电视”商品列表页面，将平板电视的相关推荐产品放置在产品列表的头部，让真正有购买需求的用户能够看到。

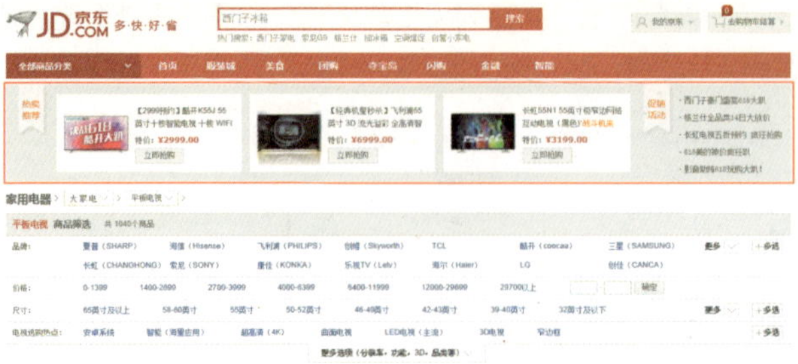

图6-57

6.2.6 减少操作步骤

在商品列表页面中，尽可能减少用户购买商品的操作步骤，但是前提是全面和完整地展现商品信息，在此基础上可以添加“直接购买”等选项，使得浏览者不需要进入到商品详情页就可以直接购买商品。

在商品列表页面中直接显示“加入购物车”按钮的比较常见，但能够同时显示购买数量的并不多。如图6-58所示的为DHC化妆品官方网站的商品列表页面，每个商品信息的下方都显示了购买数量和加入购物车的选项，方便了用户的操作。

图6-58

6.2.7 了解顾客心理

从众心理是网上购物人群的普遍状态，因此，买过商品的顾客对此做出的评价对于消费者来说很有说服力，商家可以利用这一点在商品列表页设计的时候做出一些小小的改变。

如图6-59所示的为“京东”网站的商品列表页面，每个产品信息的下方都会显示历史购买评价人次，这样能让用户更直观地看到商品的人气指数。

图6-59

案例分析 | 食品店铺产品列表页面设计分析

页面首屏部分放置产品的宣传海报，在该宣传海报的设计中运用蓝天、白云、草地等素材图像与产品相结合，给人一种天然、健康的印象，使浏览者进入该页面就能够感受到一种心旷神怡的舒适感。

产品列表部分采用“特别款突出”的布局方式进行排列，并且在产品图片上运用标签的形式突出“原装进口”特点。

店铺重点推荐产品进行突出展示。

运用产品促销信息来分隔页面中不同类型的产品。

在页面下方放置“品牌荣誉”和“品牌故事”内容，表现出产品的高品质和可信赖感。

整体评价： 该食品店铺产品列表页面风格清新、自然，在页面头部放置产品宣传推广海报，使浏览者进入该页面就能够被吸引，下方按产品的推荐程度依次排列商品，层次非常清晰。

构图分析： 该商品列表页面结构清晰、层次分明，在商品列表的布局设计中使用“特别款突出”和“行列排列”两种构图方式相结合，有效地突出特别推荐商品，并没有采用特别的构图方式，但整个页面让人感觉清晰、自然。

配色方案： 该商品列表页面使用浅灰色作为页面的背景色调，灰色属于中性色，与什么色彩搭配其色彩印象就会偏向于该色彩。使用蓝色和黄色相搭配，蓝色能够与产品包装颜色相呼应，给人一种理性、宁静的感觉，黄色在页面中有效地突出表现相应的信息，体现出产品的高品质。

主色：中性　　辅色：宁静　　辅色：高品质　　文字颜色：清晰

实战案例 | 设计手机促销列表页面

源文件：光盘\源文件\第6章\手机促销列表页面.psd　视　频：光盘\视频\第6章\手机促销列表页面.swf

● **案例分析**

案例特点：本案例设计一个手机促销列表页面，运用几何图形对页面进行分割构图，分栏目对产品进行列表展示，页面的整体效果清晰、自然。

制作思路与要点：产品列表页面不需要很花哨的表现形式，重点是清晰、直观地展示产品。本案例所设计的手机促销产品列表页面运用几何方块图形来分割页面和区分栏目内容，在不同的栏目中分别采用了“行列排列”和“特别突出”两种布局形式对产品列表进行布局设计，页面的布局结构清晰、自然，能够清晰、有效地传达页面中的产品信息。

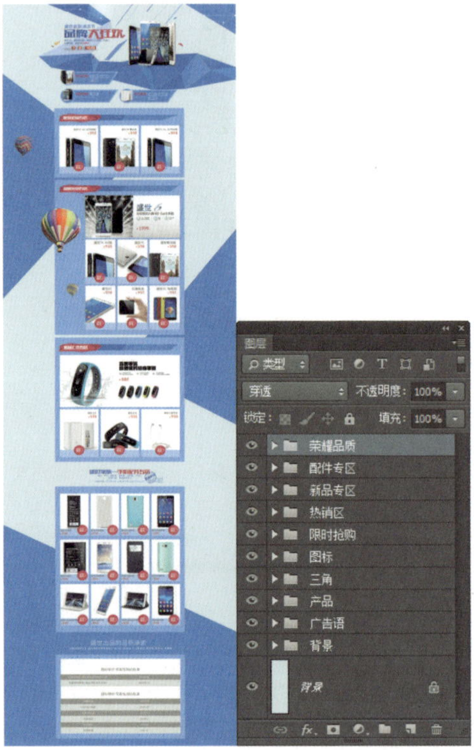

● **色彩分析**

该手机促销列表页面使用蓝色作为页面的主色调，蓝色可以给人一种清爽、科技感，页面中局部点缀洋红色的栏目标题和购买按钮，能够有效地突出栏目信息和购买按钮，诱导消费者点击购买。整个页面的色调统一、重点突出，给人一种简洁、舒适的感受。

蓝色　红色　白色

- **制作步骤**

步骤01 执行“文件>新建”命令，弹出“新建”对话框，新建一个空白文档，如图6-60所示。设置“前景色”为RGB（224、236、243），为画布填充前景色，如图6-61所示。

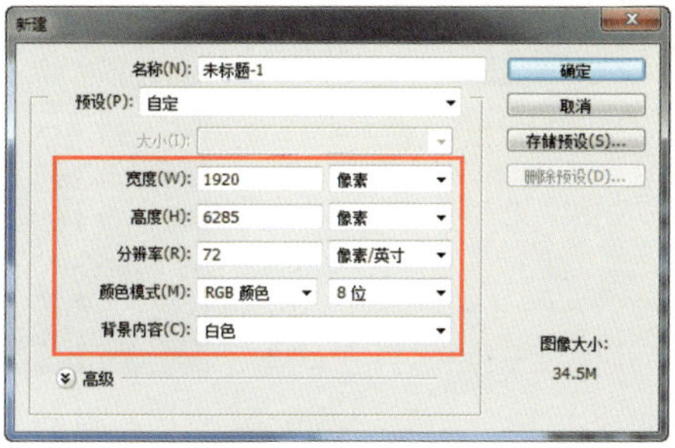

图6-60

图6-61

步骤02 新建名称为“背景”的图层组，使用“钢笔工具”，在“选项”栏上设置“工具模式”为“形状”，“填充”为RGB（41、138、235），在画布中绘制形状图形，如图6-62所示。使用相同的制作方法，在画布中绘制多个形状图形，效果如图6-63所示。

图6-62

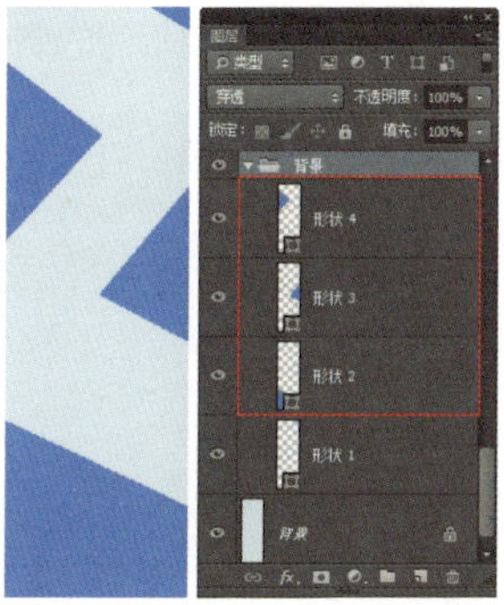

图6-63

步骤03 新建名称为“形状”的图层组，使用“钢笔工具”，在画布中绘制任意颜色的形状图形，为该图层添加“渐变叠加”图层样式，对相关选项进行设置，如图6-64所示。单击“确定”按钮，完成“图层样式”对话框的设置，效果如图6-65所示。

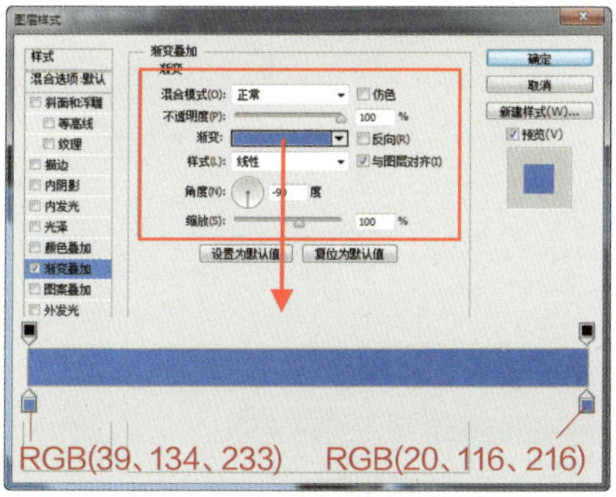

图6-64

图6-65

步骤04 新建“图层1”，使用“画笔工具”，设置“前景色”为白色，选择合适的笔触与大小，在画布中进行涂抹，如图6-66所示。设置该图层的“混合模式”为“柔光”，效果如图6-67所示。

图6-66

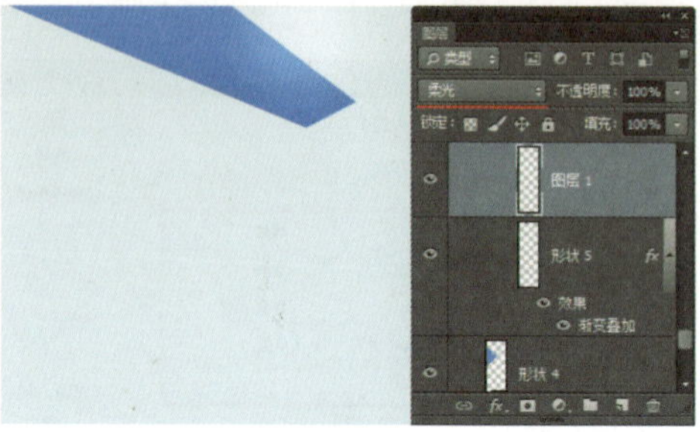

图6-67

TIPS

“混合模式”为“柔光”，将以图层中的颜色决定图像是变亮还是变暗，衡量的标准以50%的灰色为准，高于这个比例则图像变亮，反之则图像变暗。

步骤05 使用“钢笔工具”，在“选项”栏上设置“填充”为RGB（183、213、243），在画布中绘制形状图形，如图6-68所示。使用相同的制作方法，完成相似图形的绘制，效果如图6-69所示。

图6-68

图6-69

步骤06 使用相同的制作方法，绘制出其他相似的图形效果，如图6-70所示。使用“直线工具”，设置“粗细”为1像素，在画布中绘制白色直线，效果如图6-71所示。

图6-70

图6-71

步骤 07 新建“图层2”，使用“画笔工具”，设置“前景色”为白色，选择合适的笔触与大小，在画布中进行涂抹，效果如图6-72所示。为该图层添加“外发光”图层样式，对相关选项进行设置，如图6-73所示。

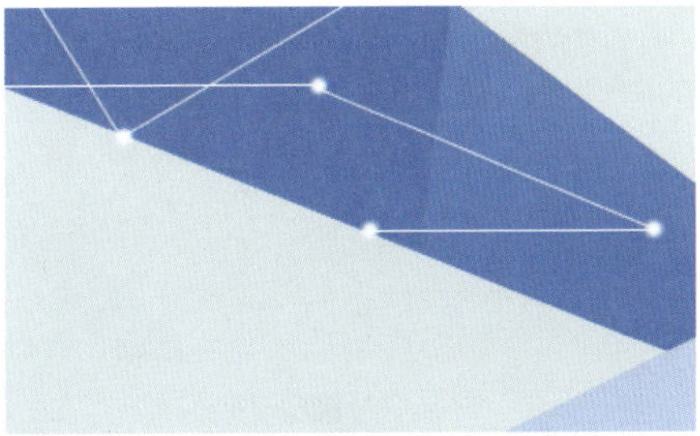

图6-72

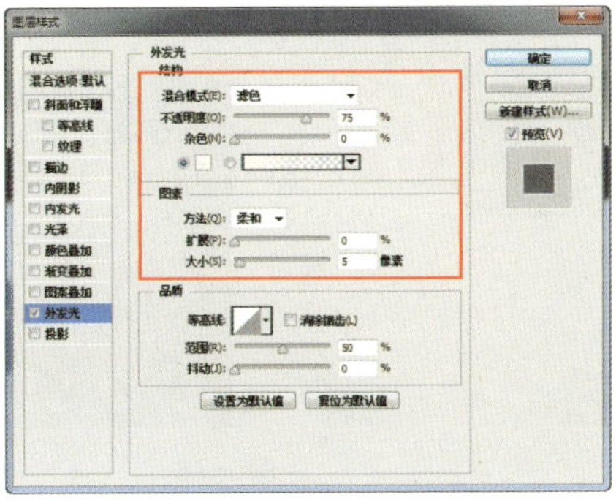

图6-73

步骤 08 单击“确定”按钮，完成“图层样式”对话框的设置，效果如图6-74所示。使用相同的制作方法，完成相似图形的绘制，如图6-75所示。

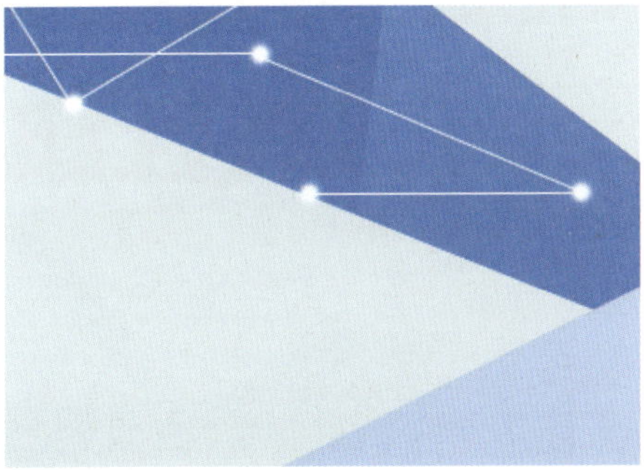

图6-74

图6-75

步骤 09 在“背景”图层组上方新建名称为“广告语”的图层组，使用“横排文字工具”，在“字符”面板上对相关选项进行设置，在画布中输入文字，如图6-76所示。使用相同的制作方法，完成相似文字的制作，如图6-77所示。

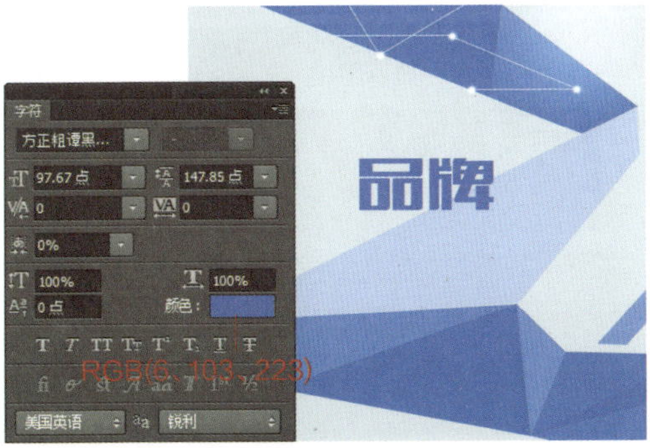

图6-76

图6-77

步骤 10 选中相应的文字，在“字符”面板上对相关选项进行设置，效果如图6-78所示。使用相同的制作方法，对其他文字分别进行相应的调整，如图6-79所示。

图6-78

图6-79

步骤 11 执行“类型>转换为形状”命令，将文字图层转换为形状图层，使用“直接选择工具”，对文字相应的锚点进行拖动调整，从而对文字进行变形操作，效果如图6-80所示。使用相同的制作方法，在画布中输入其他文字内容，效果如图6-81所示。

图6-80

图6-81

步骤 12 选择“品牌”文字图层，使用“钢笔工具”，设置“填充”为RGB（4、70、191），在画布中绘制形状图形，为该图层创建剪贴蒙版，效果如图6-82所示。使用相同的制作方法，完成相似图形的绘制，如图6-83所示。

图6-82

图6-83

步骤 13 使用“圆角矩形工具”，设置“填充”为RGB（197、2、9），“半径”为2像素，在画布中绘制圆角矩形，如图6-84所示。使用相同的制作方法，绘制出其他圆角矩形，效果如图6-85所示。

图6-84

图6-85

步骤 14 使用相同的制作方法，在画布中输入文字并绘制直线，效果如图6-86所示。新建名称为“产品”的图层组，打开并拖入素材图像“光盘\源文件\第6章\素材\201.png”，调整到合适的位置，效果如图6-87所示。

图6-86

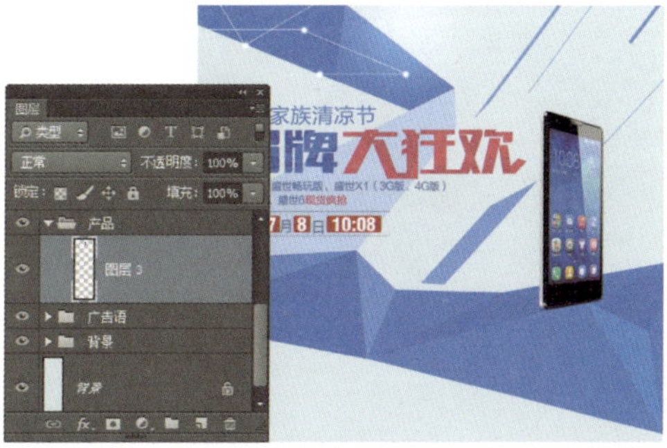

图6-87

步骤 15 使用相同的制作方法，拖入其他素材图像并分别进行调整，效果如图6-88所示。新建名称为“三角”的图层组，使用相同的制作方法，绘制出多个不同颜色的三角形作为装饰，效果如图6-89所示。

图6-88

图6-89

步骤 16 新建名称为“图标”的图层组，在“图标”图层组中新建名称为“限时抢购”的图层组，使用“矩形工具”，设置“填充”为RGB（113、182、251），在画布中绘制矩形，如图6-90所示。使用“直接选择工具”，选中矩形右下角的锚点，对其进行调整，得到需要的图形，如图6-91所示。

图6-90

图6-91

步骤 17 使用相同的制作方法，完成相似图形的制作，如图6-92所示。使用“椭圆工具”，设置“填充”为RGB（41、138、235），在画布中绘制正圆形，如图6-93所示。

图6-92

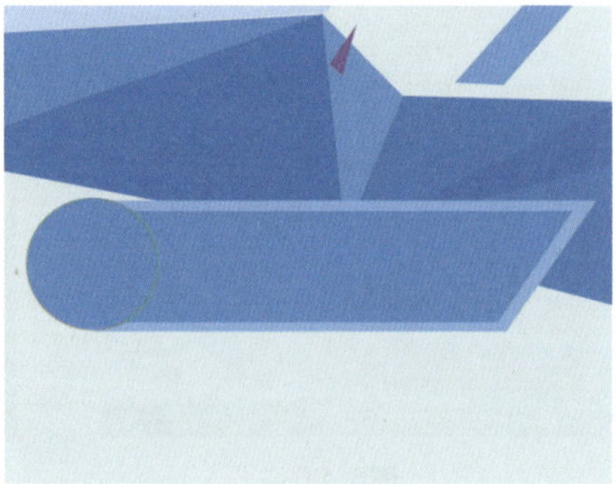

图6-93

步骤 18 为该图层添加“描边”图层样式，对相关选项进行设置，如图6-94所示。单击“确定”按钮，完成“图层样式”对话框的设置，效果如图6-95所示。

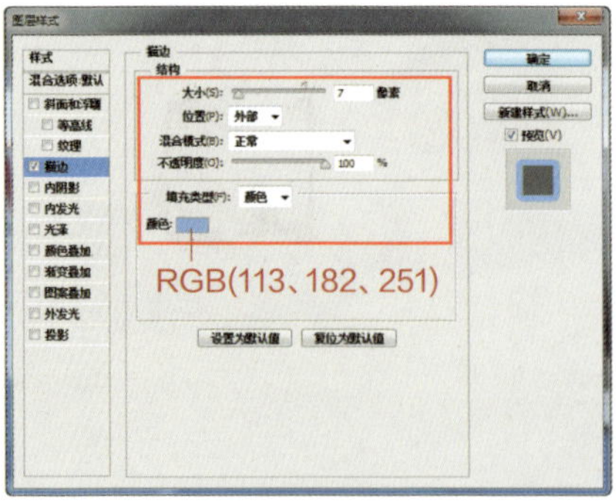

图6-94

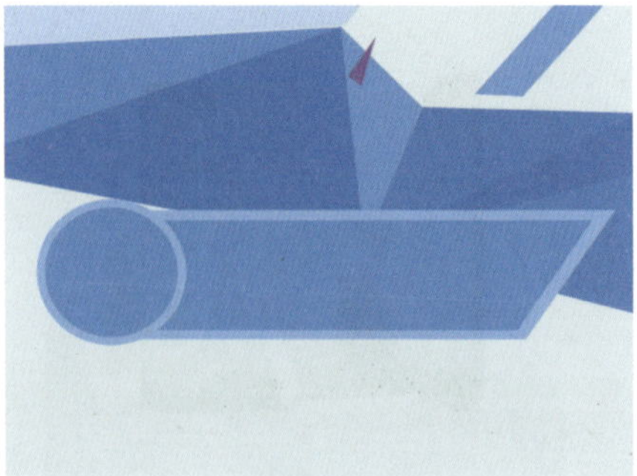

图6-95

步骤19 打开并拖入素材图像“光盘\源文件\第6章\素材\206.png”，调整到合适的大小和位置，并进行相应的处理，效果如图6-96所示。使用“圆角矩形工具”，设置“填充”为RGB（113、182、251），“半径”为2像素，在画布中绘制圆角矩形，如图6-97所示。

图6-96

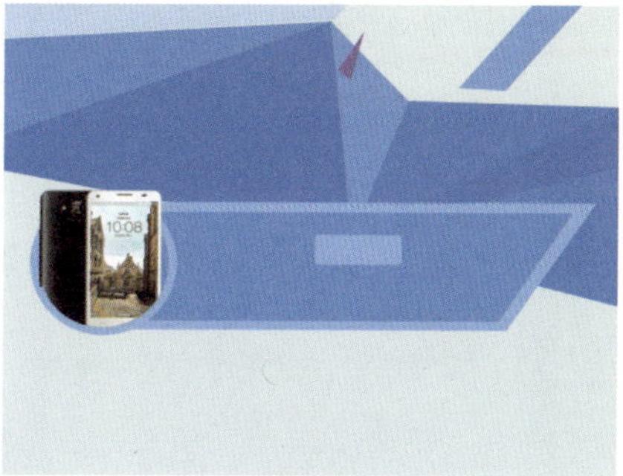

图6-97

步骤20 使用相同的制作方法，完成相似图形的绘制和文字的输入，效果如图6-98所示。使用相同的制作方法，完成相似内容的制作，效果如图6-99所示。

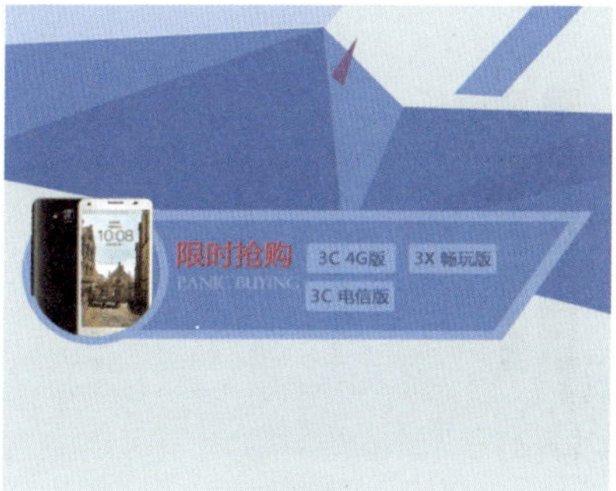

图6-98

图6-99

步骤21 新建名称为“限时抢购”的图层组，使用“矩形工具”，设置“填充”为RGB（113、182、251），在画布中绘制矩形，如图6-100所示。使用相同的制作方法，完成该栏目标题的制作，效果如图6-101所示。

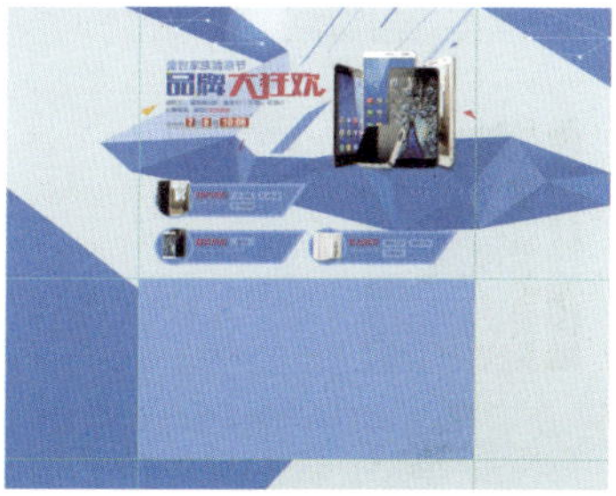

图6-100

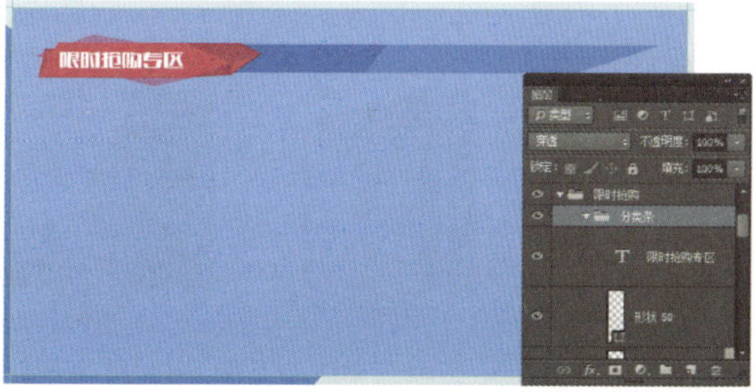

图6-101

步骤22 新建名称为“购买”的图层组，使用“矩形工具”，在画布中绘制两个矩形，效果如图6-102所示。打开并拖入相应的素材图像，将素材图像所在图层创建剪贴蒙版，在画布中输入相应的文字，效果如图6-103所示。

图6-102

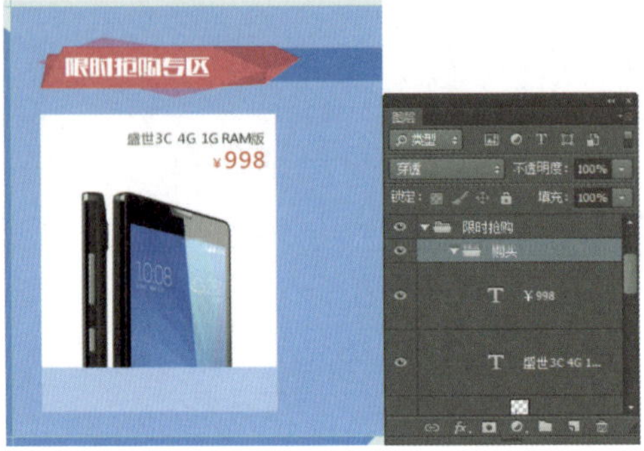

图6-103

步骤23 使用“椭圆工具”，设置“填充”为RGB（225、5、83），在画布中绘制正圆形，如图6-104所示。使用相同的制作方法，完成相似文字的制作，如图6-105所示。

图6-104

图6-105

步骤24 使用相同的制作方法，完成相似内容的制作，效果如图6-106所示。

图6-106

步骤 25 使用相同的制作方法，完成页面中其他栏目内容的制作，效果如图6-107所示。完成该手机促销列表页面的设计制作，最终效果如图6-108所示。

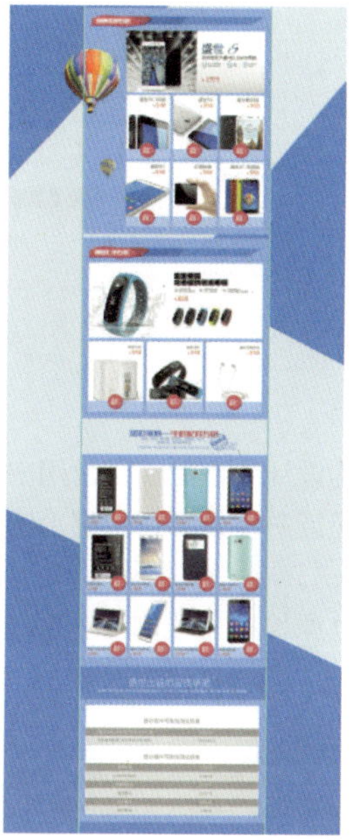

图6-107

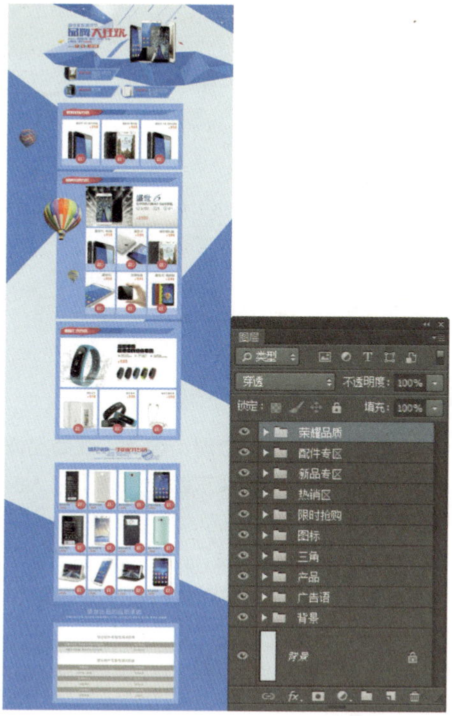

图6-108

6.3 商品详情页设计

商品详情页是电商网站中最容易与用户产生交集共鸣的页面，详情页的设计极有可能会对用户的购买行为产生直接的影响。因此，商品详情页面的设计在美观实用的基础上，将要表达的信息尽可能用直观的视角展现出来。

6.3.1 提供商品展示图片的细节放大效果

商品详情页中的商品图片展示是用户进入该页面后的第一个视觉焦点，有些设计师可能会认为这张商品展示图片的尺寸应该尽可能放大，让用户对商品概况一目了然。但是设计师也应该考虑到右侧商品信息文字内容对于用户的重要性，两者之间的比例要避免较大的偏差，减轻用户在视觉上的不适。

如图6-109所示的为“天猫”网站的商品详情页面，其商品图片与右侧的商品信息内容比例合理，并且当鼠标在商品图片上悬停时，图片右侧会出现商品的细节展示，这是一个商品详情页中很常见的功能。

图6-109

6.3.2　满足用户的比价心理

消费者都会有比较商品价格的心理，因此，在商品详情页的设计中也应该迎合用户比价的心理状态。在消费心理学中会提到，顾客买东西大多基于个人感受，可能并不是真正价格上的便宜，而是商家能让顾客觉得便宜。

如图6-110所示的为“国美在线”网站的商品详情页面，让原价和折后价产生对比，再直接表现降价额度，这种重复表达能加深用户对优惠力度的感受。

图6-110

6.3.3　运用商品分享功能

社交媒体的力量在如今的营销中绝对不容小觑，所以商品分享功能变得必不可少，在大多数电商的商品详情页中都能够看到商品分享功能。

如图6-111所示的为“天猫”网站的商品详情页面，“分享”按钮被放置在商品展示图片的下方，单击“分享”按钮，可以将当前页面中的商品分享到相关联的社交媒体中。

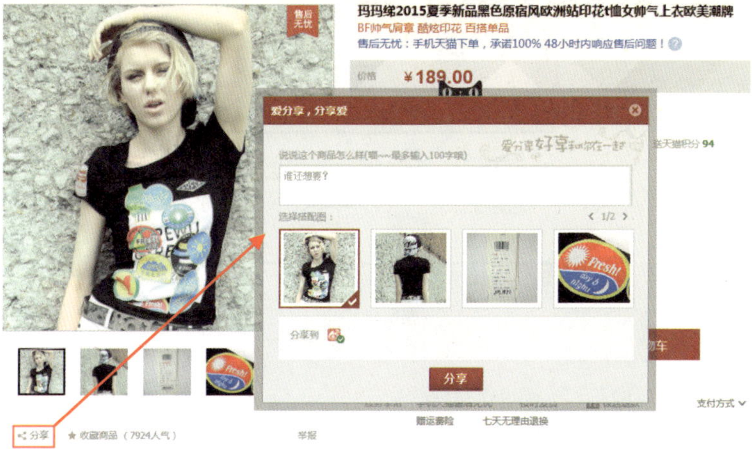

图6-111

6.3.4　良好的用户引导

用户引导一般从色彩和文案两个色度着手，而色彩是最直观的表现形式，使用区别于页面大环境的色彩来强调突出，在吸引消费者视线的同时让他们更乐于点击。

如图6-112所示的为“唯品会”网站的商品详情页面，商品价格、所选尺码及“加入购物袋”按钮都使用了鲜明的洋红色，与页面整体背景色的对比非常突出。

图6-112

6.3.5　跟随性导航

商品详情页的内容比较多，所以跟随性的导航设计非常有必要。跟随导航在商品详情页中能够为用户操作提供很大的便利。

如图6-113所示的为“天猫”网站的商品详情页面，当向下拖动滚动条超过商品介绍内容首屏时，就会自动在页面顶部浮动显示跟随性导航，便于用户的操作。

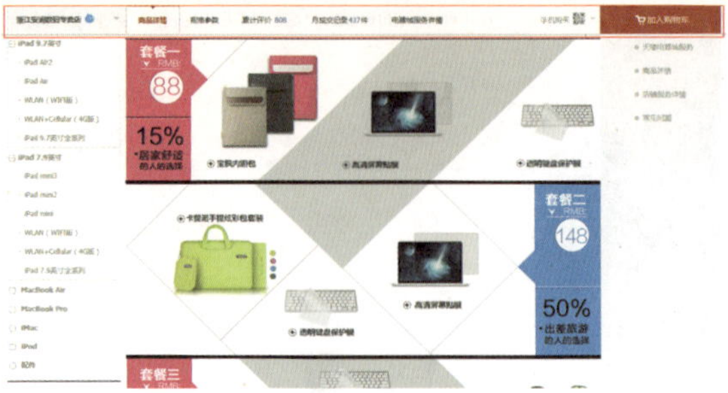

图6-113

6.3.6　不可缺少的商品评价功能

对网络缺乏信任是许多消费者都存在的顾虑，而已购买该商品的消费者对于该商品的评价将会对有购买意向的用户产生很大的影响，因此，商品评价功能是商品详情页面中不可缺少的功能。

如图6-114所示的为“天猫”网站的商品详情页面中的商品评价，对评价进行了自动汇总统计，让用户在查看的时候更直观便捷。

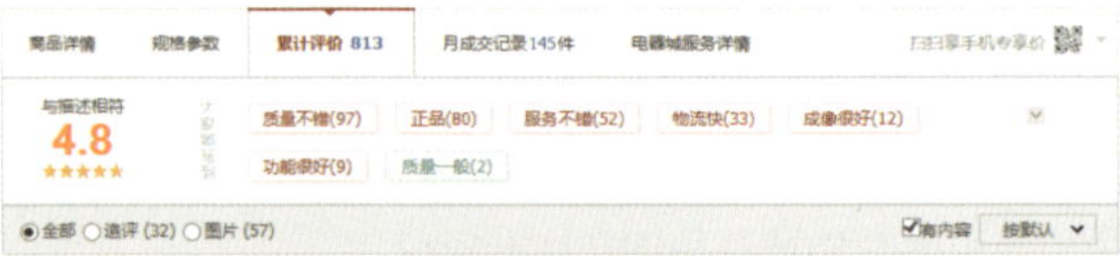

图6-114

6.3.7　保持商品介绍的连贯性

对于商品详情页面，消费者需要清晰地认识到商品的全部信息，因此，商品描述的逻辑顺序变得格外重要，设计师可以根据商品描述的认知规律去考虑安排商品介绍信息。

6.3.8　商品详情页面不宜过长

商品详情页面的长度不宜过长，页面长度过长会导致页面加载速度变慢，也会让用户产生视觉疲劳。一般来说，PC显示在20屏以内，移动端控制在10屏以内。

如图6-115所示为网店中的商品详情页面设计效果。

图6-115

案例分析 | 化妆品详情页面设计分析

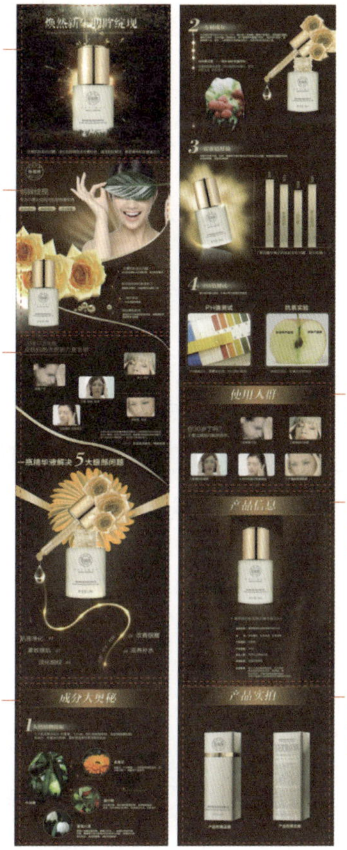

产品宣传广告，吸引浏览者关注。
产品特点介绍，图文结合，以图像为主，避免使用大量文字使浏览者反感。
产品适用人群介绍以及产品的卖点介绍。运用广告的设计手法，避免图文顺序列举的介绍方式，使浏览者更像是在看一幅精美的画册。
产品成分介绍，图文结合，使浏览者更容易理解。版式更加自由，使得画面更加随意和时尚。
产品适合哪些人群使用的介绍，以图像为主。
产品信息的详细介绍，使消费者对产品有更详细的了解。
产品多角度外包装图；增强浏览者对产品的认识。

整体评价： 该化妆品详情页面看起来更像是一本化妆品介绍杂志，运用平面设计的理念，分层次介绍产品的相关信息和内容，页面表现丰富，设计精美，很容易吸引年轻女性消费者。

构图分析： 该化妆品详情页面采用多变的综合性构图方式对页面进行构图，并且考虑到各部分内容的衔接和自然过渡，运用图文结合和自由的版式结构，让消费者感觉轻松，很容易接受介绍内容。

配色方案： 该化妆品详情页面使用褐色作为主色调，体现出天然和高贵，搭配同色系的黄色和咖啡色，整个页面的色调统一，给人一种温馨、美好的视觉感受。

主色：天然　　辅色：温馨　　辅色：美好　　文字颜色：清晰

实战案例 | 设计小家电商品详情页面

源文件：光盘\源文件\第6章\小家电商品详情页面.psd　　视　频：光盘\视频\第6章\小家电商品详情页面.swf

● 案例分析

案例特点：本案例是设计一款商品详情页面，从商品的各种性质展开介绍，突出商品的特点，使浏览者详细地了解商品。

制作思路与要点：设计商品详情页面，思路一定要清晰，对商品的各个部分要足够了解，绘制本款榨油机详情页面，首先全面的介绍商品，然后逐一介绍商品的性能，通过与地沟油的对比，突出该商品的健康理念。

● 色彩分析

这款商品详情页面是以植物油的自然颜色黄色为主体，通过添加白色和红色的图形，使界面具有强烈的层次感，使浏览者准确迅速捕捉到想要的信息。

白色　　金色　　红色

● 制作步骤

步骤 01 执行“文件>新建”命令，弹出“新建”对话框，新建一个空白文档，如图6-116所示。新建名称为“顶层”的图层组，打开并拖入素材图像“光盘\源文件\第6章\素材\301.png”，效果如图6-117所示。

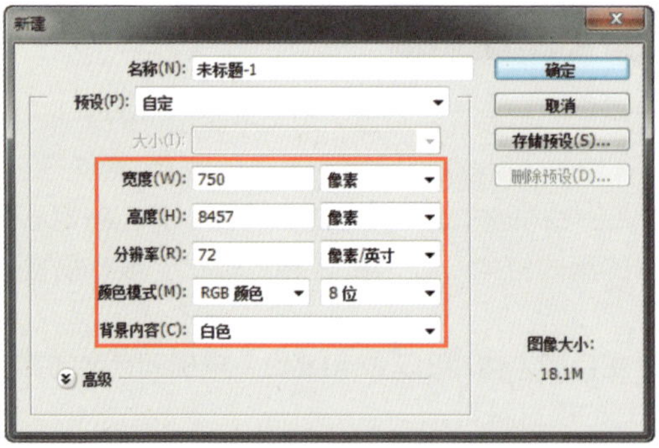

图6-116

图6-117

步骤 02 打开并拖入素材图像“光盘\源文件\第6章\素材\302.png”，效果如图6-118所示。为该图层添加“投影”图层样式，对相关选项进行设置，如图6-119所示。

图6-118

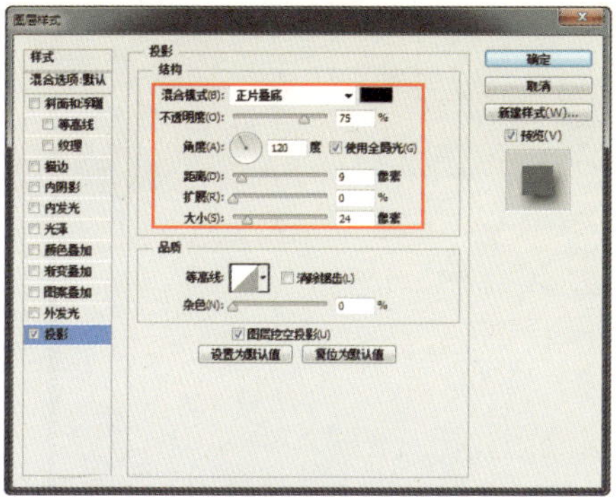

图6-119

步骤03 单击“确定”按钮，完成“图层样式”对话框的设置，效果如图6-120所示。使用相同的制作方法，拖入其他素材图像，效果如图6-121所示。

图6-120

图6-121

步骤04 使用“横排文字工具”，在“字符”面板中设置相关选项，在画布中输入文字，如图6-122所示。为该文字图层添加“渐变叠加”图层样式，对相关选项进行设置，如图6-123所示。

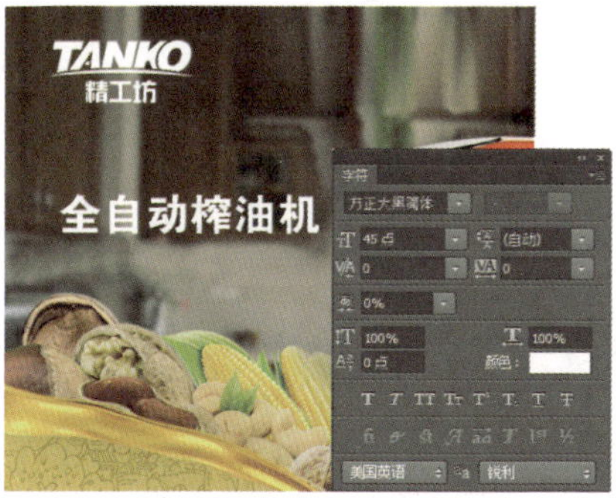

图6-122

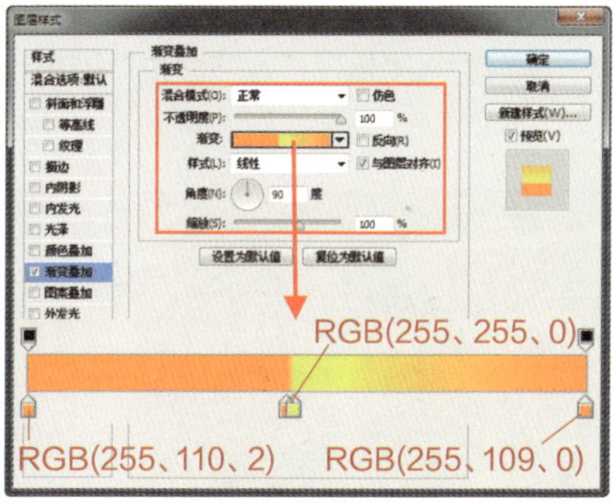

图6-123

步骤05 继续添加“投影”图层样式，对相关选项进行设置，如图6-124所示。单击“确定”按钮，完成“图层样式”对话框的设置，效果如图6-125所示。

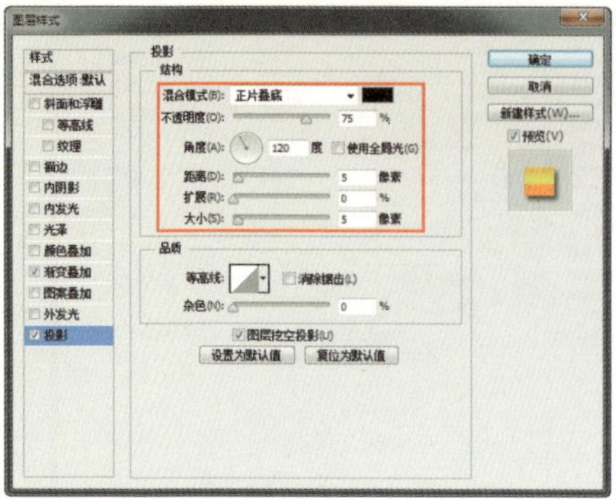

图6-124

图6-125

步骤 06 使用相同的制作方法，在画布中输入其他文字，效果如图6-126所示。使用“椭圆工具”，在“选项”栏上设置“工具模式”为“形状”，“填充”为RGB（181、37、0），在画布中绘制正圆形，如图6-127所示。

图6-126

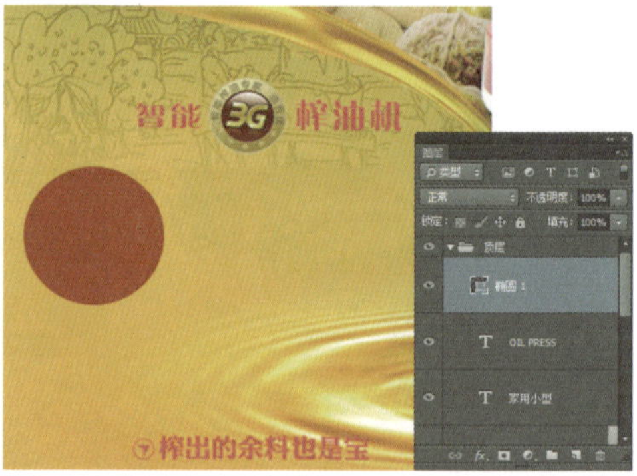

图6-127

步骤 07 多次复制刚绘制的正圆形，分别将复制得到的正圆形调整到合适的位置，效果如图6-128所示。使用“横排文字工具”，在“字符”面板中设置相关属性，在画布中输入文字，效果如图6-129所示。

图6-128

图6-129

步骤08 新建名称为“第二层”的图层组，拖入相应的素材图像，并分别调整到合适的位置，效果如图6-130所示。使用“矩形工具”，设置“填充”为RGB（72、32、17），在画布中绘制矩形，如图6-131所示。

图6-130

图6-131

步骤09 使用“横排文字工具”，在画布中输入相应的文字，如图6-132所示。使用“圆角矩形工具”，在“选项”栏上设置“半径”为5像素，在画布中绘制一个白色的圆角矩形，如图6-133所示。

图6-132

图6-133

步骤10 为该图层添加“渐变叠加”图层样式，对相关选项进行设置，如图6-134所示。单击“确定”按钮，完成“图层样式”对话框的设置，效果如图6-135所示。

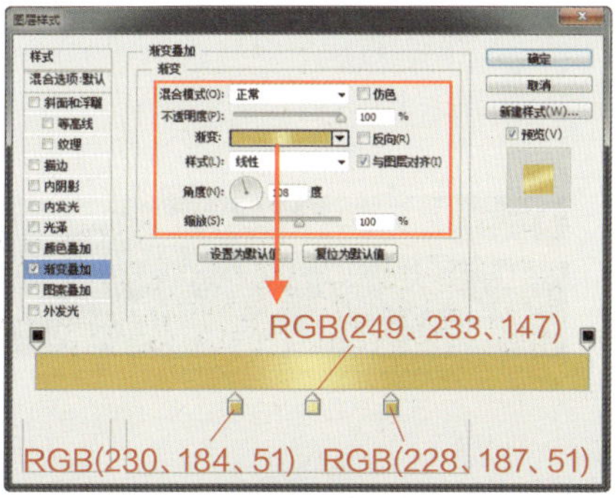

图6-134

图6-135

步骤 11 在画布中输入相应文字，效果如图6-136所示。使用“矩形工具”，设置“填充”为RGB（61、20、0），在画布中绘制矩形，如图6-137所示。

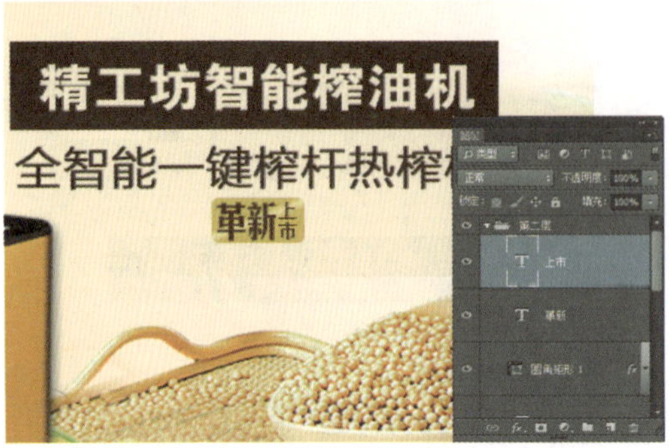

图6-136

图6-137

步骤 12 使用相同的制作方法，完该部分内容的制作，效果如图6-138所示。使用“椭圆选框工具”，在画布中绘制椭圆选区，执行“选择>修改>羽化”命令，弹出“羽化选区”对话框，参数设置如图6-139所示。

图6-138

图6-139

步骤 13 单击“确定”按钮，羽化选区，新建图层，为选区填充黑色，取消选区，效果如图6-140所示。使用“矩形工具”，设置“填充”为RGB（190、190、190），在画布中绘制矩形，如图6-141所示。

图6-140

图6-141

步骤 14 为该图层添加图层蒙版，使用“渐变工具”，在蒙版中填充黑白径向渐变，效果如图6-142所示。新建名称为“标准”的图层组，使用相同的制作方法，输入相应的文字并绘制矩形，效果如图6-143所示。

图6-142

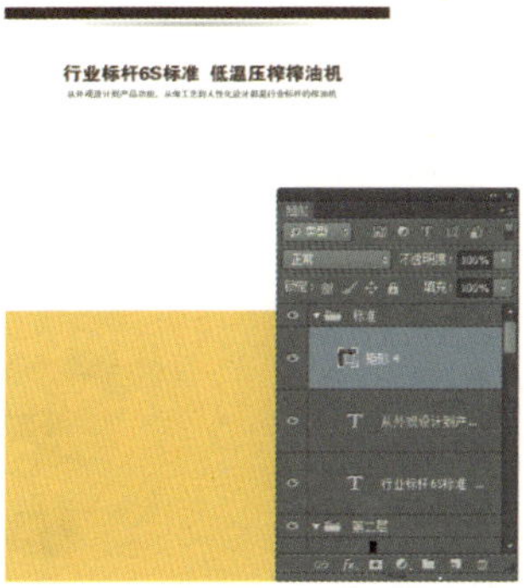

图6-143

步骤 15 使用“椭圆工具”，在画布中绘制一个白色正圆形，如图6-144所示。为该图层添加“描边”图层样式，对相关选项进行设置，如图6-145所示。

图6-144

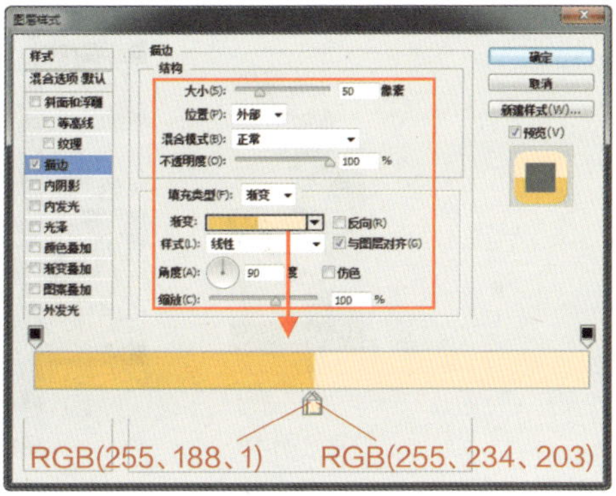

图6-145

步骤 16 单击“确定”按钮，完成“图层样式”对话框的设置，效果如图6-146所示。使用相同的制作方法，完成该部分内容的制作，效果如图6-147所示。

图6-146

图6-147

步骤 17 使用相同的制作方法，完成该商品详情页中其他部分内容的制作，效果如图6-148所示。完成该小家电商品详情页面的设计制作，最终效果如图6-149所示。

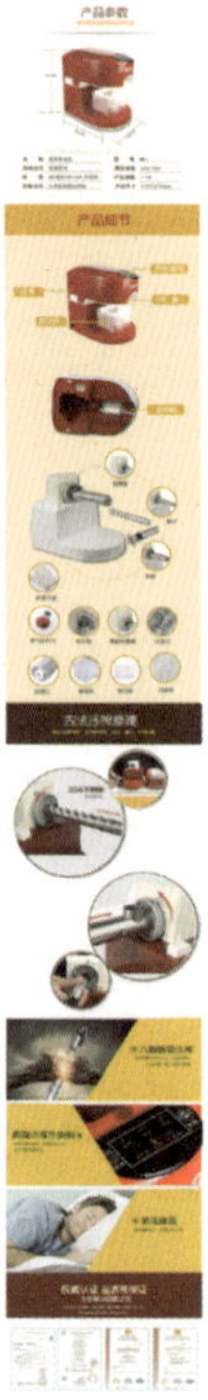

图6-148

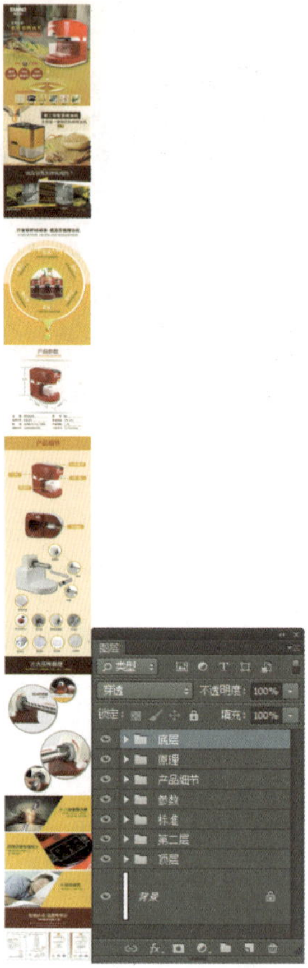

图6-149

6.4 电商活动页面设计

活动页面，顾名思义是承载各种形式的节庆促销、宣传推广、营销产品发布等活动的页面，形式与内容也多种多样。静态活动页面主要以页面背景、头部的宣传广告大图和主题文字的视觉处理来烘托页面的整体氛围。

6.4.1 活动文案是灵感来源

活动文案是电商活动页面设计的基础，在设计活动页面之前，首先必须理解活动文案内容。通常电商活动文案可以分为“直接表明优惠”“攻略排行引导”和“时间紧迫，立刻行动”3种类型。

1. 直接表明优惠

这种类型的活动页面，可以使用优惠信息直接作为活动页面的主标题，以优惠信息、奖品等直接吸引用户。如：全场五折优惠、全场包邮、国庆大促、店庆大促、买XXX送XXX等。

直接表明优惠型的活动文案重点是需要突出优惠主体，在页面的设计中可以结合节日的特点放大折扣或奖品信息，搭配节日素材等来烘托活动页面氛围。如图6-150所示为直接表明优惠型的活动页面宣传广告大图设计。

图6-150

2. 攻略排行引导

迎合消费者的需求，做成攻略或者排行榜形式。例如：圣诞夜美装秀、情人节大变身、十一出游必备物品揭秘、完美女人节、时尚先生盛典等。

这种类型的活动页面，活动文案主题明确，建议直接提取文案中的关键词，配合相应的节日素材和文案主题素材，根据这些素材设计一些场景，营造一种身临其境的感受。如图6-151所示为攻略排行引导型的活动页面宣传广告大图设计。

图6-151

3. 时间紧迫，立刻行动

在这类活动文案中增加行动词，传达给消费者行动信息，增加与用户的互动感。例如：抢福袋、抢红包、年终疯抢72小时等。

在这类活动页面设计中，活动文案中的行动词为重点，可以在设计中突出放大这些词，还可以增加倒计时的设计，从而表现出时间紧迫感。如图6-152所示为时间紧迫立刻行动的活动页面宣传广告大图设计。

图6-152

6.4.2 节日促销活动页配色与素材的选择

根据活动页面文案确定好活动页面的主题和大致方向后，还需要确定页面的配色以及素材的选用，下面介绍一些节日促销活动页面常用的配色和素材供读者参考。

节日	相关颜色	相关素材
端午节		粽子、龙舟、竹盘、山水、水墨
教师节		黑板、粉笔、花、信纸、三角板、书本
中秋节		月亮、夜空、团聚、月饼、灯笼、兔
国庆节		旗帜、礼花、星、绸缎、灯笼
情人节		桃心、礼物盒、花、情侣、沙滩
圣诞节		圣诞树、雪花、圣诞帽、圣诞老人、雪人、礼物盒、装饰
春节		灯笼、对联、爆竹、红包、中国结、年历、书法字体

6.4.3 活动页面设计技巧

1. 活动页面中的内容区域的配色与页面整体和头部的宣传广告在风格和配色上要统一、和谐。如图6-153所示的活动页面中各部分的设计都很统一。

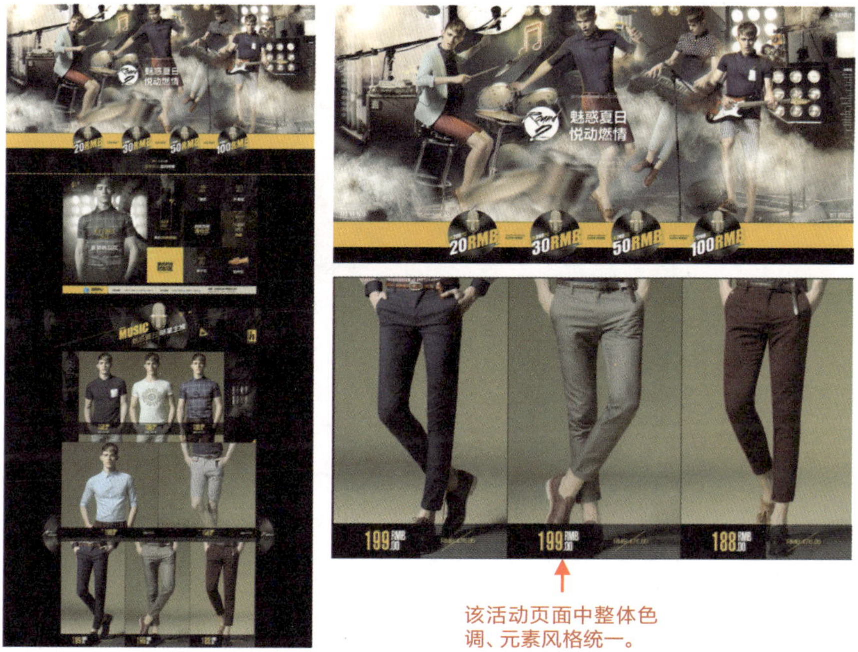

图6-153

2. 突出商品价格与折扣，可以使用较大、较粗的字体或颜色进行突出，弱化不重要的信息颜色，商品价格的表现方法统一，如图6-154所示。

图6-154

3. 在活动促销页面中的商品列表中，建议不要盲目添加表示重点的标签或指示按钮，并且所添加的标签尽量不要遮挡到商品，如图6-155所示。

图6-155

4. 如果采用比较随意的商品图片排版方式，那么一定要为商品图片配上文字做一些相应的提示，避免消费者混淆，如图6-156所示。

图6-156

5. 如果在页面中采用表格形式进行商品排列，尽量避免使用多种按钮、文字颜色和字体，这样会使商品信息很混乱。需要保持商品排列的清晰、简洁和一致，如图6-157所示。

图6-157

案例分析 | 家电促销活动页面设计分析

页面首屏使用特殊设计的主题文字表明该活动页面的主题，并搭配产品图片，强化浏览者对产品的印象。

首屏的下方接着使用简短的文字介绍了店铺的服务承诺，增强消费者的信任感。

特价推荐商品排在所有商品之前，运用特殊的背景色进行突出显示。

商品列表中采用广告的形式来介绍产品信息，使页面看起来精致、整洁。

整体评价：该家电促销活动页面看起来就像是一幅产品介绍广告，各产品信息的介绍都采用了广告的介绍方式，给人非常清晰和直观的感受。

构图分析：该家电促销活动页面因促销商品较少，采用了一种直接排列的布局方式，页面背景采用几何形状进行切割，经人一种很强烈的现代感，各产品运用广告的表现方式进行展现，整个页面的构图简洁、清晰。

配色方案：该家电促销活动页面使用红色作为页面的主色调，红色能够给人热情、激情的印象，非常适合表现促销主题，搭配橙色和绿色等色彩，使页面看起来更加活跃，充分烘托出火热的产品促销场面。

主色：热情　　辅色：活跃　　辅色：美好　　文字颜色：清晰

实战案例 | 设计网店活动主题页面

源文件：光盘\源文件\第6章\网店活动主题页面.psd　　视　频：光盘\视频\第6章\网店活动主题页面.swf

● **案例分析**

案例特点：本案例设计一家箱包网店的活动主题页面，以旅行为主题，运用旅行相关的素材与主题文字的设计，结合店铺产品，充分表现出旅行的快乐与随性。

制作思路与要点：活动主题页面的设计需要运用主题相关的素材充分烘托出主题的氛围。本实例所设计的箱包店铺的活动主题页面，结合旅游主题来展示商品，给浏览者一种自然舒适的感觉，页面的设计更像是杂志的设计感觉，自由地安排商品信息，使页面更加生动形象。

● **色彩分析**

本案例所设计的箱包活动主题页面以蓝色和白色作为页面的整体背景，与旅行主题相统一，搭配红色图形，页面中的对比效果强烈，富有活力，给人很强的视觉冲击力。

深蓝色　　红色　　黄色

● **制作步骤**

步骤01 执行“文件>新建”命令，弹出“新建”对话框，新建一个空白文档，如图6-158所示。设置“前景色”为RGB（242、242、242），为画布填充前景色，显示文档标尺，从标尺中拖出相应的参考线，如图6-159所示。

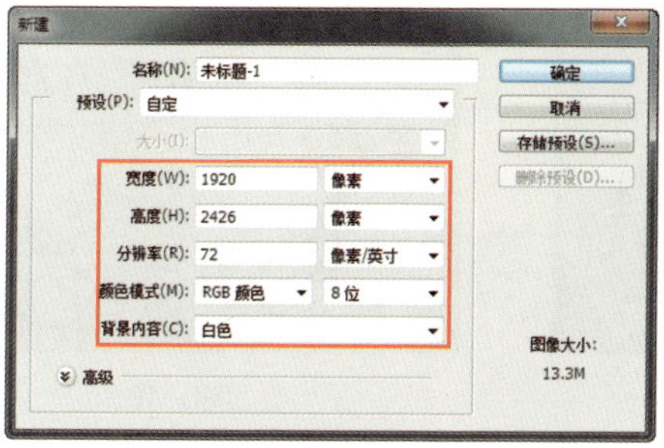

图6-158

图6-159

步骤02 打开并拖入素材图像“光盘\源文件\第6章\素材\401.png”，效果如图6-160所示。新建名称为“店招”的图层组，使用“横排文字工具”，在“字符”面板中设置相关选项，在画布中输入文字，如图6-161所示。

图6-160

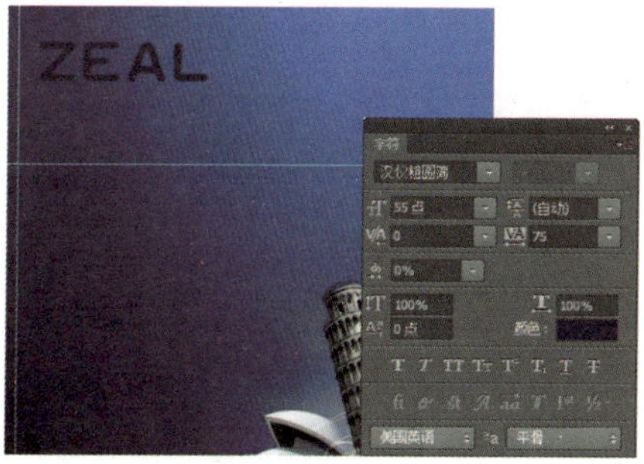

图6-161

步骤03 为该文字图层添加“渐变叠加”图层样式，对相关选项进行设置，如图6-162所示。单击“确定”按钮，完成“图层样式”对话框的设置，效果如图6-163所示。

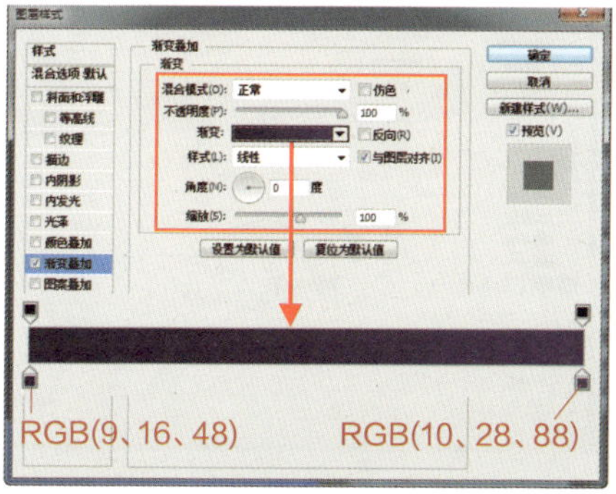

图6-162

图6-163

步骤 04 使用相同的制作方法，在画布中输入文字，如图6-164所示。使用“钢笔工具”，在“选项”栏上设置“工具模式”为“形状”，在画布中绘制形状图形，如图6-165所示。

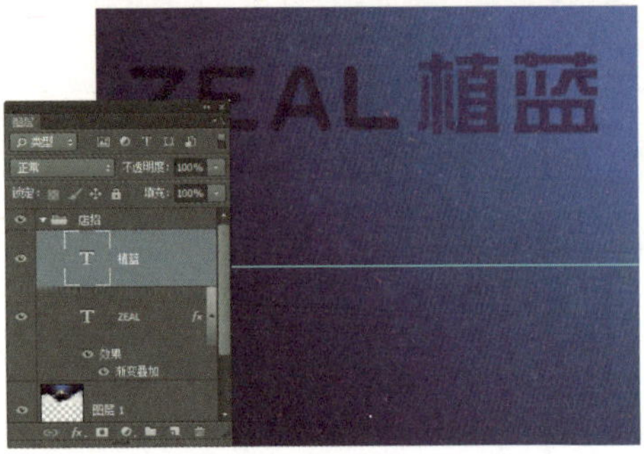

图6-164

图6-165

步骤 05 为该图层添加“渐变叠加”图层样式，效果如图6-166所示。使用相同的制作方法，在画布中输入文字，效果如图6-167所示。

图6-166

图6-167

步骤 06 使用“圆角矩形工具”，设置“填充”为RGB（204、0、0），“半径”为10像素，在画布中绘制圆角矩形，如图6-168所示。为该图层添加“投影”图层样式，对相关选项进行设置，如图6-169所示。

图6-168

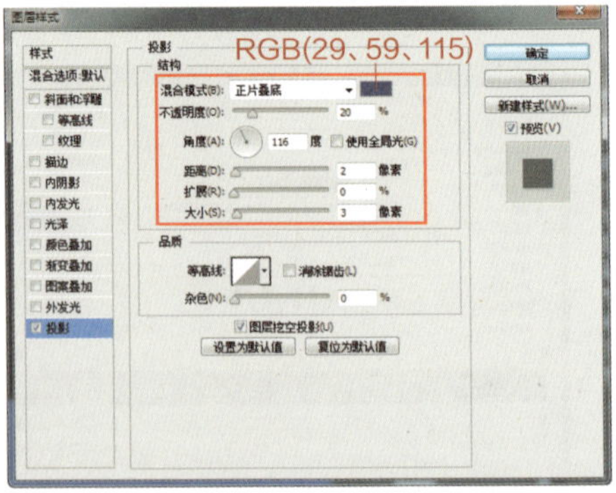

图6-169

步骤 07 单击“确定”按钮，完成“图层样式”对话框的设置，并对该图形进行旋转操作，效果如图6-170所示。使用“自定形状工具”，在“形状”下拉面板中选择相应的形状，在画布中绘制形状图形，并进行旋转操作，效果如图6-171所示。

图6-170

图6-171

步骤 08 使用相同的制作方法，完成页面头部内容的制作，效果如图6-172所示。新建名称为“文案”的图层组，打开并拖入素材图像“光盘\源文件\第6章\素材\402.png”，效果如图6-173所示。

图6-172

图6-173

步骤 09 使用相同的制作方法，拖入其他素材图像，并分别调整到合适的大小和位置，效果如图6-174所示。使用“横排文字工具”，在“字符”面板中设置相关选项，在画布中输入文字，如图6-175所示。

图6-174

图6-175

步骤 10 为该文字图层添加“渐变叠加”图层样式，对相关选项进行设置，如图6-176所示。继续添加“投影”图层样式，对相关选项进行设置，如图6-177所示。

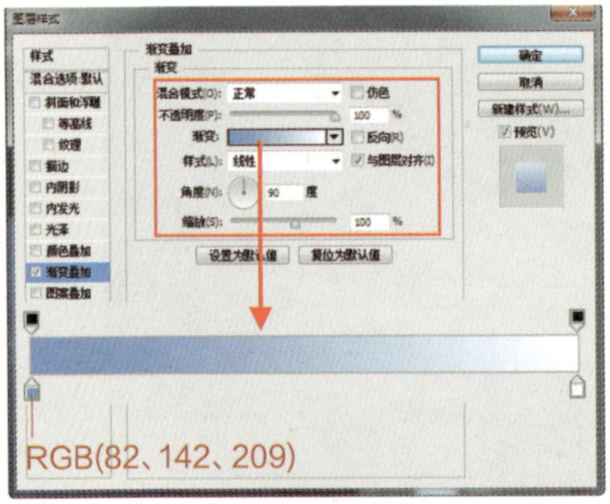

图6-176

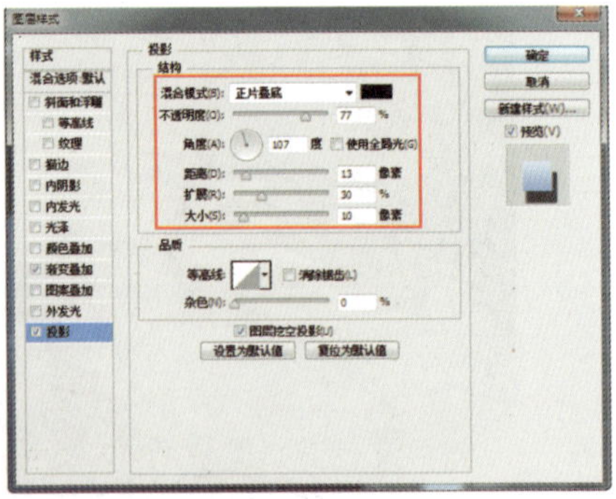

图6-177

步骤 11 单击“确定”按钮，完成“图层样式”对话框的设置，效果如图6-178所示。使用相同的制作方法，打开并拖入相应的素材图像，效果如图6-179所示。

图6-178

图6-179

步骤 12 为该图层添加“描边”图层样式，对相关选项进行设置，如图6-180所示。继续添加“颜色叠加”图层样式，对相关选项进行设置，如图6-181所示。

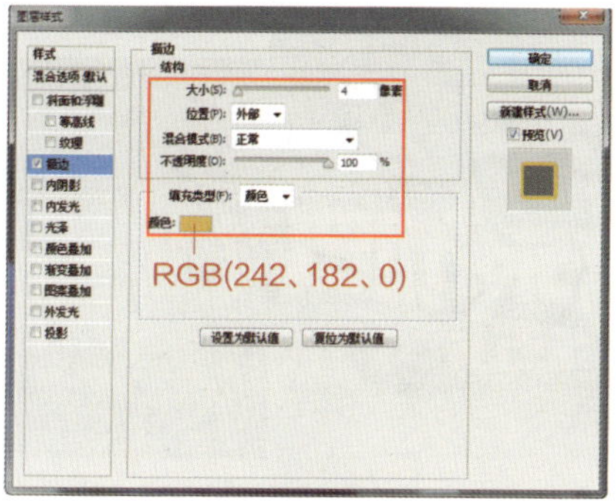

图6-180

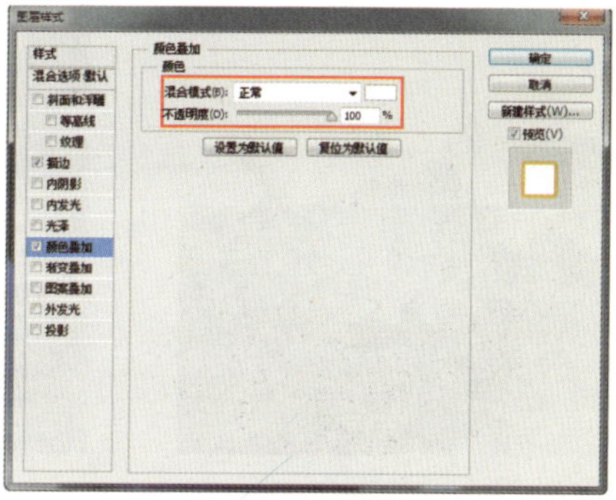

图6-181

步骤 13 继续添加“投影”图层样式，对相关选项进行设置，如图6-182所示。单击“确定”按钮，完成“图层样式”对话框的设置，效果如图6-183所示。

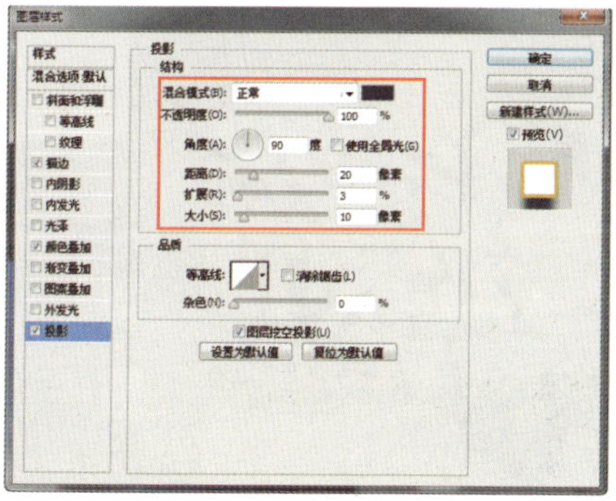

图6-182

图6-183

步骤 14 使用“横排文字工具”，在“字符”面板中设置相关选项，在画布中输入文字，如图6-184所示。为该图层添加“描边”图层样式，对相关选项进行设置，如图6-185所示。

图6-184

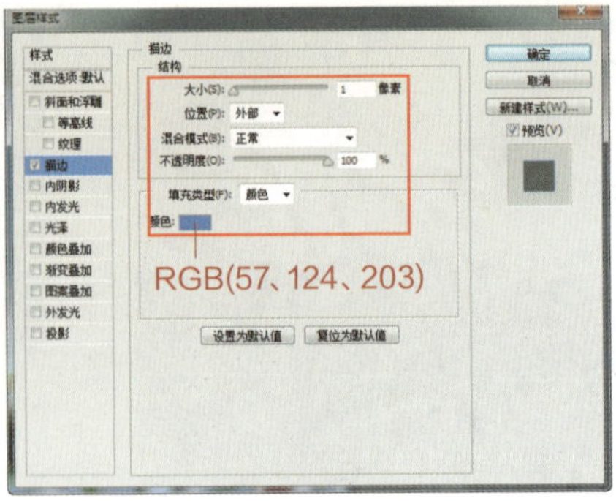

图6-185

步骤 15 单击“确定”按钮，完成“图层样式”对话框的设置，效果如图6-186所示。使用相同的制作方法，完成其他文字效果的制作，效果如图6-187所示。

图6-186

图6-187

步骤 16 选中“箱”到“折”图层，按快捷键Ctrl+E，合并图层，为该图层添加“投影”图层样式，对相关选项进行设置，如图6-188所示。单击“确定”按钮，完成“图层样式”对话框的设置，效果如图6-189所示。

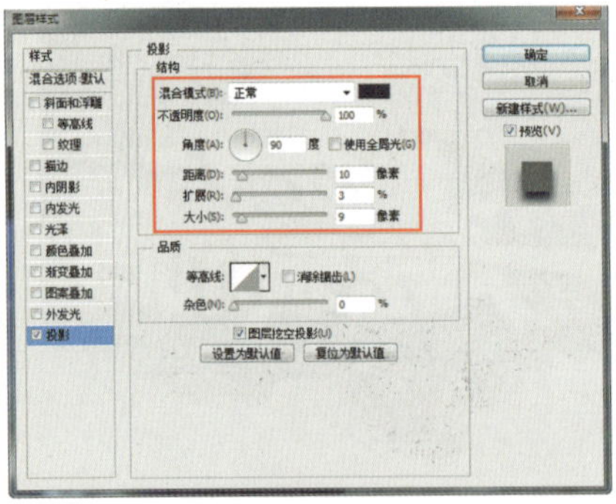

图6-188

图6-189

步骤 17 打开并拖入素材图像“光盘\源文件\第6章\素材\412.png”，为该图层创建剪贴蒙版，效果如图6-190所示。使用相同的制作方法，拖入相应素材图像，并设置“混合模式”为“正片叠底”，“不透明度”为50%，效果如图6-191所示。

图6-190

图6-191

步骤 18 使用相同的制作方法，拖入其他的素材图像进行处理，完成该部分内容的制作，效果如图6-192所示。新建名称为“上层”的图层组，打开并拖入相应的素材图像，分别调整到合适的大小和位置，效果如图6-193所示。

图6-192

图6-193

步骤19 新建图层，使用“矩形工具”，在“选项”栏上设置“工具模式”为“路径”，在画布中绘制矩形路径，如图6-194所示。使用“画笔工具”，打开“画笔”面板，对相关选项进行设置，如图6-195所示。

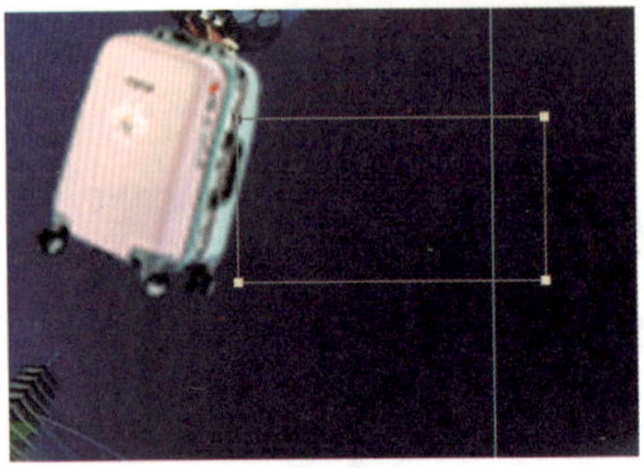

图6-194

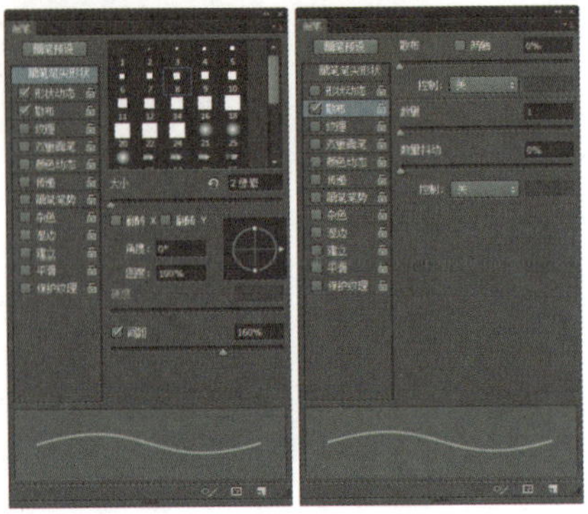

图6-195

步骤20 设置“前景色”为RGB（84、107、161），打开“路径”面板，单击“用画笔描边路径”按钮，效果如图6-196所示。使用“横排文字工具”，在画布中输入文字，效果如图6-197所示。

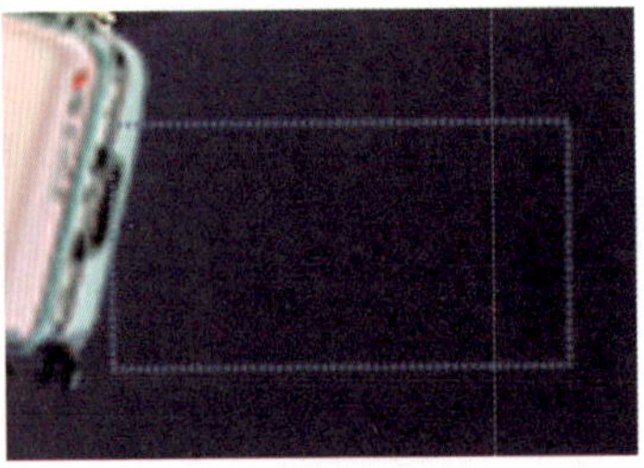

图6-196

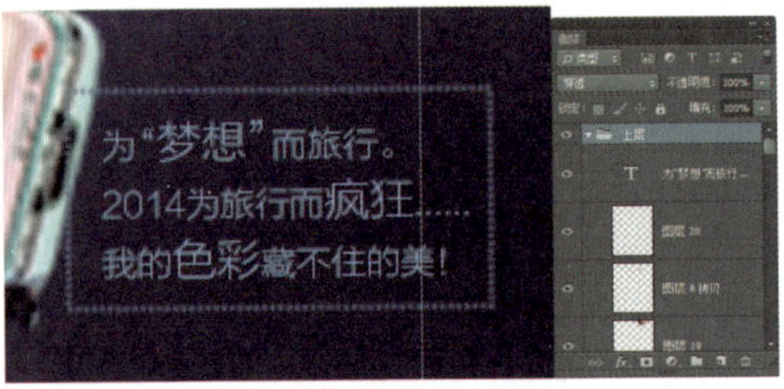
为“梦想”而旅行。
2014为旅行而疯狂……
我的色彩藏不住的美!

图6-197

步骤21 新建名称为“优惠券”的图层组，打开并拖入素材图像“光盘\源文件\第6章\素材\420.png”，效果如图6-198所示。为该图层添加图层蒙版，使用“画笔工具”，设置“前景色”为黑色，在蒙版中进行涂抹，效果如图6-199所示。

一起去旅行吧!
箱包全场五折包邮

图6-198

2015
一起去旅行吧!
箱包全场五折包邮

图6-199

步骤22 为该图层添加“投影”图层样式，对相关选项进行设置，如图6-200所示。单击“确定”按钮，完成“图层样式”对话框的设置，效果如图6-201所示。

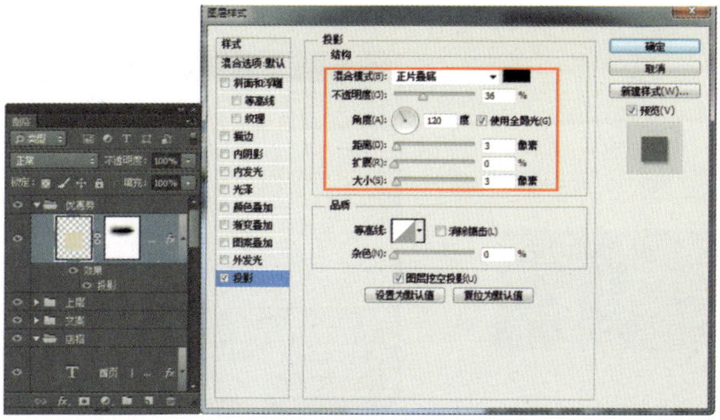

图6-200

图6-201

步骤23 打开并拖入相应的素材，分别调整到合适的大小和位置，效果如图6-202所示。在该图层组中新建名称为“背景”的图层组，使用“钢笔工具”，在“选项”栏上设置“工具模式”为“形状”，在画布中绘制形状图形，效果如图6-203所示。

图6-202

图6-203

步骤24 为该图层添加“渐变叠加”图层样式，对相关选项进行设置，如图6-204所示。单击“确定”按钮，完成“图层样式”对话框的设置，效果如图6-205所示。

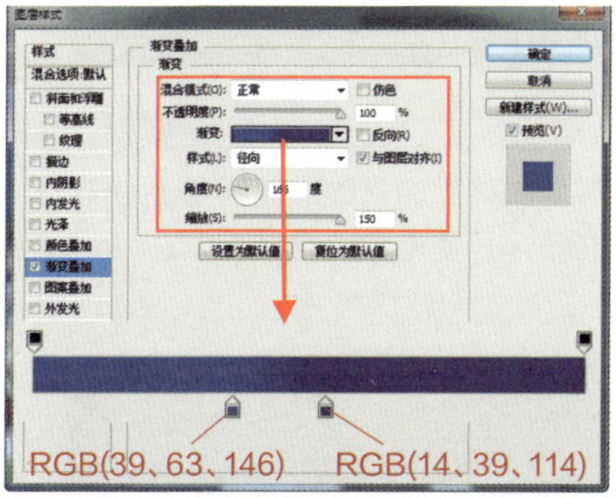

图6-204

图6-205

步骤25 使用“矩形工具”，在“选项”栏上设置“工具模式”为“形状”，“填充”为RGB（120、110、92），在画布中绘制矩形，如图6-206所示。将该图层栅格化为普通图层，执行“滤镜>模糊>高斯模糊”命令，弹出“高斯模糊”对话框，参数设置如图6-207所示。

图6-206

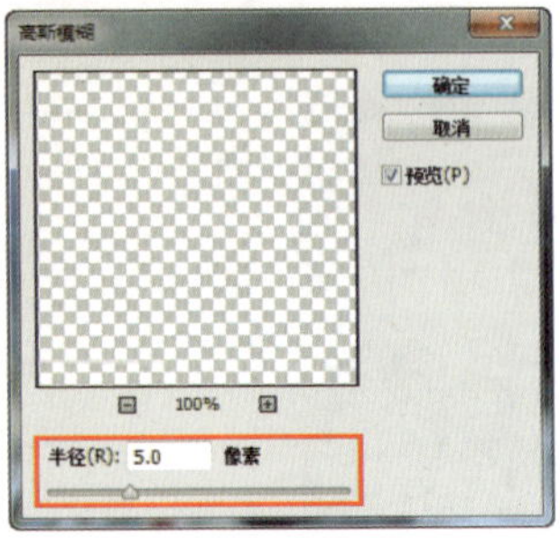

图6-207

步骤26 单击“确定”按钮，应用“高斯模糊”滤镜。对图形进行变形操作，将该图层移至“形状3”图层下方，效果如图6-208所示。使用“直线工具”，设置“填充”为RGB（12、25、69），“粗细”为1像素，在画布中绘制直线，效果如图6-209所示。

图6-208

图6-209

步骤27 复制“形状4”图层得到“形状4拷贝”图层，将复制得到的直线的颜色修改为RGB（30、52、129），并向上调整至合适的位置，效果如图6-210所示。使用相同的制作方法，完成相似内容的设计制作，效果如图6-211所示。

图6-210

图6-211

步骤 28 新建名称为“底层”的图层组，使用相同的制作方法，完成该部分内容的设计制作，效果如图6-212所示。

图6-212

步骤 29 新建图层，填充颜色为RGB（242、242、242）。使用“画笔工具”，设置“前景色”为黑色，选择合适的笔触，设置画笔不透明度，在画布相应位置涂抹，并将该图层移至“图层1”下方，效果如图6-213所示。

图6-213

步骤 30 完成该网店活动主题页面的设计制作，最终效果如图6-214所示。

2015
一起去旅行吧!
箱包全场五折包邮!
惊喜一：领券下单，马上有箱!
5
20
50
100
惊喜二：买箱子就送礼，买一送四!
"迷一般的箱子"
2014横空出世
298.00
旅行有它更精彩!
287.00
全网唯一
不怕撞箱
钜惠价:206

图6-214

6.5 本章小结

电商页面的布局并不是说将页面中的商品等元素在网页中随意地排列，页面布局设计是使一个电商页面变得美观、实用的最重要的方法。在本章中向读者详细介绍了电商页面布局的方法和要点，并通过实际的布局设计制作，使读者能够更好地理解并掌握电商网页布局设计。

电商逆袭 旺铺合理布局设计

本书是一本使用Photoshop进行电商页面布局设计制作的案例教程，语言浅显易懂，配合大量精美的电商页面设计案例，讲解了有关电商页面布局设计的相关知识和使用Photoshop进行电商页面设计制作的方法和技巧,使读者在掌握电商页面设计各方面知识的同时，能够在电商页面设计制作基础上做到活学活用。

随书光盘提供了本书所有案例的源文件、素材及视频教程，方便读者借鉴和使用。

本书适合经营淘宝店铺的新手或者准备开淘宝店铺的朋友，以及设计爱好者阅读，也可以为一些淘宝美工人员，以及相关设计制作专业的学习者提供参考。

策划编辑：陈晓婕
责任编辑：田 蕾
装帧设计：储晓宇

扫一扫了解更多好书

ISBN 978-7-121-27956-0
9 787121 279560 >

定价： 79.80元（含光盘1张）